前　言

2008年6月，财政部、审计署、证监会、银监会、保监会联合颁布的《企业内部控制基本规范》以及2010年4月出台的《企业内部控制应用指引》《企业内部控制评价指引》和《企业内部控制审计指引》，确立了我国企业内部控制体系的基本架构，为企业建立和实施内部控制提供了科学权威的操作指南。以此为导引，我国企业的内部控制建设工作近年来取得了长足发展，理论研究不断深入，内控意识持续加强，制度体系日趋完善，控制效果逐渐显现。但客观地讲，许多经济组织的内部控制水平还不能完全适应现代企业制度和市场经济发展的要求，内部控制的目标还不能真正实现。为了进一步帮助会计学专业本科生及研究生、会计工作者以及企业经营管理人员理解和掌握内部控制的理论和实务，笔者集多年的理论研究、教学实践和企业内部控制设计之经验，编著了《内部控制理论与实务》。

内部控制是适应企业规模化和资本大众化的背景，为解决两权分离所带来的利益冲突和信息不对称矛盾，规范代理人行为，保护财产安全，防范弊端错误，贯彻经营方针，规避各种风险，提高管理效率而产生的。因此，本书首先从内部控制的产生背景与发展历程分析入手，阐述了内部控制的目标、手段、原则等基本理论，评价了我国企业的内部控制现状，分析了强化企业内部控制的现实意义。在此基础上，以全面风险控制为着眼点和落脚点，根据“控制环境、风险评估、控制活动、信息与沟通、监督”等五大要素之间的逻辑关系，系统阐述了相关的理论和实务，诠释了内部控制体系中控制环境的基础功能、风险评估的导向功能、控制活动的核心功能、信息与沟通的纽带功能和内部监督的保障功能。最后，就内部控制的评价意义、评价要求、评价内容、评价程序和评价方法进行了总结和归纳。本书在编著过程中，一是充分展示内部控制理论的最新研究成果，二是完整体现内部控制五大要素之间的相互关系，三是力求实现内部控制基本理论与实务工作的紧密结合。因此，本书不仅对企业的内部控制建设和实施工作具有指导价值，更重要的是，可以作为会计学专业研究生和本科生的内部控制课程教材。

内部控制制度建设是一项复杂的系统工程，必须根据企业的组织形式、治理结构、经营规模和管理需求不断地调整和充实。因此，尽管本书在编著过程中力求从我国企业的实际出发进行理论研究和实务探讨，编著者付出了辛勤劳动，但所持观点和内容安排仍可能存在疏漏和瑕疵，恳请读者批评指正。

在此，作者对本书编著过程中提供帮助的所有同事和其他学者表示衷心的感谢！

李端生

2016年10月30日

目　录

第1章

内部控制基本理论

【学习目标】

通过本章学习，了解内部控制理论的产生背景和发展历程；明确内部控制对保护财产物资安全、保证会计信息质量、保障法规制度执行、防范经营管理风险和促进经营目标实现的作用；熟悉内部控制的设计原则，包括合规性、全面性、制衡性、实用性、协调性、重要性和成本效益原则；掌握内部控制的主要手段，包括组织结构控制、授权批准控制、岗位轮换控制、全面预算控制、会计系统控制、标准化流程控制、内部报告控制、内部审计控制、档案专管控制、永续盘存控制和员工素质控制。

1.1 内部控制理论的产生与发展

1.1.1 内部控制理论的产生背景

20世纪初，伴随企业的规模化和资本的大众化，有限责任公司和股份有限公司成为企业的主要组织形式，企业的财产所有权和经营管理权趋向完全分离，委托人与代理人之间的契约关系正式形成。委托代理关系的确立，既使企业的权责关系趋于明确、经营行为日益规范、管理效率不断提高，也引发两个方面的问题：一是经济利益的不一致性。委托人和代理人都是独立的“理性经济人”，都会最大限度地追求自身经济利益，但委托人注重资本收益最大化，代理人则更强调个人效用最大化。二是经济信息的不对称性。代理人在订立契约时或在订立契约后开展工作时能够掌握企业经营活动的所有信息，而委托人往往因为渠道不畅或代价太大而不能掌握或不完全掌握这些信息。这两个问题的存在，客观上为代理人的“道德风险”与“逆向选择”提供了可能。

在这种情况下，为了解决两权分离带来的利益冲突和信息不对称矛盾，最大限度地防范代理人的“道德风险”与“逆向选择”行为，客观反映代理人的受托责任履行情况，必须建立一套组织、制约、检查和考核企业生产经营活动和财务收支行为的制度。并且要求：制度的内容不能只针对钱物收支业务，而应当涵盖企业的全部经济业务；制度的约束范围不能只针对财物管理部门，而必须包括企业所有的管理部门；制度的执行不能只要求具体工作人员，而必须包括企业法人在内的所有员工；制度的制定目的也不能只局限于防范弊端错误和保护财产，而必须有助于企业经营方针的贯彻和经营效率的提高。基于此，20世纪40年代以来，美国的一些企业开始将早期主要运用于钱物收付的内部牵制办法扩展到企业经营管理的各个层面，会计界也从理论角度开始探索内部牵制的思想和方法，并应用这些思想和方法尝试建立组织、制约、检查和考核企业经营管理全过程的制度，即内部控制制度。

可见，内部控制理论是适应企业的规模化和资本的大众化背景，以内部牵制思想为基础，为解决两权分离所带来的利益冲突和信息不对称矛盾，规范代理人行为，保护企业财产安全，防范各种弊端错误，贯彻经营管理方针，提高经营管理效率而产生的。

1.1.2 内部控制理论的发展历程

关于内部控制理论的发展历程，会计理论界比较一致的看法是经历了四个阶段，即内部牵制制度阶段、内部控制制度阶段、内部控制结构阶段和内部控制整体框架阶段。

（一）内部牵制制度阶段

20世纪40年代以前，内部控制理论基本停留在内部牵制制度阶段。追根溯源，内部牵制思想最早产生于“四大文明古国”之一的埃及的国库管理。在当时较为简单的钱物收支活动中，为了避免钱物收支发生技术性错误和防止经手人员的不当行为，国库管理采取了钱物分管、账物分离、双人保管金库、定期稽查核对等办法。13—15世纪，以意大利为中心的欧洲国家的工业、商业和金融业得到了快速发展，资本开始在不同企业、不同地区以至不同国家之间流动。与此同时，会计的记账方法也发生了革命性变化，以“借”“贷”作为记账符号的复式记账方法取代了单式记账方法，标志着古代会计开始走向近代会计。[①] 以此为契机，内部牵制的思想逐渐趋于成熟，内部牵制的方法不断走向完善。这一时期的内部牵制制度强调的核心问题是“权力分置”。具体要求是在一个经济组织内部，所有经济业务的处理都必须由两个或两个以上的部门或人员完成，不允许一个部门或一个人总揽或掌控经济业务处理的全部权力。目的是让参与经济业务管理的有关部门和人员之间形成相互制约、相互监督的格局，防范弊端错误的发生，保护财产物资的安全。

19世纪产业革命完成后，以财产所有权和经营管理权分离为特点的股份公司开始出现，促使以“自由职业”身份为特征的注册会计师（特许会计师）产生，并于1854年在英国成立了第一个会计师协会——爱丁堡会计师协会。至此，在经济活动和会计监督方面开始有了“公证人”。这一会计发展史上的里程碑事件，对内部牵制提出了更加严格、更加具体的要求。除强调上述“权力分置”外，对授权批

---

① 李端生.会计理论研究［M］. 北京：中国财政经济出版社，2007.

准、岗位轮换、会计记录、稽查核对、费用预算、内部报告、内部审计等也做出了比较明确的规定。这些规定有力地推动了内部牵制制度的发展，使之进一步完善，为内部控制理论的正式形成奠定了坚实的基础。

（二）内部控制制度阶段

从20世纪40年代开始，内部控制理论的发展进入内部控制制度阶段。有关资料表明，最早使用“内部控制”概念并对其做出明确定义的是美国注册会计师协会（AICPA）1936年发表的《独立公共会计师对会计报表的审查》。该报告将内部控制定义为：“内部稽核与控制制度是指为了保护公司现金和其他资产的安全，检查账簿记录的准确性而在公司采用的各种手段和方法。”可以看出，这一定义中内部控制的主要目的仍然是查错防弊，保护财产安全，注重的内容仍然是职责分工和业务流程及其记录上的交叉检查。因此，与内部牵制相比，其理论上尚未有明显的突破。

1949年，美国注册会计师协会准则委员会在《内部控制：协调组织的各种要素及其对管理者和独立公共会计师的重要性》的报告中，将内部控制界定为“一个企业为保护资产完整、保证会计数据的正确和可靠、提高经营效率、贯彻管理部门的既定政策所制定的政策、程序、方法和措施”。从外延上看，这一定义将内部控制从会计层面扩展到了企业经营管理的各个方面。因为“提高经营效率和贯彻管理部门的既定政策”必须借助企业所有部门的力量，依靠它们的共同努力。可以说，这一权威性解释使内部控制理论有了质的提升。

1958年，美国注册会计师协会发布了《第29号审计程序公报——独立审计人员评价内部控制的范围》，正式将内部控制划分为内部会计控制和内部管理控制。由于对内部控制的目标、内涵有不同的理解，在审计工作中往往会存在争议，因此美国注册会计师协会所属审计准则委员会于1972年发布的《审计准则文告第1号》又具体解释了内部控制的含义。其指出：“管理控制包括（但不限于）组织规划以及与管理当局进行经济业务授权的决策过程有关的程序和记录。这种授权是与完成该组织目标的职责直接有关的一种管理职能，也是建立经济业务的会计控制的起点。会计控制包括组织规划以及与保护财产安全和财务报表可靠性有关的程序和记录，因此它在设计上应能合理保证：一是按管理当局的一般或特定的授权进行活动；二是编制财务报表必须遵循公认的会计原则，或适用于这些报表的其他标准，做好履行保护资产会计责任的记录；三是只有经营管理当局授权才能接近资产；四是账面载明的资产要和实存资产在合理的间隔期间进行核对，对发生的任何差异采取适当的措施。”上述解释对内部控制的内涵和外延都有了非常明确的规定，有力地推动了内部控制理论的发展和完善。

此后，美国审计程序委员会对内部控制的定义又进行了多次修改。1973年发布的《美国审计程序公告第55号》提出：内部控制制度包括内部会计控制制度和内部管理控制制度两类。内部会计控制制度包括组织机构的设计以及与财产保护和财务会计记录可靠性有直接关系的各种措施；内部管理控制制度则不局限于组织机构的设计，还包括管理部门对事项核准的决策步骤上的程序与记录。

1973年“水门事件”曝光后，有关机构的调查结果显示，许多跨国大公司参与了非法的国内政治献金活动和向国外政府官员进行可疑或非法支付的活动。这一调查结果促使美国政府立法和监管机构开始关注内部控制问题，最终导致1977年美国国会制定并颁布了《反国外行贿法案》。该法案规定每个企业都必须建立内部控制制度，因为良好的内部控制可以有效地制止非法支付行为。

至此，内部控制的理论探讨和制度建设已经不再局限于会计界和企业界，而成为包括政府在内的社会各界共同关注的课题。

1985年，由美国注册会计师协会、会计学会、财务主管协会、内部审计师协会、管理会计师协会等联合组建了反虚假财务报告委员会。该委员会确立的宗旨是探讨企业财务报告舞弊的产生原因，并寻求解决的措施。在该委员会的建议下，成立了美国反虚假财务报告全国委员会下属的发起人委员会（The Committee of Sponsoring Organizations of the Treadway Commission，COSO委员会），专门研究经济组织的内部控制问题。COSO委员会的成立，使内部控制理论和实务的研究掀起新的高潮。

（三）内部控制结构阶段

20世纪80年代以来，内部控制理论的发展进入内部控制结构阶段。1988年4月，美国注册会计师协会发布的《审计准则文告第55号——财务报表审计中内部控制结构的考虑》中规定，从1990年1月起，由55号文告取代1972年发布的《审计准则文告第1号》。该文告首次以内部控制结构取代了内部控制制度，认为内部控制是为合理保证企业特定目标的实现而建立的各种政策和程序。文告指出，内部控制结构应当包括三个方面的内容：一是控制环境，将企业的组织结构、管理者的影响以及影响企业经营活动的各种外部关系纳入内部控制体系；二是会计制度，要明确规定各项经济业务的确认、分析、归类、登记和报告的方法；三是控制程序，提出应当明确业务的审批权，职责分工以及关于财产、凭证、账簿的保护措施等内容。由于该主张更具有理论上的完整性和实践中的可操作性，因此很快获得西方会计理论界的认同。

（四）《内部控制——整合框架》阶段

1992年9月，COSO委员会针对公司行政总裁、其他高级执行官、董事、立法部门和监管部门的内部控制进行了高度概括，提出了《内部控制——整合框架》（*Internal Control—Integrated Framework*）。该框架指出，内部控制是受企业董事会、管理层和其他人员影响，为经营的效率和效果（基本经济目标，包括绩效、利润目标和资源、安全）、财务报告的可靠性（与对外公布的财务报表编制相关的，包括中期报告、合并财务报表中选取的数据的可靠性）、相关法规的遵循性等目标的实现而提供合理保证的过程。该框架首次以“内部控制总体框架”取代了内部控制结构，认为内部控制整体框架主要由控制环境、风险评估、控制活动、信息与沟通、监督等五项要素构成。

1994年，COSO委员会对《内部控制——整合框架》做了进一步的修改和完善，认为内部控制是董事会、经理阶层和其他员工实施的，为运营的效率效果、财务报告的可靠性、相关法令的遵循性等目标的达成而提供合理保证的过程。COSO委员会对《内部控制——整合框架》的构成要素进行了更加具体的描述，指出：

控制环境（Control Environment）主要包括：企业管理层的经营理念和风格；员工的价值趋向、道德素质和胜任能力；管理层分配权力和责任、组织和开发员工的方式；股东大会和董事会对企业的关注或干预程度等。控制环境是内部控制其他构成要素的基础，设定了一个经济组织内部控制的基本架构。

风险评估（Risk Assessment）主要用来辨认和分析与控制目标相关的风险，以便确定管理和控制风险的对策。因为任何一个经济组织不仅会面临来自外部和内部的各种风险，而且这些风险会随着宏观经济形势、行业监管政策和企业经营条件的变化而不断发生变化，所以必须建立识别、分析和应对这些风险及其变化情况的评估机制。

控制活动（Control Activities）是指经济组织制定的有助于贯彻落实管理层指令，防范各种风险，实现经营目标的政策、程序和方法。其主要包括：岗位设置、权力划分、责任界定、授权审批、考核验证、工作过程监控、工作业绩评价等。控制活动贯穿于经济组织的每一层面、每个环节和每项业务，涉及经济组织的每一位员工，在内部控制的各种构成要素中居于核心地位。

信息与沟通（Information and Communiction）是指以一定的形式，在一定的时间范围内为员工履行职责、进行管理和控制作业过程而辨认、获取信息以及交换和传递信息。从信息的辨认和获取路径看，既包括经济组织内部的信息，也包括经济组织外部的但与组织的经营行为相关的信息；既包括财务信息，也包括非财务信息。从信息的交换和传递方式看，既包括经济组织的上情下达，也包括经济组织的下情上报以及经济组织各职能部门及相关人员之间的平行传递，还包括经济组织与股东、债权人、监管部门、中介机构、供应商、客户等外部利益相关者的有效沟通。因此，这里所说的信息与沟通是广义的，在内部控制的各种构成要素中具有链接作用。

监控（Monitoring）是指检查和评价内部控制运作质量的过程，对内部控制执行过程的规范性和运行结果的有效性起着保障作用。监控的方式一般有持续监控、个别评价以及二者结合等三种。持续监控主要是日常的管理活动和员工在职责履行过程中的其他监控行为，具有普遍性、连续性和大众化等特点；个别评价主要针对风险评估、重大事件和内部控制的缺陷，具有特殊性、专门性和专业化等特点。在实际工作中，更多采用的监控方式是持续监控与个别评价的结合。

1.1.3　内部控制理论的研究动态

20世纪末21世纪初，安然、世通、默克制药、施乐等世界知名公司连续发生财务丑闻，不仅使投资者蒙受了巨大的经济损失，同时暴露出企业内部控制实践中存在严重问题。由此引发了会计理论界和实务界对内部控制框架的重新审视。许多人认为，内部控制整体框架存在明显局限，突出的问题是强调风险不够，无法实现内部控制与企业风险管理的有机结合。为此，2001年，COSO委托美国著名的会计师事务所——普华永道研究和开发更为简便易行的评价和改进企业风险管理的框架，旨在改善公司的治理结构和提高风险管理能力。2002年，美国国会通过了《萨班斯-奥克斯利法案》（*Sarbanes-Oxley Act of 2002*），其中第404条要求上市公司管理层必须评估和报告公司最近年度的财务报告内部控制的有效性，并要求注册会计师对上市公司内部控制的效果进行审计。按照《萨班斯-奥克斯利法案》的相关要求，COSO于2004年10月发布了《企业风险管理——整合框架》的报告，认为："企业风险管理是一个过程。这个过程受董事会、管理层和其他人员的影响。这个过程从企业战略制定一直贯穿到企业的各项活动，用于识别那些可能影响企业的潜在事件及管理风险，使之在企业的风险容量之内，从而合理确保企业取得既定的目标。"不难看出，该框架进一步拓展了内部控制的外延，加大了关注企业风险管理的力度，将企业风险管理的广义内容纳入内部控制的理论体系。至此，风险管理成为会计界在研究和设计内部控制体系时关注的焦点问题，并作为企业战略管理的核心问题登上了公司治理的舞台。

（一）风险管理框架的构成要素

风险管理框架对1994年COSO报告《内部控制——整合框架》中提出的控制环境、风险评估、控制活动、信息与沟通、监控等五个要素进行了拓展，将其进一步演变为内部环境、目标设定、事项识别、风险评估、风险应对、控制活动、信息与沟通、监控等八个要素。各要素的具体要求是：

内部环境包括风险管理理念和风险容量、诚信和道德价值观以及它们所处的经营环境。它为企业人员如何认识和对待风险设定了基础。

目标设定要求管理当局采取适当的程序确立目标，使之既符合企业的风险容量，又能保证企业经营战略目标的实现，并有助于管理当局正确识别影响目标实现的潜在事项。

事项识别要求清楚划分影响企业目标实现的内部事项和外部事项，明确企业面临的风险和机会，并将机会反馈到管理当局的战略或目标制定过程中。

风险评估要求评价和分析风险存在的可能性及其产生的影响，并以此为依据确定风险管理的对策。

风险应对要求管理当局在不同的风险对策（包括回避、接受、降低、分担风险）中做出选择，从而采取一系列与企业风险容忍度和风险偏好相一致的行动，将可能发生的风险控制在企业风险容量以内，力求以最低的风险成本和最少的风险损失完成既定目标。

控制活动要求制定相应的政策和程序，以确保风险应对措施的顺利实行并取得实效。控制活动包括两个要素：一是确定应从事何种活动的政策；二是规划执行政策的程序。

信息与沟通要求所有员工按照特定的格式和时间框架正确识别、及时捕捉并有效沟通其履行职责的相关信息，了解自己在内部控制体系中的作用，明确个人的活动与相关部门以及其他人员的关系。有效的沟通包括向下、向上以及平行交互沟通。

监控要求对企业风险管理的整个过程和结果进行全面监督和控制，及时处理问题，堵塞漏洞，必要时对原有的规定进行修正。监控可以通过持续性的管理活动、单独评价或二者的结合来实现。

必须明确，风险管理要素不是一个严格的序列过程，每一个构成要素不仅仅影响下一个构成要素，或者说每一个构成要素不仅仅受上一个构成要素的影响和制约，而是一个多方向的、交互式的影响过程。在这个过程中，几乎每一个构成要素都能够，也确实会影响其他的构成要素。

（二）风险管理的历史沿革

所谓风险管理，就是采取一定的措施对面临的风险进行检测和评估，使风险降低到可以接受的程度，或者说将其控制在可以容忍的程度。从历史上看，人类自有生产经营活动以来，就对风险问题有了一定的认识，就力求通过自身的努力识别、衡量和控制风险，减少风险造成的损失，提高组织或个人的经济效果。但作为企业管理的重要组成部分，风险管理则产生于20世纪50年代的美国，其直接原因是美国一些大公司发生的重大经济损失使公司管理层意识到必须加强风险管理。然而，由于当时的市场化程度较低，企业经营环境相对简单，人们对风险的认识深度不够，因此风险管理主要涉及的是对企业经营效果具有负面影响的、只能给企业带来损失的纯粹风险。对于既可能给企业带来损失，又可能带来机会的投机风险，如股票、期货、外汇等则很少考虑。

20世纪80年代以来，随着信息和通信技术在社会经济生活中的日益重要，西方国家的市场化程度普遍提高，资本在国际之间的流动明显加快，市场竞争不断加剧，企业面临的经营环境不断趋向复杂。在这种背景下，以价格风险、利率风险、汇率风险等为代表的财务风险给企业的经营带来巨大威胁，迫使企业开始关注投机风险的管理，重新审视风险管理的内容和方法，特别是寻找有效防范财务风险的工具。由于利率和汇率等风险对金融企业的影响更为直接，加之金融产品伴随资本市场的发展不断创新，经营难度明显加大，因此，金融机构的风险管理意识相对超前，采取的风险防范措施也更加有力，并在实践中逐步形成了相对完整、系统的金融风险管理体系。

20世纪末21世纪初，全面风险管理的理念在企业开始形成，它是传统的纯粹风险管理与投机风险管理的有机结合。所面对的风险内容包括：国家宏观经济政策或行业政策改变导致企业所面临的政策风险；企业实施多元化经营和重组并购所面临的战略风险；企业在供应、生产和销售等经营活动中所面临的经营风险；企业在筹资、投资等财务活动中所面临的财务风险，等等。

全面风险管理是指围绕企业战略目标，在经营管理的各个环节贯彻执行风险管理的基本流程，建立完整的风险管理体系，培育良好的风险管理文化，为实现风险管理的总体目标提供合理保证的过程和方法。这里的风险管理体系包括风险管理策略、风险管理组织机构、风险管理信息系统、企业内部控制系统和风险理财措施等。可以说，正是全球经济一体化使大型企业尤其是跨国公司面临的风险种类日益增多，风险损失不断加大，管理难度日趋复杂以及企业管理者风险意识全面加强，由此促成了全面风险管理的产生。

（三）风险管理与内部控制的关系

与《内部控制——整合框架》相比，风险管理整合框架不仅在构成要素方面更加详细具体，而且在目标方面更加全面系统。从层次上看，风险管理整合框架认为风险管理的目标不仅包括高效利用企业资源的经营目标、保证信息可靠的报告目标和符合相关法律法规的合规性目标，而且包括层次更高的、与企业使命相关联并支撑其使命的战略目标。企业的风险管理不仅针对前三类目标的实现过程，而且应用于企业的战略制定阶段。从范围上看，风险管理整合框架不仅将“财务报告的可靠性”扩展为“报告的可靠性”，涵盖了企业的财务报告和非财务报告，而且认为企业所有的内部报告和外部报告都应当纳入其中。正因为此，一些学者认为应当将“风险管理整合框架”作为内部控制理论发展的第五个阶段，并围绕这一命题开展内部控制的理论研究和实践检验。

我们认为，企业风险管理整合框架的出台虽然对内部控制产生了重大影响，并强化了风险管理理念，但并没有脱离《内部控制——整合框架》。因为风险管理的主要目的是及时发现企业经营过程中存在的风险，科学预测风险可能产生的影响，有效控制风险可能造成的损失。而实施内部控制的重要目的之一就是防范风险，可以说，内部控制实质上就是企业实施的风险管理，已经涵盖了风险管理的基本内容。企业的风险越大，越有必要采取有力的内部控制措施。任何一个企业，只有建立健全内部控制制度，才能保证经营活动的安全运行，有效防范和控制风险；只有不断强化内部控制，才能有效提高全体员工特别是处于关键岗位的中、高层管理人员的风险意识。可以说，强有力的内部控制是做好风险管理的基础，是企业防范风险的经常化手段和运行措施，而风险管理只是对现代信息技术和高度市场化环境下内部控制目标的强化。

从巴塞尔委员会《银行业组织内部控制系统框架》中“董事会负责批准并定期检查银行整体战略及重要制度，了解银行的主要风险，为这些风险设定可接受的水平，确保管理层采取必要的步骤去识别、计量、监督以及控制这些风险”的规定中，我们也可以看出，风险管理的内容已被纳入《内部控制——整合框架》之中。因此，我们不同意将风险管理整合框架作为内部控制理论发展的独立阶段，而主张将其作为内部控制理论的前沿问题和发展动态进行深入系统的研究。这一主张与风险管理整合框架中“风险管理框架没有也不打算取代内部控制框架”的观点是一致的。

但必须承认，内部控制和风险管理各有侧重。内部控制侧重制度层面，一般通过建立健全规章制度规避风险，而风险管理更注重交易层面，一般通过市场化的自由竞争或市场交易规避风险，典型的风险管理关注特定业务中与战略选择或经营决策相关的风险与收益的比较。

纵观内部控制理论的发展历程，可以得出如下结论：

第一，内部控制是社会经济发展到一定阶段的产物，内部控制的完善程度取决于社会经济的发展水平，有效的内部控制制度可以保证和促进社会经济的健康稳定发展。

第二，内部控制的内容随着企业对外满足社会需要，对内强化经营管理而不断地丰富和发展。作为现代企业管理的重要手段，内部控制的内涵日益丰富，外延不断扩大。内部控制的范围覆盖了企业的各个方面，涉及的部门包括董事会、经理层和各个职能部门；涉及的人员上至董事长、总经理，下至普通职员；涉及的经营环节包括筹资、供应、生产、销售、分配、投资等；涉及的资源涵盖人力、财力和物力各个方面。

第三，内部控制已经不局限于企业的财务会计领域，而成为现代企业必不可少的一项经营管理制度。建立和完善内部控制制度，已经成为会计界、企业界和政府共同重视并认真解决的问题。

第四，内部控制的目标呈现多元化趋势。

第五，保证资产安全和会计信息真实是内部控制发展的主线，反映了内部控制与会计之间的“血缘”关系，会计控制是企业内部控制的核心。

● 1.2　内部控制的目标

内部控制目标是指企业实施内部控制所要达到的目的和要求。内部控制目标既是内部控制的终结目的，也是检验和衡量内部控制效率和效果的标准。

从理论上讲，现代企业的内部控制主体包括董事会、经理人、部门管理者和职工，内部控制目标因控制主体不同而存在一定差异。当以董事会为控制主体时，基于董事会成员兼有股东代表和企业经营决策者的双重身份，内部控制目标可以划分为对外目标和对内目标。对外目标是实现股东利益最大化或利益相关者利益最大化，对内目标是规范企业的经营活动、防范经营风险和财务风险、保护财产安全、保证会计信息的真实和完整。当以经理人为控制主体时，基于其代理人身份，内部控制的目标主要是完成各项受托责任，即董事会所设定的内部目标；当以部门管理者为控制主体时，由于部门管理者是经理人的受托人，也是企业各职能部门的负责人，所以内部控制的目标主要是完成经理人下达的各项责任目标；当以职工为控制主体时，由于职工处于企业委托代理链条的底层，所以内部控制的目标主要是认真履行其岗位责任。

从实践来看，以董事会为主体的内部控制处于内部控制体系的最高层次，因此，董事会的内部控制目标实质上也就是其他控制主体的终极控制目标。按照这一思路，企业的内部控制目标应当设定为五个：一是保护企业各项资产的安全和完整；二是保证会计信息和其他业务信息的真实和可靠；三是保证国家有关法律法规和企业规章制度的贯彻执行；四是防范生产经营过程中的各种风险；五是促进企业经营管理目标的实现。分述如下。

1.2.1 保护财产物资的安全

保护财产物资的安全完整是内部控制制度产生以及发展的一个重要原因。内部控制制度的初始目的就是通过设置必要的岗位，合理划分每一个业务经办人员的职权和责任，严格规定业务处理的程序和手续，将每一业务经办人员的行为置于其他业务经办人员的监督之下，进而形成相互牵制、相互监督的格局，以便防范徇私舞弊行为和工作中的失误，保护财产物资不受损失。因此，必须把保证财产物资的安全完整作为企业内部控制的基本目标。实现这一目标，需要解决好五个方面的问题：一是坚持授权批准原则，对现金、票据、存货等可变现资产，严格执行限制接触的控制措施，只有经过授权批准的人员才可以接触和处置这些资产。二是采用永续盘存制度，详细记载各项财产物资的增减变化情况，并通过定期盘点清查，加强账实之间的核对。发现账实不符的现象时，应及时查明原因，分清责任，妥善予以处理，确保处理过程的透明度和处理结果的公正性。三是对各种财产物资，尽可能按照权、责、利有机结合的原则，指定专门机构或专人负责，实行有效的约束和激励手段，充分调动相关机构和人员的积极性。四是及时处理超储积压、过期变质以及相当长时期内不需要或难以使用的物资，加快存货等资产的周转速度，提高资金的使用效率。五是建立和完善安全预警机制，加强安全管理，提高应对自然灾害的能力，最大限度地减少财产物资的非正常损失。

1.2.2 保证会计信息的质量

信息分为自然信息和社会信息，经济管理信息是社会信息的组成内容，它包括会计信息、统计信息和业务信息等。其中，会计信息作为最主要的经营管理信息，不仅对微观经营管理，而且对宏观经济管理也具有重要的作用。

就微观经营管理方面的作用看，会计信息既是企业一定时期的财务收支状况、经营活动成果和现金流动情况的综合，也是反映委托人了解和监督受托人经济责任履行情况，进行投资决策和决定是否维持委托代理关系的重要依据。会计信息对企业各职能管理部门从事日常管理工作具有重要的参考作用。如：存货信息可以帮助供应部门加强采购管理；固定资产信息可以帮助设备部门加强设备管理；成本费用信息可以帮助生产部门加强生产管理；收入信息和利润信息可以帮助销售部门改善营销管理；等等。真实可靠的会计信息可以促使各部门的管理工作做到有的放矢，产生协调效应，实现企业的经营管理目标。换句话讲，企业的经营管理目标是否实现，借助会计信息即可确定。企业管理当局利用会计信息，可以全面、系统地掌握企业目标的实现程度，衡量实际业绩与目标之间的差距，揭示经营管理中存在的问题，分析问题产生的原因，以便采取措施，改善管理，保证经营管理目标的实现。

就宏观经济管理方面的作用看，会计信息既是政府有关部门进行宏观经济调控和社会资源配置的重要依据，也是投资人和潜在投资人了解企业财务状况、经营成果和现金流量，判断企业盈利能力、资本运作水平和经营发展前景，正确进行投资决策的重要依据，还是债权人了解企业债务偿还能力，判断企业的财务风险和信用水平，正确进行信贷决策的重要依据。在我国经济日趋国际化和全球化、企业对外交流与合作不断增多的背景下，会计信息还是企业开展对外交流、进行经济合作的重要工具。可以预见，在未来的国际经济交往中，会计信息这一国际“商业语言”的功能将不断扩大，作用将更加明显。

那么，如何充分发挥会计信息的作用呢？基本前提是必须保证会计信息的真实性和可靠性，而这一任务的完成必须借助科学完善的内部控制体系。从内部控制的演变历程中我们可以看出，早在内部牵制制度阶段，就把保证会计资料的真实性和可靠性作为任务，但由于当时的企业组织形式单一，所有权和经营权的分离不够彻底，企业的经营范围相对狭小，会计信息的需求群体也比较简单，因此，会计信息的构成不像今天这样复杂，保证会计信息的真实可靠这一任务也不像今天这样艰巨。

当前的企业会计信息，可谓种类繁多，构成复杂，既有经济业务发生时反映在原始凭证上的初始信息，也有经过加工处理后反映在会计账簿和会计报表上的派生信息；既有向投资人、债权人、政府、企业管理当局以及所有的社会公众公开披露的外部信息，也有主要向企业管理当局披露，具有一定保密性的内部信息；既有包括资产、负债、所有者权益、收入、费用等单一会计要素的单项信息，也有包括损益、现金净流量等多个会计要素的综合信息；既有以会计法规、制度和计划等形式表现的会计文件信息，也有以原始凭证、记账凭证等形式表现的会计凭证信息，以总分类账、明细分类账和日记账等形式表现的会计账簿信息，以日报、季报、中期报、年报等形式表现的会计报表信息。加之会计信息的稳定程度不同，一些信息相对固定，如企业的资金、成本、利润等计划信息以及材料消耗定额、人工消耗定额等信息；一些信息则经常变动，时效性极强，如材料采购、产品生产成本、产品销售等方面的信息。只有在一定的时空条件下其才有最大的使用价值，陈旧过时的会计信息不仅不能帮助使用者正确进行决策，而且还可能误导使用者使其作出错误的分析和判断。因此，必须针对每种会计信息的特点及其产生过程，设计相应的内部控制制度，控制好信息采集、信息加工、信息传递、信息披露等各个环节，才能保证会计信息的真实性和可靠性。

1.2.3　保证法规制度的执行

法规制度是由国家权力机关或行政机关以及企业制定的，通过强制手段约束企业经营管理行为的规范，包括国家法律法规和企业规章制度。国家法律法规主要用来调整企业经营管理行为与各方面的经济利益关系，明确经营管理行为应当遵循的法律要求，说明违法违规可能导致的后果等。它是调节和控制企业经营管理行为的外在制约因素，是维护社会经济秩序，促进微观与宏观经济效益统一的社会机制，也是确保企业经营管理行为合法化的强制性力量。具体分为国家法律和国家行政法规两个部分。其中国家法律是由国家最高权力机关——全国人大颁布，用来指导企业经营管理工作的基本法律，如《中华人民共和国会计法》、《中华人民共和国公司法》以及国家的税法、投资法、银行法、破产法、审计法、注册会计师法等。这些法规是全社会经济工作和每一个单位经济活动得以正常运行的保证，也是实现企业经营行为法制化的基础。国家行政法规则由国家行政机关和地方人民政府制定和颁布实施，针对企业某方面的经营管理活动作出具体规定，是国家法律的具体化，如财政部颁布的《企业财务会计报告条例》《企业内部控制基本规范》《会计档案管理办法》等。企业规章制度是由企业根据自己的实际需要制定的，用来指导和约束企业经营管理行为的规范。企业规章制度主要用来调整企业内部各层级之间、各部门之间的经济利益关系，着重反映和具体界定企业经营管理活动中带有规律性的行为标准，明确经营管理行为应符合的基本要求，是企业组织和管理生产经营活动的直接依据。

无论国家法律法规，还是企业规章制度，要想在具体实施和执行过程中取得最佳效果，除自身必须具备科学性、完整性和实用性外，还取决于执行者的综合素质，特别是执行者的法律制度意识。但必须承认，严密完善的内部控制体系不仅有助于国家法律法规和企业规章制度的贯彻落实，使之最大限度地发挥指导和约束企业经营管理活动的功能，而且对提高法规制度执行者的执行意识、执行能力和执行效果具有重要的促进作用。很难想象，在一个内部控制制度残缺不全、软弱无力的企业，国家的法律法规和企业的规章制度能够实施到位。实践告诉我们，良好的法规制度之所以在实践中收不到良好的效果，重要原因之一就是一些企业缺乏科学完善的内部控制制度。因此，企业的内部控制必须把保证国家法律法规和企业规章制度的贯彻执行作为基本目标。

1.2.4 防范经营管理的风险

面对日益复杂的经营环境，企业所面临的风险种类日益增多，发生风险的频率也在不断增加。就风险发生的环节和类型看，包括：因公司治理结构不完善，缺乏科学的决策机制而导致企业的经营发展战略失败；因内部机构设计不科学、权责分配不合理而导致机构重叠、职能交叉、工作扯皮、运行效率低下的组织架构设计和运行风险；因对市场发展趋势判断不准，对影响投资决策的有关因素的变化估计有误，以及缺乏深入细致的可行性研究而导致的投资风险；因对企业的实际情况考虑不周，高估自己的盈利能力和偿债能力而导致的债务违约风险；因对客户的偿债能力和信用水平了解不够，过多采取赊销方式而导致企业债权无法收回的信用风险；因缺乏对国家金融政策和货币政策的合理判断而导致的利率风险；因缺乏对国家进出口政策和外汇政策的合理判断而导致的汇率风险；因安全意识不强，采取防范措施不够或发生非人为事件而导致的安全风险；等等。

可见，企业面临的风险无所不有，无处不在。任何一种风险的发生都会给企业造成损失甚至是灾难，致使企业的生产经营不能正常有序进行。令人担忧的是，我国的大多数企业长期以来风险管理意识淡化，全面风险管理理念至今没有真正形成，在风险识别、风险评估与分析、风险报告和风险应对等方面缺乏行之有效的手段和办法。因此，必须把强化风险管理，防范企业经营过程中的各种风险作为内部控制的重要目标。通过建立和完善内部控制体系，形成有效的风险防范机制，规避、化解经营过程中的各种风险，最大限度地减少风险损失。

1.2.5　促进经营目标的实现

从内部控制的演变历史可以看出，内部牵制制度发展到内部控制制度的一个重要变化就是内部控制的目的已经不再局限于防范错误和弊端，保护财产物资安全，而开始注重通过提高管理效率和水平，实现企业的经营目标。特别是围绕内部管理控制所采取的各种手段和方法，更是将提高企业的管理效率和水平，实现经营目标作为主要目标。随着市场化程度的不断提高，企业面临的竞争日趋激烈，所承受的压力日益加大，如何在激烈的市场竞争中提高管理效率和水平，促进企业经营目标的实现？需要企业各管理层次和各职能部门协调努力，采取行之有效的办法，而建立和完善内部控制体系，无疑是非常重要的手段。因为完善的内部控制体系，有助于促进权、责、利三者的结合，充分调动企业各层级、各部门、各有关人员的工作积极性和责任心；有助于建立科学的决策机制、执行机制和监督机制，不断提升有关人员的决策水平、执行能力和监督效果；有助于实现经营效益与经营成本、经济效益与社会效益的统一，从而促进企业经营效率和管理水平的提高，实现企业的经营管理目标。

● 1.3　内部控制的主要手段[①]

1.3.1　组织结构控制

组织结构控制又称职务分管控制。它要求企业在办理任何一项经济业务时，都必须由两人或两人以上分工掌管，不允许任何一个人单独办理任何一项经济业务，以便形成相互制约、相互监督的格局，避免一个人包办经济业务全过程而容易出现弊端和错误。其核心问题是不允许任何一个机构或个人掌控企业经济业务办理的全部权力，因此也被业界通俗地称为分权控制或不相容职务分离控制。一般情况下，企业的以下职务和权力必须实行分管：

（1）经济业务的授权批准与执行必须分管，保证业务审批权与业务承办权的分离。如：货款支付审批人员不能同时担任出纳，收发料审批人员不能同时担任仓库保管员。

（2）经济业务的执行与记录必须分管，保证业务承办权与业务记录权的分离。如：承办购货业务的采购员、承办销售业务的推销员不得兼任负责账目记载的会计员。

（3）财产物资的保管与会计记录必须分管，保证财产实物保管权与财产变动记

---

① 李端生.会计制度设计［M］. 4版.大连：东北财经大学出版社，2011.

录权的分离。如管理货币资金的出纳员、管理实物资产的仓库保管员等不得兼任会计员，保证钱、账、物三分离。

（4）经济事项的经办与稽核必须分管，保证业务经办权与业务监督权的分离。如：财产清查及账实核对工作不能由财产保管人员单独进行，银行存款余额调节表不能由出纳员编制等。

（5）货币资金出纳与总账记录应当分管。在有条件的单位，出纳员尽可能只处理货币资金的收支及保管，登记“出纳备查簿”，不登记库存现金日记账和银行存款日记账。人员较少，需要由出纳员兼管库存现金、银行存款日记账登记工作的单位，总分类账必须由专人登记，并对库存现金和银行存款日记账进行经常性的检查和核对，以便利用总账对日记账的控制作用，形成相互制约关系。

此外，经济业务的授权批准与监督检查也应当分离，以便形成科学的决策机制、有序的执行机制和独立的监督机制，确保内部控制的严密性。

1.3.2 授权批准控制

授权批准控制是指企业内部的各级工作人员必须获得批准和授权，方能执行或处理有关的经济业务。其基本要求是：企业内部的各级管理层必须在授权范围内行使相应职权，各级工作人员必须在授权范围内开展工作，履行自己的职责。既不能超越权限处理那些不属于自己职权范围内的事情，如非出纳人员收付货币资金，非会计人员登记账簿等，也不能推诿责任，对那些属于自己职权范围内的事情不认真办理，如保管员不认真负责物资收发，会计员不按规定登记账簿等。授权控制有利于建立和完善岗位责任制，保证各级工作人员在获得权力时相应地承担责任，实现所任职务与所负责任挂钩，促使有关人员各司其职，各负其责，有效防止各种问题的产生，即使发生问题也便于查找解决。

按照授权的特征和要求不同，授权控制可以分为“一般授权”和“特别授权”。一般授权是指授予有关人员处理常规经济业务的权力，如推销员按照规定价格销售产品，采购员在计划指标内购买材料等。一般授权通常只针对正常发生的经济业务，具有长期性、连续性、确定性等特点，有关人员只需按照事先提出的要求和标准执行即可。特别授权是指授予有关人员处理特殊经济业务的权力，具有临时性、阶段性、偶然性等特点，有关人员必须按照授权人的特殊要求和标准执行。例如，企业销售闲置设备、削价处理存货、转让无形资产等，必须经过企业管理当局或主管领导的特别授权后才能执行，销售部门和销售人员不得擅自决定，否则就属于越权行为。而销售人员的越权行为，很可能使销售价格失去控制，造成管理上的漏洞。

对于授权者来讲，授权批准控制要求：一是按照有关规定正确行使权力，做到审有依据，批有理由，审要全面，批要慎重，防止只批不审、滥用职权、草率从事、任人唯亲等现象；二是责任与权力匹配，明确并勇于承担自己所负的领导责任，防止被授权人出现问题时推卸责任的现象；三是及时了解和检查被授权人的工作情况，发现问题及时处理。

1.3.3　岗位轮换控制

岗位轮换控制的基本要求是，对各个岗位上的工作人员实行定期不定期的相互调换，避免一个人在一个工作岗位上长期滞留，以防积久生弊。特别是涉及货币资金收支和财产实物收发的岗位，应尽可能保持岗位轮换的经常化和制度化。从内部控制的角度理解，实行岗位轮换的主要理由是一般情况下，如果让权力持有者长期掌控某种权力（特别是财权），受各种因素的影响，容易发生滥用职权、谋取私利的行为，所谓“常在河边站，难免不湿鞋”。许多经济案件也证明，作弊者大多数是在一个岗位上滞留时间太久而产生作弊动机并付诸行动。因此，通过岗位轮换可以形成一定的威慑作用，使作弊者心有余悸，使其即使萌生不良想法也不敢轻易付诸行动，由此有效防止和减少违法违纪现象。

从实行岗位轮换的效果看：一是能够预防利用工作之便编织“关系网”进行违法违纪活动，及时发现管理工作中存在的问题，并针对问题成因尽快采取措施加以解决。由于原来的工作人员被调换工作岗位后，必须办理交接手续并接受继任者的检验，因此即使存在差错或舞弊行为，也便于发现和揭露并加以处理，以免长期隐匿，造成大的损失；二是有利于促使工作人员尽职尽责并不断提高自己的业务素质。由于每一个工作人员随时都有调动职务、移交工作的可能，所以其必须按照规定保质保量地完成本职工作，不能拖拉疲沓，因此可以有效防止某些人员因长期从事某些单调乏味的工作而产生惰性，得过且过，敷衍了事，不思进取，降低工作效率和质量的现象；三是通过岗位轮换，可以形成制度化的在岗培训机制，激发工作人员的求知欲望和创新意识，调动他们的工作热情，提高他们的业务素质和独立工作能力。

岗位轮换有“对换”和“轮换”两种具体方式。对换是指两种职务之间的对调，如材料保管员与产品保管员对换，负责销售及应收款的会计与负责采购与应付款的会计对换等。轮换则是多种职务之间的循环调换，如财会机构内部的材料会计去搞成本核算，成本会计去管销售账务，销售会计去登记总账和编制报表，总账会计则去从事材料核算等。

1.3.4　全面预算控制

全面预算控制的目的是通过对企业的各项资金、成本、费用和利润等实施全面预算管理，强化企业的内部控制。它是以企业经营目标为中心，实现企业资源优化配置，提高企业经济效益的一种内部管理办法。全面预算管理强调和突出企业经营目标的纲领性、整体性、综合性和全员性，要求企业的一切生产经营活动围绕经营目标开展并纳入预算管理，通过预算的编制、分解下达、执行、调整、分析、考核等，实现企业总体目标明确、具体目标落地、各部门目标协调一致，以有效控制企业的经营活动。实行全面预算控制，应当做好以下两方面工作：

一是通过预算的编制、分解下达、调整、分析和考评，统筹安排企业的生产资源、财务资源和人力资源。因此应当将能够实行预算管理的项目以及与实现经营目标相关的责任单位和部门全部纳入预算控制系统，将企业的经营总目标分解落实到每一个生产业务部门和经营管理部门，作为分析和考核预算执行结果的依据，实现全额、全员、全过程的管理和控制，保证企业经营目标的实现。

二是通过对各种预算的综合平衡和管理责任分工，划清各有关部门、各有关人员以及预算管理各个环节的控制责任，实现企业上下级之间、各部门之间的相互协调配合，有效防止工作中的推诿扯皮现象。

1.3.5 会计系统控制

这里的会计系统是指由会计凭证、会计账簿和会计报表以及特定的记账程序所组成的会计账务处理系统。站在历史角度考察和分析，内部控制体系的发展和完善很大程度上依赖于会计账务处理系统的发展和完善，正是因为有了科学严密的会计账务处理系统，才使内部控制的实施有了基本保证。因此，如果说“权力分置”是内部控制的核心，会计系统控制就是内部控制的基础。离开会计账务处理系统，内部控制将成为空中楼阁。会计系统控制主要通过会计凭证控制、会计账簿控制和会计报表控制以及它们之间的组合方式（记账程序控制）来实现，分别阐述如下：

（一）会计凭证控制

会计凭证控制包括原始凭证控制和记账凭证控制。其中，原始凭证控制是指经济业务发生时，通过填制和传递原始凭证，对经济业务实施记录控制，以便在任何时候、任何问题发生时都有据可查；记账凭证控制是指按照会计制度的要求，对原始凭证所反映的经济事项进行账务处理（编制会计分录），以便形成账簿记录的控制方式。因此，设计足够的凭证联次和合理的凭证传递程序，将经济业务发生后所涉及的各个职能部门或个人联系起来，是强化内部控制的有效方式。具体要求包括：

（1）每发生一笔经济业务，都必须填制或取得合法的、真实的、正确的原始凭证，作为各项经济业务的证明材料和控制依据。要根据实际需要采用复写方式（即一式几联）填制有关的原始凭证。

（2）重要的原始凭证如收款收据、销货发票等应当事先编号，以防短缺，一般凭证可在使用时按顺序统一编号。

（3）无论原始凭证还是记账凭证，都必须具备业务经办人员的签名或盖章，以明确其应承担的经济责任，强化制约关系。

（4）建立复查和核对制度，包括对凭证本身的复查和与其他有关凭证的核对。如购货发票，既要审查其是否符合原始凭证的填制要求，又要与订货合同、收料单等进行核对。

（5）建立科学合理的凭证传递程序，与业务处理的标准程序结合起来，实现各种凭证在业务经办部门和人员之间的合理流转。既要经过每一个必要的环节，防止发生遗漏、责任混淆等失控现象，又要尽可能地简化不必要的传递环节，提高工作效率。

（6）建立严格的凭证印制、购买、保管、使用、注销和存档等方面的制度，加强会计凭证的日常管理。

（二）会计账簿控制

会计账簿控制是指利用会计账簿对经济业务进行序时、分类记录的功能，将所发生的经济事项予以完整、连续、系统的记载，进而产生内部控制的效果。具体要求包括：

（1）设计完整的账簿组织体系，明确规定各种账簿的作用以及它们之间的关系。做到：总账控制明细账、日记账；明细账控制财产实物和债权债务的数量、金额变化；日记账控制收付款的笔数和金额。

（2）根据管理需要选择会计账簿格式。如：日记账和总分类账必须使用订本式，明细账则可使用活页式。反映财产实物的明细账必须使用数量金额式，反映费用成本的明细账必须使用多栏式，而反映债权、债务、基金的明细账则可使用三栏式。

（3）严格规定过账、对账、结账的要求，并区别各种账簿做出相应规定。如：总分类账既可以逐笔过账，又可以采取汇总方式过账，而明细账、日记账则必须逐笔登记，尤其是库存现金、银行存款日记账还须逐笔结出余额。

（4）建立严格的账簿启用、登记、存档、查阅、销毁等方面的制度，加强会计账簿的日常管理。

（三）会计报表控制

会计报表控制是指利用会计报表对经济业务的概括、汇总和报告功能，将企业的财务状况和经营情况信息向有关部门和人员及时披露，进而产生内部控制效果。具体要求包括：

（1）建立完整的会计报表体系，既要满足对外披露会计信息的需要，也要满足企业内部经营管理的需要。因此，不能局限于编制和报送资产负债表、利润表、现金流量表等对外会计报表，还必须设计和编制资金、费用、成本等方面的内部会计报表，并与对外报表中的有关指标保持一致，形成完整的会计报表体系。

（2）明确规定各种会计报表与会计账簿之间的关系，详细说明报表中的哪些项目数据来源于会计账簿，来源于哪种会计账簿，是否需要对会计账簿的数据进行分解或汇总以及如何分解或汇总等，以保证会计报表与会计账簿的一致性。

（3）建立严格的会计报表编制、报送、存档、查阅、销毁等方面的制度，加强会计报表的日常管理。

（四）记账程序控制

记账程序是指从填制会计凭证、登记会计账簿到编制会计报表的整个过程。在会计工作中，会计凭证、会计账簿和会计报表并不是孤立存在的，必须采用一定的方式，按照一定的顺序进行科学合理的组织，形成规范的记账程序，才能完成会计核算任务，也才能充分发挥会计凭证、账簿和报表的控制作用。记账程序就是要将各自独立的、分散的内容结合起来，使之成为一个有机的整体和严密的系统。它解决的问题是：如何以账簿组织为核心，将会计凭证、会计账簿、会计报表和记账方法有机地结合起来处理账务。具体包括：使用哪些种类和格式的原始凭证和记账凭证，会计凭证如何填制和传递，凭证之间以及凭证和账簿之间怎样进行联系；选用哪些账簿，会计账簿如何登记，各种账簿如何组成记录全部经济业务的账簿体系；各种会计报表产生的程序和依据，怎样根据账簿的记录编制会计报表等。可见，记账程序是否科学合理，是否符合本单位的业务特点和管理要求，不仅对保证会计工作的有序运行，提高会计核算质量和效率，节约会计成本具有重要意义，而且直接关系到内部控制的实施效果。

会计凭证、账簿和报表的组织和结合方式不同，会产生不同的记账程序。根据登记总分类账的依据和方式不同，常用的记账程序可以分为记账凭证记账程序、日记总账记账程序、科目汇总表记账程序和汇总记账凭证记账程序等。前两种记账程序登记总分类账的方式为逐笔过账，后两种记账程序登记总分类账的方式为汇总过账。它们分别适用于经济业务特点、经营规模大小、经济管理要求不同的单位。要想充分发挥记账程序在内部控制中的作用，必须满足以下要求：

（1）符合本企业的具体情况。包括：企业经营活动特点、经济业务数量、经营管理要求、财会机构的内部组织等。对于经济业务比较复杂、业务发生数量较多、财会机构内部分工较细、岗位责任制健全的单位，适宜选用汇总过账的记账程序；反之，则应考虑逐笔过账的记账程序。

（2）有利于凭证、账簿和报表之间的协调。设计记账程序，就是对会计凭证、账簿、报表等进行的组织和协调，使之形成有机整体。为此，必须保证四个方面的联系：一是凭证与凭证之间的联系。解决好如何根据原始凭证编制记账凭证、是否需要汇总原始凭证、如何根据记账凭证编制汇总记账凭证等问题。二是凭证与账簿之间的联系。解决好各种账簿根据什么凭证登记、是记账凭证还是汇总记账凭证或是原始凭证等问题，确保凭证和账簿之间的联系，杜绝重记或漏记现象的发生。三是账簿与账簿之间的联系。解决好分类账簿与序时账簿的关系、总分类账与明细分类账的关系、总分类账对其他各种账簿的控制作用等问题。四是账簿和报表之间的联系。解决好哪些报表根据总分类账编制、哪些报表根据明细分类账编制、哪些报表还需要借助于日记账编制、以及何时编制等问题，确保会计信息的及时性和准确性。

（3）有利于简化会计工作量，提高会计工作效率。记账凭证记账程序是记账程序的基本形式，其他各种记账程序都是在此基础上演变发展而来的。因此，任何一个企业所设计的记账程序，就简化会计工作量和提高工作效率来讲，都应当优于记账凭证记账程序。

（4）明确会计核算的各个环节、各个岗位上的责任，使从事各项工作的人员能够相互制约、相互监督，既有明确分工，又能有效合作。

此外，还应当建立和健全内部稽核制度，设置专职或兼职稽核员，负责凭证、账簿、报表、合同、预算等的稽查，以及账证、账账、账表、账实之间的核对，保证其正确性和一致性。

1.3.6　标准化流程控制

标准化流程控制是指对每种经济业务的处理程序和手续制定出标准化模式，使业务处理程序的各个环节之间形成步步核查、环环监督的格局，以便及时发现差错和弊端，加以处理，防止同类业务的处理因程序与手续不同而出现工作扯皮、职责不清、结果各异等现象。其主要内容有：明确每种经济业务的授权批准权限和方式；规定经济业务办理的具体部门和人员；规定经济业务办理应当经过的环节和手续；对主要经济业务采用文字或流程图的方式制定出标准化处理程序；规定各个环节的流转手续和滞留时间以及审核内容等；说明各个环节和各道手续之间的关系。

采用标准化流程控制手段实施内部控制，一方面可以把业务经办部门和相关人员串联在一起，形成一个有机整体，有条不紊地开展工作，及时规范地完成任务；另一方面又可以在相关部门和人员之间形成相互制约、相互监督的机制，把可能发生的差错和弊端消灭在业务处理过程当中。

1.3.7　内部报告控制

内部报告是企业内部沟通和交流信息的一种基本形式，一般用于下级向上级、被授权人向授权人汇报或反馈业务的执行过程和结果，目的是保证授权人及时了解和掌握业务情况，加强对被授权人的约束和监督。因此，每一个授权人都应当要求被授权人及时报告业务的执行情况和职责履行情况，而每一个被授权人也应当把向授权人提供报告作为自己的工作内容和责任。内部报告的形式包括内部财务会计报告、内部业务报告、内部统计报告、内部审计报告等；内部报告的时间有定期和不定期两种。在实际工作中，内部报告控制是一种常用并且行之有效的手段，其作用体现在三个方面：

第一，可以有效防范被授权人滥用职权、工作懈怠、敷衍了事等现象，促使其认真履行工作职责，形成良好的工作作风。

第二，可以及时发现业务执行过程中存在的问题并采取措施加以解决，保证工作质量和工作效率。

第三，可以打通企业的信息沟通与反馈渠道，优化企业的经营决策。如，通过提供内部财务会计报告，可以帮助管理当局了解企业财务的详细状况；通过提供内部业务报告，可以帮助管理当局了解企业经营的详细状况；通过提供内部审计报告，可以帮助管理当局了解企业执行财经法规制度的详细状况等。

1.3.8　内部审计控制

根据国际内部审计协会的解释，内部审计是在一个组织内部，通过对各种业务活动及相应管理控制系统的独立评价，确定组织既定的政策和程序是否贯彻，建立的标准是否遵循，资源的利用是否合理有效，以及组织的行为目标是否达到。目的是揭露组织潜在的风险，为组织增加价值并提高组织的运作效率。通俗地讲，内部审计是由企业内部审计机构或专职审计人员对本企业及所属单位的财务收支、经济活动的真实性、合法性和效益性进行监督和评价的行为。在现代企业中，内部审计不仅是企业内部控制的重要手段，而且是内部控制其他环节的监督力量；内部审计部门的作用已不局限于监督企业是否执行内部控制，其也开始帮助企业营造和优化控制环境；内部审计人员的使命已不局限于从事简单的审计工作，而正在向帮助企业创建高水平的内部控制体系发展。这就是说，随着现代企业制度的完善，内部审计的地位和作用日益重要。但在我国企业的内部控制实践中，这种作用还没有充分显现出来。具体表现：一是企业管理当局对内部审计缺乏足够认识，甚至错误地认为内部审计是给自己造“笼子”，加“紧箍咒”。缺少企业领导的支持，内部审计的作用大打折扣。二是企业虽然成立了内部审计机构，但独立性明显不足，有些内部审计机构至今仍然隶属于财务部门，形同虚设，无法有效开展工作。三是内部审计人员的素质参差不齐，许多人员来自财会岗位，或者是进不了财务部门而求其次，没有受过专门的审计理论和业务培训，对现代审计方法和技术知之甚少，无法保证内部审计的工作效率和质量。

此外，由于我国内部审计理论研究还比较落后、内部审计法规建设还不够完善、内部审计与外部审计的关系还没有完全理顺、内部审计的领域还比较狭窄，所以从大环境上讲，也没有给企业的内部审计工作创造一个良好的氛围。

如果我们把内部控制作为企业抵御风险、保证经营活动合法合理的“阵地”，那么，这块阵地应当由三条防线组成：第一道防线是各职能管理部门的负责人与相关执行人员，通过他们之间的相互联系和相互制约，将经营风险控制在最小范围内，避免问题成堆，最大限度地保证经营活动的合法合理性；第二道防线是企业财会机构负责人与相关人员，通过他们之间的相互联系和相互制约，及时发现第一道防线遗漏的问题，并在更深层次和更大范围内研究解决问题的对策，控制企业经济活动按预定计划目标进行；第三道防线则是企业的内部审计机构与相关人员。这道防线的重要性不仅仅在于它已经成为最后的屏障，而且由于内部审计所特有的相对权威性和独立性，其能够有选择地对内部控制的各个方面进行再监督和再评价，并能够将监督和评价结果直接反馈给管理当局，进而对企业的决策产生特殊影响。

为此，企业必须从战略高度重新认识内部审计在内部控制中的作用，明确内部审计作为一种特殊手段，是对内部控制的完善性和有效性进行的再监督。其主要功能在于监督企业经营活动是否符合内部控制的要求，评价内部控制的执行效果，提供完善内部控制的可行性对策。企业要加强自我约束，改善经营管理，提高经济效益，就必须加强内部审计控制，合理规范内部审计的控制标准，增强内部审计的权威性和独立性，强化内部审计机构或内部审计人员的执行主体意识，围绕企业的内部控制开展内部审计工作。

1.3.9 档案专管控制

档案专管控制是指对会计凭证、账簿、报表等会计档案资料，实行专门保管，包括设立专门的保管地点、配备专门的保管人员、制定专门的保管制度。目的是对会计档案所涉及的有关人员的工作过程和结果实施静态性、经常性、长期性控制，形成一种威慑力量，使故意作弊者心有余悸，并有效防止根据个人需要更改、调整甚至毁灭档案记录的现象发生。在配备保管人员时，可以根据企业的规模大小等实际情况设置专职或兼职档案保管员并规定其岗位责任，但无论企业规模大小，出纳员都不得兼任档案保管员。选择的保管场所必须有利于实现“四防”，即防火、防潮、防盗、防蛀。建立档案保管制度时，必须严格执行国家颁布的《会计档案管理办法》，明确规定各种会计档案的存续时间以及调阅、销毁的程序和手续。将档案专管控制与会计系统控制等手段有机地结合起来，最大限度地提升内部控制效果。

1.3.10　永续盘存控制

财产盘存有两种基本制度，一是永续盘存制，二是实地盘存制。永续盘存制要求在财产物资发生增减变化时，会计账簿上既登记增加数，也登记减少数，并根据增减变化情况随时计算出财产物资的账面结存数。目的是以账面结存数与财产物资的期末实有数进行核对，达到控制效果；实地盘存制则是在财产物资发生增减变化时，会计账簿上只登记增加数，不登记减少数，因此，只能根据期末财产清查时确定的实有数作为账面结存数并倒算出本期减少数。

按照不相容职务分离的要求，记录财产物资变化的会计人员不得从事财产物资的保管工作，保管财产物资的人员必须受到财产物资变化记录人员的控制，而这种控制主要是通过会计的账面结存数与财产物资的期末实有数的核对完成的。但是，在实地盘存制下，会计人员的账面结存数却来自于保管人员的财产物资库存数，因此起不到控制作用。换句话讲，实地盘存制削弱了会计人员对保管人员的监督和制约，不利于发现财产物资保管过程中存在的问题，很可能将不正常的特别是人为的财产损失当作正常的财产盘亏予以处理，从而掩盖财产管理中的漏洞和弊端。而永续盘存制则能及时发现财产清查中的盘盈、盘亏情况，并根据有关资料查明原因，划清责任，提出合理的处理办法，进而促使财产物资保管人恪尽职守，不断提高财物管理水平。

1.3.11　员工素质控制

员工素质控制是指通过提高和优化企业全体员工的综合素质，保证和强化内部控制效果的一种手段。任何一种制度，无论从设计和安排角度看，还是从执行和维护角度看，都离不开高素质的员工。在一个员工素质整体优良的企业中，即使制度存在些许不足，也可能在运行中得到矫正和弥补而不会出现大的问题；相反，在一个员工素质整体不佳的企业中，即使制度设计得比较完善，运行中往往也会有人钻制度的空子，“上有政策，下有对策”的现象依然难免发生。这表明，大力提高企业全体员工的综合素质，充分发挥员工的自觉性和主动性，对强化内部控制至关重要。

需要指出，这里所说的员工素质包括从企业最高管理层到基层的所有员工的思想政治觉悟、法律制度意识、文化价值趋向、组织纪律观念、业务技术能力、为人处事态度以及工作作风等。要想真正发挥员工素质控制的作用，必须通过在岗培训、脱产学习、技能竞赛、模拟演练等灵活多样、行之有效的措施，全面提高企业员工的综合素质，为内部控制的运行创造良好的条件。

除上述十一个方面外，强化企业信息化建设、制定科学完善的内部责任会计制度、健全民主理财制度、定期召开运营分析会议、实施绩效考评等，都是强化内部控制制度的重要方式，不再一一详述。

以上各种手段，有些是从总体上考虑，不局限于某种经济业务，例如组织结构控制、会计系统控制、授权批准控制、员工素质控制等；有些则是针对具体的业务而采用，如标准化流程控制、档案专管控制、永续盘存控制等。是否已构建严密完善的内部控制体系取决于各种控制手段和方式的组合效应，在设计各种业务的内部控制制度时必须统筹考虑。

1.4 内部控制的设计原则

按照财政部等五部委颁布的《企业内部控制基本规范》的要求，内部控制的设计应当遵循以下原则。

1.4.1 合规性原则

合规性原则是指内部控制的设计应当遵循国家有关的法律法规和本企业的规章制度，确保国家法律法规和企业规章制度能够得到贯彻落实。与内部控制相关的国家法律法规主要包括：《中华人民共和国会计法》、《企业会计准则》、《企业内部控制基本规范》及其配套指引中的有关规定。企业设计的内部控制制度只有与国家的法律法规相符，才能将内部控制与外部监管有机地结合起来，保证内部控制的有效性。在这一制度下产生的会计信息和其他经济信息，也才能获得政府、投资人、债权人、客户、供应商以及社会公众的认可。企业的规章制度一般包括企业章程、财务管理制度、会计核算制度、预算管理制度、成本管理制度、资产管理制度、业绩考评制度以及采购、生产、销售、筹资、投资、资产、利润分配等方面的管理制度。企业设计的内部控制制度只有与企业的相关规章制度协调一致，才能保证内部控制的实用性，最大限度地实现内部控制效应。

1.4.2 全面性原则

内部控制制度应当涵盖企业内部的各种经济业务、各个职能部门和各个工作岗位，并针对业务处理过程中的关键控制点，将内部控制落实到决策、执行、监督、反馈等各个环节。

就内部控制涉及的业务范围讲，其应当覆盖企业所有的经济业务，包括：货币资金收支业务、材料物资采购业务、资产盘存业务、产品销售业务、筹资业务、债权债务结算业务、投资业务、在建工程业务、担保业务等。从理论上讲，内部控制的范围扩展得越大，控制就越是严密，作用也就越大。因此，绝不能因为经济业务发生的频率较低，涉及的金额不大而忽略。但是，基于企业的经营规模、业务复杂程度、内部组织机构、办事人员的分工等具体情况各不相同，内部控制的要求可以有所区别。一般情况下，对于经济业务比较简单，种类较少，涉及金额不大，企业经营者能够经常过问、了解并掌握各项业务发生情况和财务收支情况的小型企业，内部控制应重点关注货币资金的收支业务。因为货币资金收支业务发生频繁，而且大多数业务与企业外部发生关系，因此发生错误和弊端的可能性一般较大。对于经济业务种类繁多、内部分工较细、对外关系复杂、企业经营者难以随时掌握各方面情况的大中型企业，内部控制的范围必须扩展到企业的每一种经济业务。

就内部控制涉及的部门和岗位讲，应当覆盖企业所有的职能机构和工作人员。无论是拥有决策权力的管理层，还是处于执行环节的职能部门，以及相关的监督部门，都必须纳入内部控制的范畴。无论是董事长、总经理、部门经理还是一般工作人员，都不能游离于内部控制系统之外。需要特别指出的是，绝不能把内部控制简单地理解为是上层对下层的控制、领导对员工的控制、监督机构对执行机构的控制。任何单向控制的思维和做法都是错误的，也是无法取得理想控制效果的。在内部控制这一系统中，不管机构的级别多高，相关人员的职务多高，都必须服从内部控制的安排，执行内部控制的原则，自觉遵守内部控制的具体规定。换句话讲，内部控制面前人人平等，只有权限和职责的配置不同，而没有脱离内部控制的特权。

1.4.3 制衡性原则

如果一个人同时兼任两种或两种以上的职务并独立完成一项完整的经济业务活动，会提高错误发生的概率或加大舞弊的可能性，则这些职务被称为不相容职务。不相容职务通常包括：可行性研究与决策审批；决策审批与执行；执行与监督检查等。按照内部控制的要求，企业应当在治理结构、机构设置及权责分配、业务流程等方面形成相互制约、相互监督的格局。其理论根据是：当存在相互制约和相互监督关系时，某个人发生的错误和弊端容易被其他人及时发现并予以纠正，因此会降低错误发生的概率或减少发生舞弊的可能性。因此，必须坚持制衡性原则，通过合理分工实现权力分置，做到不相容职务分离。一是明确规定每一个业务经办人员的权力和责任，切忌权力不清楚、责任不明确的现象发生，做到事事有人管，人人有专职，办事有标准，工作有检查；二是周密设计业务处理程序和手续，确保不同机构和岗位之间形成相互制约和相互监督的关系；三是必须让有关人员理解自己的控制责任，明白严格按照规章制度履行职责的重要性，懂得如何制约他人和接受他人的制约。

可见，内部控制制度强调办理经济业务的多层次性，以保证业务处理过程的透明度和处理结果的客观性，否定经办人员和经办手续的单一性，以防止业务处理过程的隐蔽性和处理结果的主观性。它可以将每一经办人员的职责、行为置于其他经办人员的监督之下，使每一经办人员只掌握业务经办的部分权力，保证任何经济业务的处理都有若干人参与或知晓。这样，就不会给任何不法分子留下可乘之机，能够有效防止徇私舞弊行为的发生。即使一些经办人员在处理业务时做了手脚，也会暴露在其他有关人员的监督之下。例如，由一个人兼任会计和出纳，其手里集中了款项的收付权和记录权，即使此人具有过硬的专业素质和敬业精神，发生错误的可能性也比较大。如果此人缺乏良好的政治思想素质和职业道德素质，舞弊的可能性则会进一步加大，而且舞弊行为不易被及时发现。反之，如果实现两种职务的分离，二者之间就会形成制约关系，除同流合污的情况外，弊端和错误都会得到有效控制。

为了强化不相容职务之间的制约关系，必须同时考虑横向制约和纵向制约两个方面。从横向制约方面看，一项经济业务活动必须由彼此独立的两个部门或人员协调完成，以便形成相关部门和人员之间的相互制约、相互证明的格局。从纵向制约方面看，完成一项经济业务活动需要经过互不隶属的两个或两个以上的岗位和环节，以便产生上级和下级之间相互监督、相互制约的效果。例如，在材料采购业务活动中，采购人员必须根据领导审批后的采购单或采购合同（纵向制约）进行采购，购买的材料必须经过仓库验收（横向制约），这样才能有效防范错误和弊端的发生。

1.4.4 实用性原则

无论是内部控制总体框架的设计，还是内部控制具体制度的制定，都必须立足于企业的实际情况，充分考虑企业的经营规模、业务范围、经营方式、管理机制、竞争态势、风险水平等方面的特点，并根据具体情况的变化及时进行调整。只有符合企业实际情况的内部控制制度，才具有真正的实用价值。因此，企业既不能机械地执行政府机构或上级主管部门颁发的内部控制规范，因为政府机构或上级主管部门颁发的内部控制规范多考虑企业的一般性，注重解决共性问题，不可能完全兼顾各个企业的特殊情况，满足差异化要求；也不能照搬照抄其他企业的内部控制制度，因为各个企业所处的内外部环境不同，实施内部控制的具体目的、程序和方法也会产生差异，如果简单模仿其他企业的内部控制制度，必然降低甚至完全失去内部控制的实用价值。

1.4.5 协调性原则

协调性原则要求经办业务的各有关部门和各有关人员之间必须合理衔接、紧密配合、有机协调，避免只强调相互牵制而不考虑工作效率的现象，形成不必要的工作扯皮和脱节。但必须明确，在内部控制系统中，相互牵制、相互监督是基础，只有在建立严密的牵制机制的同时完善协调机制，才能有效提高内部控制的效率和效果。一定程度上讲，内部控制制度的设计反映设计者的主观愿望，而内部控制制度的执行又取决于执行者的行为方式。因此，协调性原则是对制度设计者和制度执行者的思想境界、道德素养、心理素质、处事原则、沟通能力等提出的共同要求。如果有关人员的综合素质达不到这些要求，其搞不清内部控制的程序和方式，就难以做到紧密配合，有机协调，也就无法保证内部控制的效率和效果。

1.4.6 重要性原则

重要性原则要求内部控制在强调全面性的前提下，充分关注重要业务事项和高风险领域。一般地讲，重要业务事项主要包括企业重大问题、重要干部任免、重要建设项目安排和大额资金使用等；高风险领域主要包括大额资金的借贷、大额资金的使用等。对于重要的业务事项和高风险领域，企业应当通过建立五种制度强化内部控制。一是集体决策制度，即由企业领导班子集体讨论决定；二是联签制度，即大额资金的筹集和使用必须由企业负责人、总会计师、财务部门负责人共同签字同意后，由财务部门和资金结算中心负责办理；三是全面预算管理制度，即通过科学的预算统筹安排和约束企业的主要经营活动，把所有投资、收入、成本支出纳入预算，减少随意性和盲目性；四是大额资金动态报告制度，即财务部门和资金结算部门应当定期向企业主要领导和主管领导报告大额资金的动态情况；五是资金结算系统业务办理的监督制度，通过事前、事中和事后的持续监督，强化重要业务事项和高风险领域的内部控制。

1.4.7　成本效益原则

一般情况下，参与控制的人员和环节越多，控制措施越严，控制效果越好，发生错误和弊端的可能性就越小，由此引发的控制成本也就越高。所以，内部控制设计应当权衡实施成本与预期效益，正确处理成本与效益的关系，在控制效果优先的前提下考虑控制成本，保证以合理的控制成本达到最佳的控制效果。具体而言，对容易发生错误和弊端的经济活动，对潜在经营风险和财务风险较大的业务事项，企业必须舍得花费人、财、物力，保证控制程序和控制手段的刚性以及控制方法的严密性，绝不能吝惜成本支出。换句话讲，对那些业务处理过程中发挥作用大、影响范围广的关键控制点必须高度重视，严密手续，严格控制；对那些只在局部发挥作用，只影响特定范围和内容的一般控制点，只要能够起到监控作用即可。以免因控制环节过多、操作手续过繁、涉及人员过杂而增加不必要的控制成本，导致企业经营管理不能快速运转。

【关键词】

内部牵制　内部控制　风险管理　控制目标　控制手段　设计原则

【小结】

本章从内部控制理论产生背景的分析入手，概括介绍了内部牵制制度、内部控制制度、内部控制结构和《内部控制——整合框架》等四个阶段的内部控制理论发展情况，讨论了内部控制理论发展的最新动态——风险管理整合框架，明确界定了内部控制与风险管理之间的内在联系。在此基础上，详细论述了内部控制的基本目标，设计内部控制制度应当遵循的原则，实施内部控制的主要手段。

【复习思考题】

1.分析“两权分离”对内部控制理论发展的影响。

2.阐述内部牵制制度与内部控制制度的联系与区别。

3.理论界有人认为“风险管理整合框架”是内部控制理论发展的第五阶段，你是否同意这种观点？为什么？

4.为什么将风险防范作为内部控制的重要目标?

5.设计内部控制制度应当遵循哪些原则？为什么?

6.阐述“全面性”原则在内部控制制度设计中的现实意义。

7.为什么说“分权”是内部控制的核心手段?

8.分析“岗位轮换”对强化内部控制的功能。

9.实施全面预算管理对强化内部控制有何作用?

10.分析内部审计与内部控制之间的关系。

11.为什么说采用永续盘存制有利于加强内部控制?

第 2 章

我国内部控制现状评析

【学习目标】

通过本章学习，概括了解我国内部控制制度的建设与运行情况，明确社会主义市场经济环境下内部控制的发展特点；熟悉内部控制建设对推动经济体制改革、完善公司治理结构、加强反腐倡廉工作、实施会计管理体制转型和再造企业管理导向的现实意义；把握我国企业内部控制理论研究与实践工作中存在的主要问题及原因；厘清构建我国特色的内部控制理论体系和方法体系的基本思路。

2.1 我国内部控制建设概况

我国社会各界对内部控制的重视开始于20世纪90年代，起因可以说是“有计划的商品经济体制”被社会主义市场经济体制所取代。经济改革后的企业完全走上了自主经营、自我发展和自我完善的轨道，成为真正意义上的经济实体和市场竞争主体。在行政监控体系明显削弱的市场经济体制下，如何有效监督企业的生产经营活动，规范企业的财务收支行为，满足企业的经济利益追求，保证财产物资特别是国有资产的安全完整和会计资料的真实可靠，既是每一个走向市场的企业必须思考的问题，也是正确处理政府、市场、企业三者之间的关系必须解决的问题。按照市场经济的发展规律和西方国家的经验，只有在宏观层面上建立健全法律法规体系，充分借助法律手段，在微观层面上建立健全内部控制体系，全面实行自律机制，才能确保企业经营活动的规范化和市场经济运行的有序性。正是在这种背景下，我国拉开了内部控制理论研究的序幕，迈出了内部控制制度建设的步伐。

与国外相比，我国的内部控制发展呈现出两个方面的特点。一是充分借鉴国外已有的理论研究成果和实践经验，起步时即以内部控制发展的第三阶段——内部控制结构作为理论研究框架和实践运行模式；二是政府机构对内部控制的关注几乎与会计界、企业界同时开始，并且在内部控制建设和发展的整个进程中始终扮演主要角色，发挥导引作用。从20世纪90年代中期开始，政府有关部门和行业管理机构就陆续出台了相关的法规制度，针对企业内部控制提出了原则性要求或做出了明确具体的规定。这些要求和规定对我国内部控制整体意识的确立、内部控制理论研究的推动，内部控制制度体系的建立、内部控制实践步伐的加快起到了非常重要的促进作用。就我们收集和整理的资料看，政府有关部门针对内部控制建设和发展出台的法规制度大致可以分为两个阶段：

2.1.1 有关部门自行规定阶段

这一阶段的特点是各业务主管部门根据行业特征和管理要求，对本行业、本部门提出内部控制方面的规定。相关的法规制度主要包括：

（1）1996年12月，财政部发布了《独立审计准则第9号——内部控制和审计风险》，提出了内部控制结构包括“三要素”，即控制环境、会计系统和控制程序，对注册会计师审查企业的内部控制做出具体规定。这可以说是我国政府借鉴国外内部控制结构理论，最早出台的内部控制法规。它对注册会计师合理判断被审计单位的内部控制质量和可信程度，确定审计工作的性质、时间和范围，有效开展工作具有一定的指导意义。

（2）1997年5月，中国人民银行发布了《加强金融机构内部控制的指导原则》，针对商业银行、保险公司等金融机构的内部控制目标、原则、范围、要素、基本要求等做出了具体规定。要求金融机构必须建立科学完善的内部控制制度并切实贯彻执行，以便有效防范金融风险，保证金融行业的安全稳健运行。《指导原则》中提出由各金融机构的稽核（审计）部门具体负责内部控制制度的综合管理，中央银行负责监督各金融机构的内部控制。

（3）1999年4月，证监会发布了《关于上市公司做好各项资产减值准备等有关事项的通知》，要求上市公司本着审慎经营、有效防范和化解资产损失风险的原则，责成相关部门健全内部控制制度，并由监事会负责监督。

（4）1999年8月，保监会发布的关于印发《保险公司内部控制制度建设指导原则》的通知中，规定内部控制要素包括组织机构控制、授权经营控制、财务会计控制、资金运用控制、业务流程控制、单证和印鉴管理控制、人事和劳动管理控制、计算机系统控制、稽核监督控制、信息反馈等，要求所有的保险公司按此规定建立健全内部控制制度。

（5）1999年10月，全国人大常委会发布并于2000年7月1日实施的《会计法》中，首次以法律形式对内部会计控制提出了要求，这是我国第一部体现内部控制的法律。该法第二十七条明确规定：“各单位应当建立、健全本单位内部会计监督制度，单位内部会计监督制度应当符合下列要求：记账人员与经济业务事项和会计事项的审批人员、经办人员、财物保管人员的职责权限应当明确，并相互分离、相互制约；重大对外投资、资产处置、资金调度和其他重要经济业务事项的决策和执行的相互监督、相互制约程序应当明确；财产清查的范围、期限和组织程序应当明确；对会计资料定期进行内部审计的办法和程序应当明确。”这一规定将内部控制问题提升到了法律高度，对我国的内部控制建设起到了重要的推动作用。

（6）2000年4月，证监会发布了《关于加强期货经纪公司内部控制的指导原则》，规定内部控制内容包括内部机构控制、授权分责控制、岗位责任控制、风险监控、资金管理控制、会计系统控制、结算控制、计算机系统风险控制、内部稽核控制等。要求所有的期货经纪公司按照指导原则建立和完善内部控制。

（7）2000年11月，证监会发布了《公开发行证券公司信息披露编报规则》，要求公开发行证券的商业银行、保险公司、证券公司必须建立健全内部控制制度，并在招股说明书正文中说明内部控制制度的完整性、合理性和有效性。同时，要求注册会计师对被审计单位的内部控制制度和风险管理系统的效果，从完整性、合理性和有效性等方面做出说明并进行评价，提出改进建议，以内部控制评价报告的形式向有关部门提供报告。

（8）2001年1月，证监会发布了《证券公司内部控制指引》，指出内部控制内容包括环境控制、业务控制、资金管理控制、会计系统控制、电子信息系统控制、内部稽核控制等。要求所有的证券公司必须建立和完善内部控制机制和内部控制制度。

（9）2001年2月，财政部发布的《关于开展〈会计法〉执行情况检查的通知》中，要求重点检查包含公司是否按规定建立并实施内部会计监督制度和内部控制制度的内容。

（10）2001年6月，财政部发布的《内部会计控制——基本规范（试行）》中，明确提出了企业建立和完善内部会计控制体系的基本框架和总体要求。同时发布的《内部会计控制规范——货币资金（试行）》中，就企业货币资金的内部控制目的、控制要求、控制内容、控制方式等做出了详细具体的规定。

（11）2002年2月，中国注册会计师协会发布了《内部控制审核指导意见》，规定注册会计师应当就被审核单位管理当局在特定日期对内部控制有效性的认定进行审核，并发表独立的审核意见。目的是加强注册会计师对被审计单位内部控制的重视，进一步规范内部控制的审核业务。

（12）2002年9月，中国人民银行发布了《商业银行内部控制指引》，明确内部控制的要素包括内部控制环境、风险识别与评估、内部控制措施、信息交流与反馈、监督评价与纠正五个部分。指出内部控制的内容涵盖组织机构、岗位分工、授权分责、稽核监控、会计控制、计算机控制等方面。该指引借鉴了国外内部控制理论研究的最新成果，引入了内部控制整体框架中倡导的控制环境、风险评估、控制活动、信息与沟通、监控等五个要素，对商业银行的内部控制建设提出了更加严格的要求。

（13）2002年12月，财政部发布了《内部会计控制规范——采购与付款（试行）》和《内部会计控制规范——销售与收款（试行）》。规定必须加强企业采购与付款、销售与收款的内部控制，进一步规范相关行为，防范采购和销售过程中的各种差错和舞弊行为。指出采购和销售业务内部控制的内容应当涵盖：岗位分工与授权批准、请购与审批、采购与验收、销售和发货、付款和收款以及账实核对、监督检查等。之后，又相继发布了《内部会计控制规范——担保（征求意见稿）》《内部会计控制规范——成本费用（征求意见稿）》《内部会计控制规范——工程项目（试行）》等。分别要求企业建立适合自身业务特点和管理要求的对外担保、成本费用和工程项目的内部控制制度，并采取积极有效的办法组织实施。

（14）2006年6月，上海证券交易所发布了《上海证券交易所上市公司内部控制指引》（以下简称《指引》）。这是我国证券监管机构对上市公司内部控制建设由提倡、鼓励转向硬性规定的标志性事件。上海证券交易所发布的《指引》与美国国会制定的《萨班斯-奥克斯利法案》的要求相吻合，甚至从某种程度上讲，其比《萨班斯-奥克斯利法案》第404条的要求更高。因为2002年通过的《萨班斯-奥克斯利法案》遵循的标准是COSO委员会1992年制定的由五大要素（控制环境、风险评估、控制活动、信息与沟通、监控）组成的内部控制制度，而《指引》则根据COSO委员会2004年制定的由八大要素（内部环境、目标设定、事项识别、风险评估、风险应对、控制活动、信息与沟通、监控）组成的企业风险管理整体框架。《指引》对完善上市公司的内部控制制度和提高上市公司的治理水平和风险防范能力具有重要的指导作用。

2.1.2 相关部门统一规定阶段

这一阶段的特点是由财政部门牵头，会同相关部门就企业内部控制的基本规范、应用、评价及审计工作等提出统一性规定。相关的法规制度主要包括：

（1）2008年5月，财政部会同审计署、银监会、证监会、保监会联合制定并颁布了《企业内部控制基本规范》，使之前由各业务监管部门制定和颁布的内部控制法规制度得到了统一和协调，进一步提升了内部控制的权威性，加大了内部控制的强制性。《企业内部控制基本规范》的出台，标志着我国的内部控制走向全面发展时期。

（2）2010年4月，财政部等五部委颁布了《企业内部控制配套指引》，要求：境内外同时上市的公司自2011年1月1日起执行该指引；沪深证券交易所主板上市的公司自2012年1月1日起执行该指引；中小板和创业板上市公司选择合适的时机执行该指引。至此，上市公司被强制要求在年终评价内部控制执行情况的基础上出具内部控制评价报告，并于财务报告基准日后的4个月内对外披露。与此同时，上市公司还必须聘请具有相应资质的会计师事务所在进行内部控制审计的基础上发表审计意见，出具上市公司内部控制审计报告。

（3）2012年8月，财政部办公厅和证监会办公厅联合颁布了《关于2012年主板上市公司分类分批实施企业内部控制规范体系的通知》，对主板上市公司有效实施内部控制规范起到了更加显著的作用。2014年1月3日，财政部与中国证监会联合发布了《公开发行证券的公司信息披露编报规则第21号——年度内部控制评价报告的一般规定》，进一步明确了上市公司内部控制评价报告的具体格式。

综上所述，可以看出，我国对内部控制建设的关注虽然起步较晚，但发展速度较快。在短短20年的时间里，引起了会计界、企业界特别是政府所有经济监管机构的高度重视，促使内部控制的理论研究水平和实践运行效果都有较为明显的提升。

回顾和分析我国内部控制的建设与发展状况，可以说其体现出三个方面的特点：

一是行业性。几乎所有的行业主管部门都出台了本行业的内部控制指导原则或意见，对所属系统和企业提出了加强内部控制建设的要求。如：中国人民银行对所属的金融企业、中国证监会对所属的上市公司、中国保监会对所属的保险公司、中国注册会计师协会对所属的会计中介机构等，都有相应的规定。

二是强制性。无论是立法机构（全国人大）颁布的法律，还是执法机构（政府部门）制定的行政法规，以及行业组织（协会）出台的指导意见，都具有明显的强制性，但强制程度有所不同。

三是交叉性。财政部作为我国会计工作的最高管理机构，具有指导和监督企业内部控制制度建设和执行情况的权力和责任。从1996年以来出台的各项内部控制规范看，与各行业主管部门发布的内部控制指导原则或意见不同的是，其更侧重于从会计角度对企业的内部控制提出详细具体的要求。财政部出台的规范与行业内部控制指引交叉互补，对强化我国企业的内部控制发挥了重要作用。

● 2.2　我国实施内部控制的现实意义

2.2.1　适应市场经济体制的发展

国外内部控制的演变历史告诉我们，内部控制理论和实践的发展与市场经济的发展水平密切相关，市场化程度越高，对内部控制的要求越高，内部控制的作用也越明显。我国的经济体制改革历史也充分证明了这一点。

新中国成立初期，我国借鉴苏联建设社会主义的成功经验，建立了高度集中的计划经济体制。特别是在社会主义改造完成后，我国基本上实现了生产资料的公有化，整个国家如同一个由政府机关统一管理和指挥的大企业，而每一个所谓的企业则成为这个大企业中执行生产指令的车间，成为完全附属于政府的非经济实体，失去了最起码的自主权利，所有的经济活动都受到政府有关部门的控制。具体地讲，企业生产何种产品以及生产多少由计划管理部门控制；企业的产品和劳务价格由物价管理部门控制；企业的产品销售由物资管理部门控制；企业生产经营所需要的资金由财政部门控制，实现的利润也全部上缴财政部门；即使是企业的日常财务收支和现金流量也受到银行的控制，如图2-1所示。可以说，企业的经济活动完全处于强有力的外部控制网络之中。加之政府主要依靠行政命令而很少采用经济手段，因此这种控制更具有强制性和威慑力。在这种经济体制下，企业既无生产经营自主权，又无自身经济利益的追求，内部控制是否健全完善并不那么重要。只要政府有关部门发挥应有的监管职能，就能保证企业经济活动的合法合理性、财产物资的安全完整性和会计资料的真实可靠性。

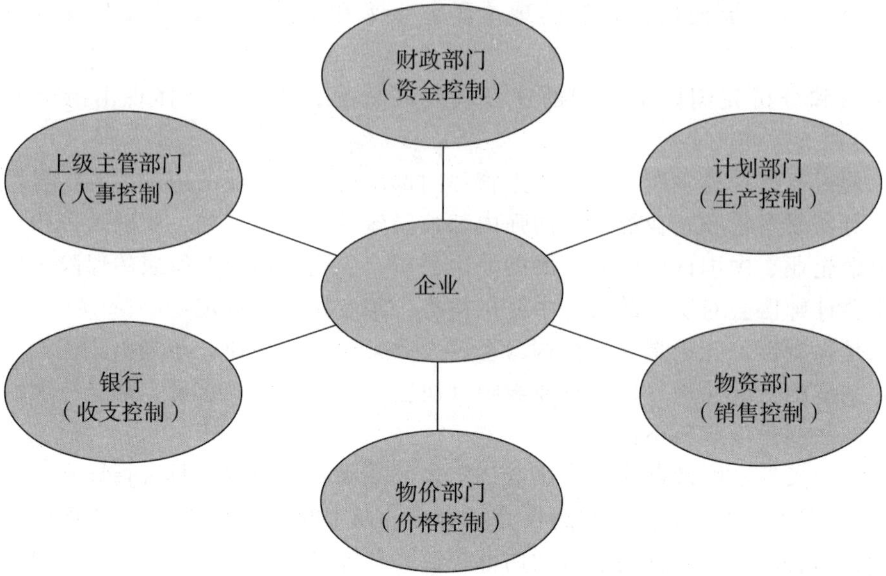

图2-1 计划经济体制时期政府对企业的控制

十一届三中全会以来，我国确立了对内搞活、对外开放的基本政策，动摇了高度集中统一的计划经济体制，企业的经济实体地位开始确立。特别是1983年和1985年的两次“利改税”，使企业逐步脱离了政府的“襁褓”，独立走向市场，开始自主经营并追求自身的经济利益。与此同时，政府有关部门对企业的行政控制逐步减弱，并尝试采用经济手段和法律手段管理企业。1993年社会主义市场经济体制正式确立后，企业完全走上自主经营、自我发展和自我完善的轨道，成为真正意义上的经济实体和市场竞争主体。

在这种经济体制下，要想监督企业的生产经营活动，规范企业的财务收支行为，满足企业的经济利益追求，保证财产物资特别是国有资产的安全完整和会计资料的真实可靠，宏观层面上必须借助法律手段，微观层面上则必须依靠内部控制。因此，政府监控企业的重点成为加强法制建设，健全法律法规特别是经济法规体系，企业则必须建立严密完善的内部控制制度并有效贯彻执行。

可见，市场经济体制的建立，既对内部控制建设提出了客观要求，也为内部控制发展提供了广阔舞台。随着经济体制改革的进一步深化，我国的市场经济体制将进一步完善，市场化程度将进一步提高，企业的经营自主权将进一步扩大，由此决定了强化企业内部控制建设不仅势在必行，而且迫在眉睫。[①]

2.2.2 促进公司治理结构的完善

公司治理（Corporate Governance）是指公司所有的利益相关者之间为确定、监督和控制各自的责任、权力和利益而做出的制度安排，是公司正常运行的组织基础。公司治理主要解决的是公司股东大会、董事会、监事会、经理层之间的权、

① 李端生.积极推动企业内部控制建设［N］. 经济日报，2011-03-28.

责、利分配问题。其目标是在股东大会、董事会、监事会和经理层之间合理配置权限，明确划分责任，公平分配利益，建立有效的决策、执行和监督机制，实现公司所有者、管理者和其他利益相关者之间的制衡，保证各利益相关者的合法权益。

内部控制是企业董事会及经理层为确保企业财产安全完整、提高会计信息质量、实现经营管理目标而建立和实施的一系列具有控制职能的措施和程序。主要解决的问题是公司管理当局与其下属之间、公司各职能部门之间、经办经济事项的有关人员之间的制约和监督关系。目的在于通过有效的制约和监督手段，规范管理者的决策行为、执行者的执行行为、监督者的监督行为，纠正相关人员的工作偏差，防止舞弊、错误发生，客观评价工作人员的业绩，保证各项活动的合法、合理性。

可以看出，公司治理与内部控制之间具有非常紧密的关系。总体上讲，科学合理的公司治理结构是实行内部控制的制度环境，是促使内部控制有效运行、保证内部控制功能发挥的前提和基础，良好的内部控制系统只有在完善的公司治理结构中才能真正发挥作用，否则，无论何种内部控制制度都会流于形式。而内部控制则是公司治理中的监管系统，是保障企业受托者完成受托责任，实现企业经营管理目标的必要手段。具体分析，内部控制对完善公司治理结构具有以下作用：

第一，内部控制的全面性影响公司治理结构的形成。“全面性”是建立内部控制制度的一项重要原则，它要求将企业的各管理部门、各有关人员、各种经济活动、各个经营环节全部纳入内部控制体系。因此，无论公司股东大会、董事会、监事会、经理层之间的权力配置、责任划分还是利益分配，都必须符合内部控制的要求。换句话讲，公司治理结构的形成必然受到内部控制的影响。

第二，内部控制的有效性影响甚至决定公司治理的效率和效果。有效的内部控制制度可以确保国家有关法律法规和企业内部规章制度的贯彻执行，规范企业的经营活动，堵塞漏洞，消除隐患，防止并及时发现和纠正弊端、错误，保证资产的安全完整和会计信息的真实可靠。而董事会和经理层的所有经营决策和业绩考核都必须以会计信息为依据，如果内部控制失效，会计信息的真实可靠就无法保证，以此为依据进行经营决策和业绩考核，必然失去科学性和合理性，公司治理的风险就会加大，效率和效果就会降低，甚至走向反面。

第三，内部控制手段的完善推动公司治理结构的优化。内部控制的重要手段之一是组织结构控制，它包含两个层面，一是公司治理结构，即股东大会、董事会、监事会、经理层之间的组织规划；二是内部管理结构，即公司经理领导下的职能部门、工作岗位和工作人员之间的组织规划。组织结构这一控制手段越完善，公司治理越优化。

第四，内部控制目标的实现是公司治理目标实现的基础。如前所述，公司治理的目标是建立有效的决策、执行和监督机制，实现公司所有者、管理者和其他利益相关者之间的制衡，保证各利益相关者的合法权益。而内部控制的目标是通过有效的制约和监督手段，规范管理者的决策行为、执行者的执行行为和监督者的监督行为，保证各项活动的合法、合理性。只有各项活动符合法规制度的要求，各利益相关者的合法权益才能得到保证。因此，要想实现公司治理的目标，必须首先实现内部控制的目标。

综上所述，完善公司治理结构必须强化内部控制。当前，我国企业亟待解决的一个重大问题就是如何完善公司治理结构，提高公司治理效率，优化公司治理效果。这是一项系统而艰巨的工作，涉及我国的经济体制改革、法律法规建设、文化观念更新、社会中介功能、资本市场成熟程度、企业管理理念、委托代理关系、企业规模、资本结构、员工素质等内外部环境因素。但无可置疑，强化内部控制制度建设对完善公司治理结构具有非常重要的意义。

2.2.3 满足反腐倡廉工作的需要

伴随我国经济体制改革出现的一个突出问题是腐败现象的泛滥，例如偷税漏税、收受回扣、行贿受贿、贪污挪用、私分国有资产、伪造会计档案、炮制虚假信息、坑骗他人利益等，与计划经济体制时期相比显著增多，而且愈演愈烈。究其原因：一是政府对企业的行政控制减弱后，相应的法制建设没有跟上，缺乏严密完善的法律制度体系，宏观上没有真正形成法制氛围，法律监管的效用不显著；二是企业成为市场经济主体后，必需的内部控制建设没有跟上，大多数企业缺乏科学有效的内部控制制度，微观上没有形成内部控制氛围，本应大力发挥作用的内部监管机制或子虚乌有，或形同虚设。可以说，无论宏观层面还是微观层面，都形成了不可否认的监管“盲区”。企业的部分经济活动甚至整个企业往往处于失控状态，决策缺乏科学性、执行缺乏彻底性、监督缺乏有效性，势必给各种违法违纪、徇私舞弊行为留下空间，腐败现象自然难以杜绝。实践证明，加强内部控制建设，建立科学的决策机制、执行机制和监督机制是搞好廉政建设，防止腐败现象泛滥的有效手段。

2.2.4 加快会计管理体制的改革

按照政府干预会计工作的力度不同，会计管理体制可以分为政府强制型、政府主导型和行业自律型三种。会计管理体制类型如图2-2所示。

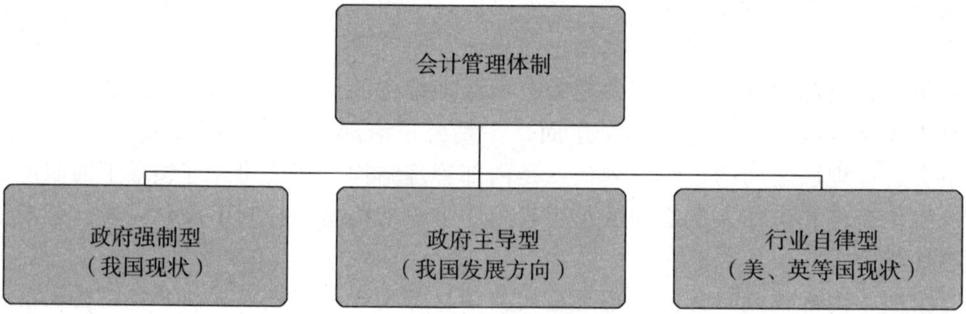

图2-2 会计管理体制类型

长期以来，我国一直实行的是与高度集中的计划经济体制相适应的政府强制型会计管理体制。社会主义市场经济体制建立后，我国在会计规范的制定、会计人员的管理、会计监督的形式等方面虽然发生了一定的变化，但从总体上看，目前的会计管理体制仍然具有“政府强制型”的所有特征，即政府部门主管全国的会计工作，完全掌握会计规范的制定权限，控制会计人员的从业资格认定和技术职称晋升，充当会计监督的主体等。

随着我国市场化程度的不断提高，对外开放力度的不断加大，政府强制型会计管理体制的弊端日益显现。我国会计管理体制的改革趋向应当是尽快建立政府管理为主、行业自治为辅并实现二者有机结合的“政府主导型”管理体制。所谓政府管理为主，是指财政部门按照“统一领导、分级管理”的原则，对全社会的会计工作实行统一组织和领导，并根据不同时期社会经济发展的要求和会计工作的实际状况，制定切实可行的会计工作发展规划，通过法规约束、政策引导、信息服务、组织协调、监督检查等措施，促进全社会会计工作水平的不断提高。政府主导型管理体制与政府强制型管理体制相比，最大的区别就是其主要依靠法律和经济手段，并与行政手段实现最佳结合，将直接管理与间接管理有机地统一起来。所谓行业自治为辅，是指在政府管理为主的前提下，通过建立和完善会计职业组织的自我管理和自我服务机制，最大限度地发挥会计职业界的自治功能，特别是社会中介机构的作用，实现自律机制与他律机制的有机结合。

首先，建立“政府主导型”管理体制，需要解决的首要问题是下放会计管理权限，特别是会计规范制定权限的合理分割。我国于1998年10月成立了财政部会计准则委员会，该委员会作为中国会计准则制定的咨询机构，旨在为制定和完善中国的会计准则提供咨询意见和建议。其主要职责是：对会计准则的总体方案、体例结构、立项等提供咨询建议；对会计准则制定中重大会计处理方法的选择等提供咨询意见；对财务会计概念框架等有关基础理论提供咨询意见；对会计准则实施情况提供咨询并反馈有关信息。2003年，会计准则委员会进行了换届改组。改组后的会计准则委员会由来自政府有关部门、会计理论界、会计职业团体、中介机构和企业界的22名委员组成，下设会计理论、企业会计、政府及非营利组织会计三个专业委员会。为了充分吸收各方面的建议和意见，加大会计准则制定的透明度，保证其科学性和可行性，会计准则委员会还聘请了160名咨询专家，协助其开展工作。咨询专家分别来自会计理论界、会计中介机构、政府有关部门、会计职业团体、证券交易所和企业界，具有广泛的代表性。与此同时，财政部制定了《会计准则制定程序》和《财政部会计准则委员会工作大纲》，使会计准则的制定和会计准则委员会的工作步入制度化轨道。从近年来的工作情况看，会计准则委员会在建设高质量的会计准则体系、推进会计的国际协调等方面发挥了重要的作用。可以预见，如果能够进一步加强会计准则委员会的建设，给其以更大的发言权，无疑对完善我国的会计管理体制、实现政府主导与行业自治的有机统一具有积极的意义。

其次，必须明确我国会计职业团体（会计准则委员会、会计学会、注册会计师协会等）的非政府机构和非营利组织性质，唯此才能真正界定行业组织的管理权限和工作职责，完成政府主导与行业自治的科学配置，有效防止会计职业团体成为政府附属机构的现象。我们认为，今后在组织会计专业技术资格考试和注册会计师资格考试、实施会计后续教育、制定会计人员职业道德标准以及对违反职业道德者的处罚等方面，应当给予会计职业团体更大的权力，以便他们有效地开展会计日常管理工作，协调和处理各种会计关系。

再次，提升社会会计监督的地位，建立以国家监督为主导、社会监督为主体、内部监督为基础的会计监督体系。大力培育注册会计师队伍，尽快提高中介机构的综合素质和执业水平，同时从法律上、制度上以及行政机制上保证注册会计师的独立性和权威性，真正割断中介机构与政府和企业之间的所有利益纽带，以便其能够客观、公正地开展审计、咨询和服务业务。

最后，在微观层面上，必须明确会计机构属于企业管理的职能部门，企业会计人员应由企业任免，会计只对所在企业负责，只服务于企业的生产经营。各级政府不再干预企业会计人员的人事关系以及组织关系等。会计人员在不违反国家法令和会计准则的前提下，有权根据企业相关利益者的偏好合理进行会计政策选择和编报会计报表。企业的会计信息必须经过注册会计师公证后，才能对外披露，并作为企业筹集资金、交纳税款、分配利润的依据。财政、银行、税务、审计、证券监管等部门对企业的会计监督，必须在法律框架允许的范围内依法进行，而不能以任何行政理由干预企业的会计活动。

建立政府主导型会计管理体制，既有利于保证全国会计工作的统一性，又有利于充分调动会计职业团体的积极性和创造性，提高会计管理水平。但由于会计管理权限的下放，政府对企业的行政控制必然减弱，企业的自主权势必加大，因此对企业内部控制的要求将明显提高，企业经营活动和财务收支行为的合法性、合理性和有效性，更多地依靠企业内部控制制度的科学制定和有效执行。国外内部控制理论发展的历史也告诉我们，会计管理体制越倾向于行业自律，企业的自主权越大，内部控制的任务越重。

2.2.5 推动企业管理导向的转型

事物运动发展的规律告诉我们，凡是由若干要素组成的事物，必然有一个要素在其运动过程中起着导向作用，且在不同的发展阶段，发挥导向作用的要素也会发生变化。企业管理是由多种管理要素组成的一个系统工程，各要素在企业管理系统中所处的地位和对企业的影响因时空条件不同而存在较大的差别。因此，为了摆正各管理要素的位置，充分发挥它们的作用，获取最佳管理效果，有必要根据客观条件在众多的管理要素中明确导向要素，并以此为基础确立企业管理的导向模式。

经济体制改革之前，我国企业作为政府的附属机构，只要按照上级下达的生产计划完成生产任务，就可以获得生存和发展能力。由此决定了企业管理必须以生产管理要素为导向，一切管理活动基本上围绕“完成和超额完成生产计划”的目标而进行。改革开放特别是1983年、1985年两次“利改税”将企业推向市场后，企业面对的是复杂多变的供求关系，优胜劣汰的竞争机制，日新月异的生产技术和灵活多样的经营方式。在这种情况下，企业如果继续奉行生产导向管理模式，满足于扮演产品生产者的角色，将无法在市场中立足，甚至会被淘汰出局。只有不断地提高产品质量，降低产品成本，增强价格优势，最大限度地获取盈利，才能求得生存和发展。由此决定了企业管理必须以利润管理要素为导向，将“利润最大化”作为企业的管理目标。

20世纪90年代以来，随着社会主义市场经济体系的不断完善，买方市场开始出现，许多商品呈现出供大于求的态势，以销定产成为许多企业的基本经营策略。在这种情况下，企业开始把销售管理放在突出的位置，通过拓宽销售渠道、拓展销售市场、加强广告宣传、培育客户关系、改善售后服务等措施，提升企业的生存和发展空间。由此决定我国的企业管理步入了以营销管理要素为导向的时代。

21世纪末21世纪初特别是我国加入WTO以来，企业面临的国内外竞争进一步加剧，大多数商品的销售市场已被瓜分完毕，企业的售后服务体系趋于成熟，供销双方之间的关系趋于稳定，扩大市场占有率所获取的回报很多情况下不足以抵偿企业付出的代价，换句话讲，采用营销手段很难使企业获得快速发展。面对这一境况，企业要想做大做强，最佳选择是利用自己在规模、品牌、技术、管理、服务等方面的优势，通过投资控股、兼并收购、资产重组以及境内外上市等资本运作方式，进行战略性扩张。由此决定了企业管理必须以财务管理要素为导向，建立财务导向型企业管理模式。我国企业管理导向模式演变过程如图2-3所示。

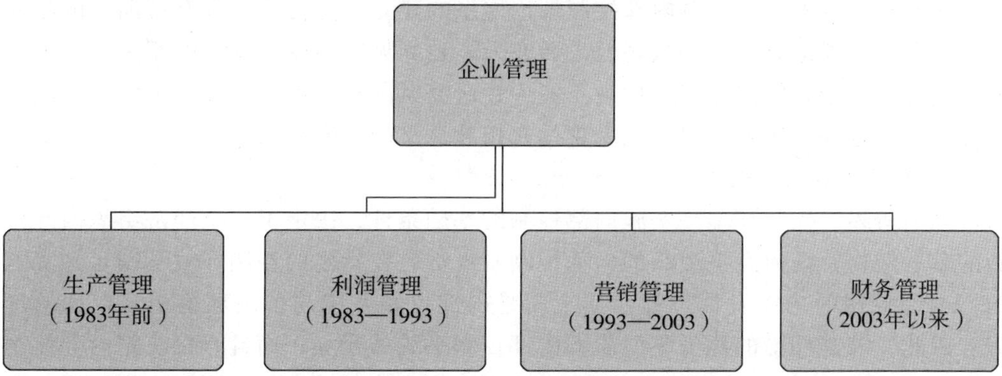

图2-3　我国企业管理导向模式演变过程

目前，我国许多企业特别是集团型企业的管理模式已经步入财务管理导向时代，这必然对企业的内部控制提出更高、更严的要求。因为资本运作的任何一种方式，都属于企业的重大战略措施，既能促使企业实现超常规发展，也会给企业带来巨大的风险，一旦发生失误，会使企业陷入困境甚至绝境。因此，企业必须大力加强风险防范措施，无论是决策程序，还是执行环节以及监督手段，都必须严格遵循内部控制的有关规定，把风险管控作为资本运作工作的重中之重。可以说，强化内部控制，有助于推动财务管理导向型企业管理模式的建立，实现企业管理的科学化、制度化和精细化。

2.3 我国内部控制存在的主要问题

从总体上讲，我国的内部控制现状可以概括为：从事理论研究的人员多但创新成果不明显，法规制度出台的多但执行效果不理想，被动接受上级要求的多而主动考虑企业实际的少，依靠传统控制经验的多而采用现代技术方法的少，防范错误舞弊的措施多而控制经营风险的对策少，盈利性经济组织强调的多而非营利性组织强调的少。这表明，我国的内部控制还处于初级阶段。具体地讲，主要存在以下方面的问题。

2.3.1 理论研究缺乏深度

20世纪90年代中期，我国会计理论界开始重视内部控制的理论研究工作。应当承认，经过20年的努力，取得了一定的成效。但从研究的立足点和已有的研究成果看，既缺乏深度也缺乏广度，可以说基本停留在国外内部控制的发展轨迹和实践经验的介绍层面，真正能够针对我国社会主义市场经济体制的特点和这一背景下的企业现实开展研究的却不多见。一些研究者陶醉于总结归纳西方会计界的内部控制理论研究成果而很少考虑这些成果的形成背景以及对我国建立内部控制体系具有的参考价值；一些研究者热衷于将西方企业的内部控制经验拷贝到我国的企业，全然不顾我国企业所处的政治、经济、法律和文化环境；更有一些研究者只是为了晋升技术职称而发表论文，对内部控制理论体系的建立和完善几乎没有帮助。由此造成的后果是：理论研究人员众多但人云亦云，独到见解甚少；发表的相关论文很多但能够得到理论界认同的权威性观点甚少；研究氛围热烈但具有创新价值并对我国企业内部控制理论体系的建立和完善具有指导意义的研究成果贫乏。

2.3.2 控制环境尚未优化

如前所述，控制环境是实施内部控制的基础条件，决定了一个经济组织内部控制的基本架构。任何经济组织的内部控制制度都是在特定的控制环境下制定并实施的，内部控制的功能发挥过程实质上就是内部控制系统与控制环境相互作用的过程。因此，控制环境的优劣不但影响内部控制系统的建立，而且直接决定内部控制的实施效果。控制环境涵盖了决定和影响企业内部控制目标、原则、内容、程序和方法的各种因素，包括政治、经济、法律、文化、政府行为等外部环境因素和企业管理当局的经营理念和品行操守、分配权力和责任的机制、组织和开发员工的方式、股东大会和董事会对企业的关注或干预程度、员工价值趋向和综合素质、企业的各种规章制度、信息沟通体系和业绩评价机制等内部环境因素。外部环境因素对内部控制的影响一般是间接的，对企业来讲更多的是适应而不是改造，而内部环境因素对内部控制的影响则是直接的，对企业来讲不能只是适应而必须优化。就我国企业的内部控制环境来看，主要存在以下几方面的问题：

一是管理者的观念、认识落后。尽管内部控制的理论研究和制度建设在我国已经走过了20多年的历程，但客观地讲，计划经济体制时期形成的陋习仍然在一些企业延续。一些管理者的管理思想和经营理念还没有从根本上转变，角色定位依然停留于行政领导，未把企业当作自主经营、自负盈亏、自我完善和自我发展的法人实体和市场主体。因此，对内部控制这一市场经济环境下的产物存在非常模糊的认识，认为政府可以制定出完善的内部控制制度供企业执行，而企业的主要任务就是贯彻落实政府制定的法规制度。在许多企业里，无论企业管理者还是基层管理部门，对内部控制的认识还停留在内部牵制阶段，认为内部控制的作用就是保证企业财产物资的安全，建立内部控制制度就是制定一些防范弊端和错误的措施和办法，执行内部控制制度就是开展内部的会计监督，衡量内部控制运行效果的标准就是没有发生舞弊案件。因此而采取敷衍了事的态度，制定一些内部控制的手册和文件，但大多是“写在纸上，挂在墙上”，而没有真正落实到行动上，致使内部控制制度流于形式，失去了应有的刚性和严肃性。更有甚者，认为“烦琐”的内部控制程序和办法不利于提高工作效率和降低工作成本，致使一些企业特别是中小企业至今没有建立最基本的内部控制制度。例如：为节约费用而违反“不相容职务”必须分离的原则，会计人员仍然兼任出纳工作和实物保管工作；为强调办事效率而不严格执行授权批准手续，材料采购价格和产品销售价格完全由采购员和推销员说了算；为简化办事程序而放弃复核检查工作，不设置专门的内部稽核机构或配备起码的内部稽核人员；等等。

二是企业员工的综合素质较差。实践证明，即使有良好的内部控制制度，也会因为执行者的综合素质差而达不到应有的效果。这里的综合素质包括企业全体员工的思想政治素质、业务技术素质、道德决策能力、沟通协调能力、价值趋向和敬业精神。应当承认，我国许多企业目前还没有真正形成适应市场经济环境的人才培养机制，没有充分认识到员工的品行和素质对企业内部控制的重要性，缺乏行之有效的继续教育机制和业绩考评制度，培养员工综合素质的措施不力、办法不多，干部考核重在执行力而不是创造力，业绩评价重在经济指标而不是综合效益，尤其忽视员工的思想政治素质和职业道德素质的教育和评价。由此而造成企业员工的价值趋向模糊，敬业精神弱化、职业道德滑坡、诚信水平下降。

三是人力资源管理机制落后。目前，许多企业的高层管理者依然按照国家干部而不是经理人的标准任免，行政色彩相当浓厚。这种人事管理制度下任职的企业管理者，习惯于采用行政命令方式“治理”企业，而不善于运用法律和经济手段管理企业；习惯于观察甚至猜测上级领导的意图并针对性地开展工作，而较少按照市场经济的规律，科学应用现代管理理论和方法组织生产经营活动。受此影响，企业的人力资源管理机制必然与现代企业制度的要求相左，无法形成公平合理的人才竞争机制和人才交流市场，无论招聘录用还是晋职晋级，任人唯亲、权钱交易甚至以貌取人、以性取人的现象难以避免。反映在内部控制问题上，更多是依赖上级管理部门下发规定和要求，而不是根据企业的具体情况和管理目标设计内部控制制度，并对下属人员的工作实施有效监督；更注重的是上级对下级的控制和下级对上级的负责，而忽视同级之间的相互监督和制约，特别是淡化了下级对上级、员工对领导的监督。可以说，落后的人力资源管理机制必然恶化企业的内部控制环境。

四是文化建设没有引起足够重视。企业文化是随着现代工业文明的发展，企业等经济组织吸收民族文化精髓逐步形成的具有企业特征的基本信念、道德规范、规章制度、生活方式、人文环境以及与此相适应的思维方式和行为方式的总和。企业文化是一种内在的、无形的且具有持续作用的力量，其不仅影响一个企业的经营理念和经营战略，而且关系到企业每一个人员的思维方法和行为方式。企业文化对增强企业的凝聚力，提升企业的竞争力，排除企业发展中的人为障碍和摩擦，调节人与人之间的经济利益和政治利益关系，建立奋发向上、和谐共赢的企业环境，都具有重要的作用。在良好的企业文化基础上建立的任何一种制度和采取的任何一种措施，都能够比较自然地成为企业员工共同遵守和进行自我约束的行为规范，使他们之间形成团结友爱、彼此尊重、相互学习、相互监督的氛围，使其有效解决因制度失灵而产生的各种问题。但从我国的实践情况看，许多管理者对企业文化环境与内部控制之间的关系认识不足，没有真正意识到应通过加强企业文化建设唤醒全体员工的主人翁意识，催生企业员工的敬业精神和合作精神。部分企业的管理者虽然认识到企业文化在企业经营管理中的作用，但在如何建设企业文化方面却显得束手无策，无法营造真正具有企业特征的文化氛围。文化建设滞后，自然无法为企业内部控制制度的建立和推行创造良好的文化环境。

2.3.3 风险意识普遍较弱

随着我国市场化程度的不断提高，企业之间的竞争越来越激烈，经营管理活动中所面临的各种政策风险、经营风险和财务风险日益增多。企业如果能够及时发现这些风险并采取科学有效的措施予以管控，就可以避免或减少风险损失，甚至将风险转化为机会。这就要求企业必须具有强烈的风险意识并通过内部控制体系的完善加强全面风险管理。从我国企业的实际情况看，无论管理人员还是执行人员，受文化理念和传统习惯的影响，风险意识普遍较差。加之风险评估及预测手段落后，企业对自己可能面临的风险以及风险容量认识不清，不能采取行之有效的内部控制措施加以防范，往往因此而造成决策失误，给企业带来经济损失和信誉损失。

2.3.4 制度体系尚未健全

这主要反映在两个方面：一是缺乏全面性；二是可操作性较差。这里所讲的全面性是指内部控制制度应当涵盖所有的经济单位，就一个具体的企业来讲，内部控制制度应当涵盖企业所有的职能部门、所有的业务经办人员、所有的经营环节和所有的经济业务。而目前的实际情况是，内部控制制度在营利性经济组织相对普遍，在非营利性经济组织则比较薄弱。在建立有内部控制制度的营利性经济组织中，针对错误、弊端制定的防范措施较多而针对经营风险制定的控制对策较少；针对重点经济业务设计的内部控制制度较多而针对一般经济业务设计的内部控制制度较少；针对财务会计部门和工作人员提出的控制要求较多而针对其他部门和工作人员提出的控制要求较少；针对基层管理部门和人员制定的规定较多而针对企业主要领导制定的规定较少。因此，顾此失彼现象相当严重，控制效果很不理想。至于可操作性较差，主要表现为一些企业的内部控制制度较多满足宏观管理部门的要求而较少考虑企业的实际情况；强调原则性的内容较多而详细具体的规则较少；依靠传统经验和手段、采用文字表述的较多，而应用现代技术和方法，采用流程图等方式表述的较少。这无疑在一定程度上影响了内部控制的实施效果。

2.3.5　控制措施不够有力

在制度安排既定的情况下，要想保证内部控制的实施效果，必须采取强有力的措施，包括科学合理的组织结构、明确具体的岗位职责、及时有效的信息沟通和健全完善的奖惩机制等。纵观我国企业的现实情况，这四个方面都不同程度地存在问题。

从组织结构看，我国许多企业的组织结构尚未达到现代企业制度的要求，不少企业仍然沿袭计划经济体制下的机构设置办法，注重各级机构的行政管理职能而忽视其决策、执行和监督职能。代表股东利益管理、监督公司的董事会，本应成为公司的权威决策机构，本应对公司的经营行为和效果进行全程监控，但在一些企业特别是非上市公司里，以董事会为核心的现代企业法人治理结构和以监事会为核心的内部监督机制并没有真正形成，"两会"在一些企业几乎成为一种摆设，决策和监督功能名存实亡，董事不懂事、监事不理事的现象相当普遍。就董事会下设的审计委员会来讲，其功能一是代表董事会履行监督职责，二是协调董事会与公司外部审计机构及公司内部审计机构之间的关系，但在许多公司包括上市公司里，审计委员会往往成为应付《公司法》要求的"护身符"，对公司的经济活动几乎起不到任何制约作用。由于法人治理结构不完善，失去监控的经理班子在利益驱动下，很难避免作出"逆向选择"和"道德风险"行为，而内部机构之间各自为政、遇事扯皮、争权夺利、推诿责任的现象也就难免时有发生。

至于总经理兼任董事长的股份公司，由于委托代理关系不明确，更是只有现代企业的外壳而没有现代企业的内涵，不仅形不成实质上的内部控制系统，而且缺乏形式上的内部控制组织结构。经济责任和社会责任的履行情况无人考核，而极度膨胀的权力又不能受到有效的约束。最高管理层权力与义务的失衡，严重影响了企业的内部控制环境，造成内部控制制度的缺失或流于形式，导致企业的战略决策失误增多，违法违纪现象不断出现。

从岗位职责看，一是缺乏切实有效的岗位责任制，形不成各司其职、各负其责的格局，以保证内部控制制度落到实处；二是内部控制的权利与义务不对等，一些部门人员的权利大于义务甚至掌握了内部控制的权利但不承担相应的责任，助长了这些部门人员追求自身利益的欲望，而另一些部门人员的义务大于权利甚至只承担内部控制的责任但不拥有必要的权利，挫伤了这些部门人员的积极性。两种情况都在一定程度上阻碍了内部控制制度的贯彻落实。

从信息沟通看，良好的控制系统应确保组织中的每个人都清楚其所拥有的权力和所承担的责任，而权力的行使和责任的履行情况又必须依靠良好的信息沟通。然而，在我国的企业中，由于内部控制的组织结构不完善，加之行政职能突出，在信息沟通方面往往存在两种现象：一是各职能部门比较重视纵向上的权利与义务关系，对自己的上司负责，而忽视横向之间的有机联系和协调，部门之间缺乏及时有效的信息沟通和反馈，经常存在谁都可以管、谁都可以不管的区域和事项，“越权”和“弃权”的现象时有发生，导致既不能及时发现失控问题，采取有效措施加以解决，又会在失控问题出现后互相推卸、互相指责，使内部控制流于形式；二是许多应当公开的信息被管理当局控制，企业员工了解甚少，搞不清自己和他人在内部控制中扮演的角色以及应当承担的责任，不仅无法监督他人，而且很难把握好自己。

从奖惩机制看，目前的激励机制和约束机制还不够健全，特别是约束机制的缺陷更为明显。许多企业没有对经营管理者（厂长、经理）建立强有力的惩戒措施，即使缴纳风险基金也是象征性的，无法对他们形成压力。当企业不能自负盈亏时，损失往往由投资人承担。这种负盈不负亏、激励有余而约束不足的机制，必然淡化企业经营者的内部控制意识，甚至使其基于自身利益考虑而有意忽略或阻挠内部控制建设，使内部控制更趋弱化，导致出现恶性循环的态势。

内部控制措施的乏力，不仅使许多经营管理者考虑眼前利益和自身利益以及利用内部控制的局限性从事违法违纪活动的现象不断增多，而且使一些财会人员在工作中发生操作性、原理性错误的概率增加，会计资料的准确性降低。同时，也为财会人员秉承单位负责人意愿违规使用会计确认和计量标准、随意改变账户对应关系、虚列成本、虚计收入、虚报盈余、偷税漏税、提供虚假会计信息、损害投资人和其他利益相关者的利益提供了平台，甚至诱发了一些财会人员的舞弊行为。

综上所述，由于指导我国内部控制实践的理论研究缺乏深度，处于内部控制基础地位的控制环境尚未优化，而保证内部控制实施效果的制度体系不健全，具体控制措施又不到位，所以我国许多企业的内部控制效果不够理想。有些企业的内部控制即使以“防弊纠错”这一初始要求衡量，也存在不小差距，更谈不上防范经营风险、提高经营效率和效果等内部控制目标的实现。

【关键词】

内部控制　市场经济体制　公司治理结构　会计管理体制　财务导向问题

【小结】

本章在回顾我国内部控制制度建设历程的基础上，总结归纳了我国内部控制理论形成与发展的主要特点，详细分析了强化内部控制建设与完善市场经济体制、优化公司治理结构、推动廉政建设、改革会计管理体制、建立财务导向型企业管理模式之间的关系。在此基础上，较为系统地揭示了我国内部控制理论研究与实践运行当中存在的问题及产生的原因，指出了我国企业实施内部控制的紧迫性。

【复习思考题】

1.我国内部控制制度的建设与发展有何特点？

2.阐述内部控制与社会主义市场经济体制之间的关系。

3.强化内部控制对完善公司治理结构有何意义？

4.我国的腐败现象之所以严重，一是因为宏观上法制建设不到位，二是因为微观上内部控制不完善。你是否同意这种看法？请说明理由。

5.分析我国会计管理体制的改革趋向，阐述会计管理体制改革对内部控制的要求。

6.你是否同意我国企业管理导向已经进入“财务时代”的看法？为什么？如果同意，你认为将对内部控制产生哪些影响。

7.我国的内部控制理论研究有何缺陷？实践运行中存在哪些问题？

8.如何强化我国企业的内部控制建设？

第3章

内部控制的基础——控制环境

【学习目标】

通过本章学习，充分认识控制环境在内部控制体系中的基础功能；全面了解影响内部控制设计与运行的环境因素，包括公司治理结构、企业文化氛围、人力资源政策、职业道德水准等；熟悉各种环境因素对内部控制制度建设和运行的影响路径和方式，树立根据控制环境建立内部控制制度的理念，探索优化控制环境、提升内部控制质量的路径和方法。

《企业内部控制基本规范》第五条第一款指出："内部环境是企业实施内部控制的基础，一般包括治理结构、机构设置及权责分配、内部审计、人力资源政策、企业文化等。"COSO内部控制框架认为，控制环境直接影响企业员工的控制意识，是内部控制其他部分的基础。它包括组织人员的诚实、伦理价值和能力；管理层哲学和经营模式；管理层分配权限和责任、组织和发展员工的方式；董事会提供的关注和方向。

不难看出，二者尽管对环境要素具体内容的表述存在差异，但都认同控制环境在内部控制体系中的基础作用。针对我国企业的实际情况，笔者认为，影响内部控制的环境因素主要包括公司治理结构、企业文化氛围、人力资源政策、职业道德水准等。

3.1 公司治理结构

3.1.1 公司治理结构对内部控制的影响

公司治理结构的本质是股东大会、董事会、监事会与经理层四者之间的相互制衡关系。科学完善的公司治理结构，能够对所有者、决策者、经营者和监督者的责权利配置作出合理的制度安排，保证所有权、决策权、经营权、监督权既相互分离，又相互制衡，促使决策者正确行使决策权力，经营者全力履行受托责任，监督者独立从事监督工作，进而保护所有者的合法权益。在妥善处理委托代理关系、不断降低代理成本的同时，应形成良好的激励机制和约束机制，调动企业利益相关者的工作积极性，制约他们的违规违纪行为，有效防范企业面临的各种风险，实现企业的经营战略目标。可见，公司治理结构作为一种制衡机制，解决的主要问题就是委托代理关系产生后利益相关者之间的权责利制度安排。而内部控制包括所有者对经营者实施的监控以及经营者对生产经营活动过程实施的控制，其最终目的也是通过利益相关者之间以及同一利益集团内部之间的相互制约和相互监督，实现保证企业合规经营、降低代理成本、提高经营效率、防范各种风险的目标。

因此，公司治理结构与内部控制之间具有非常密切的关系。从一定意义上讲，公司治理结构就是企业中最高层次的内部控制，决定了企业内部控制体系中其他层次的制度安排和控制措施，甚至决定其他层次的内部控制效果。完善的公司治理结构是企业实施内部控制的制度环境，是促使内部控制有效运行、保证内部控制功能发挥的前提和基础。公司治理结构如果发生变化，必然引发内部控制制度的改变。内部控制系统只有在规范、合理的公司治理结构中才能真正发挥作用；否则，极有可能流于形式。

3.1.2　公司治理结构的组成

关于公司治理结构的定位，我国经济学界存在不同的看法。吴敬琏（1994）认为，公司治理结构是指由所有者、董事会和高级执行人员（即高级经理人员）三者组成的一种组织结构。要完善公司治理结构，必须明确划分股东、董事会、经理人员各自的权力、责任和利益，进而形成三者之间的关系。林毅夫（1997）认为，公司治理结构是所有者对一个企业的经营管理和绩效进行监督和控制的一整套制度安排。张维迎和李维安均认为公司治理结构具有广义和狭义之分。张维迎（1999）认为，狭义的公司治理结构是指有关公司董事会的功能与结构、股东的权力等方面的制度安排；而广义的公司治理结构是企业所有权安排的具体化，是指有关公司控制权和剩余索取权分配的一整套法律、文化和制度性安排。这些安排决定公司的目标，决定谁在什么状态下实施控制，如何控制，风险和收益如何在不同企业成员之间分配。李维安（2000）认为，狭义的公司治理结构是指所有者对经营者的一种监督与制衡机制，是通过股东大会、董事会、监事会及管理层所构成的公司治理结构的内部治理；广义的公司治理结构则是通过一套正式或非正式的内部或外部的制度来协调公司与所有利益相关者（股东、债权人、供应者、雇员、政府、社区等）之间的利益关系。

可以看出，公司治理结构实质上是一种对公司经营活动进行管理和控制的体系，它明确规定了公司的各个参与者（包括股东大会、董事会、监事会、经理层和其他利益相关者）的责任和权力，目的是通过合理的制度安排，解决公司内部人和外部人因利益冲突而引起的代理问题，在控制内部人行为的同时，保证外部人利益的最大化。

《中华人民共和国公司法》指出，公司治理结构由股东大会、董事会、监事会和经理四个部分组成，并对四个部分的产生和组成、行使的职权、行事的规则等作出了具体规定。其中，股东大会作为公司的最高权力机构，体现所有者对公司发展战略的最终决定权和公司财产的最终所有权；董事会作为公司股东大会选举产生的机构，对公司的发展目标和重大经营活动进行决策，维护出资人的权益；监事会作为公司的监督机构，对公司的财务和董事、经营者的行为实施监督；经理作为公司的经营者，由董事会聘任并贯彻执行董事会的决策，具体负责公司的日常经营管理工作。

3.1.3 公司治理结构的功能

公司治理结构的功能主要表现在两个方面：

第一，保证投资人的合法权益，协调所有者与经营者之间的关系。因为在所有权与经营权分离的情况下，股东特别是中小股东很可能对企业失去控制权，导致企业完全被内部人（经营者）所控制，而掌握企业控制权的内部人出于自身利益考虑，很可能作出违背股东意愿的决策，损害股东的经济利益。这种情况往往会引发股东不愿投资或“用脚投票”的后果，影响企业的长期稳定发展。公司治理结构就是要通过科学的制度安排，合理划分所有者和经营者的权力，明确权、责、利三者之间的关系，保证股东的控制权和应得利益。

第二，保证企业利益相关者的权益，协调企业内部各利益集团之间的关系。通过科学设计激励机制，保证企业经营者、全体员工及其他利益相关者的合法权益，充分调动他们的工作积极性。同时，通过建立科学的约束机制，制约他们的不合理行为。特别要借助强有力的监督手段，避免经营管理者因工作失误给企业造成不利影响。

3.1.4 公司治理结构的构建

（一）公司治理结构的类型

公司治理结构与其所处的特定环境密切相关。美、英国家的企业组织以平等的个人契约为基础，股份公司一般依据契约赋予具有剩余利益要求权并承担经营风险的股东一定的企业支配权，使企业在股东治理下运营，从而形成“股东治理”的公司治理结构模式。其特点是公司主要为股东服务，财务目标趋向于“股东利益最大化”。在这种模式下，股东作为物质资本的投入者，拥有较大的权力，他可以通过建立激励机制和约束机制，引导和鼓励经营者为实现股东利益最大化而努力工作。但这种模式存在两个方面的问题：一是由于经营者与所有者的利益追求不同，如果信息不对称现象严重，经营者会创造各种条件，谋求个人利益最大化，并通过增加消费性支出来损害所有者的利益；二是债权人、企业职工及其他利益相关者，由于不直接参与企业的经营管理，合法权益很容易受到侵害。

欧洲大陆诸国以及日本等国家比较关注人和因素，在企业经营中倡导劳资关系的协调。其认为企业的本质是契约关系的总和，是由企业所有者、经营者、债权人、职工、消费者、供应商等共同组成的契约网，要求契约网中的各利益相关者之间必须建立平等、独立的关系，并认为这是提高企业效率、促进企业稳定发展的基础。因此，为了实现企业的整体效率，不仅要重视股东利益，而且要全面考虑、综合平衡其他利益相关者的利益。由此而形成“共同治理”的公司治理结构模式。

笔者认为，科学合理的公司治理结构绝不能拘泥于“股东治理”或者“共同治理”，而应当充分吸收二者的优点，合理认定不同资源提供者对企业所作的贡献，积极发挥各利益相关者在公司治理结构中的作用。

1999年5月，由29个发达国家组成的经济合作与发展组织（OECD）理事会正式通过了《公司治理结构原则》。这是第一个由政府部门为公司治理结构开发出来的国际标准，它较为全面地考虑了“股东治理”和“共同治理”的合理成分，因而得到了国际社会的积极响应。该原则旨在为各国政府部门制定有关公司治理结构的法律和监管制度框架提供参考，也为证券交易所、投资者、公司等参与者提供指导，代表了OECD成员国对于建立良好公司治理结构共同基础的意愿。按照这一原则的要求，公司治理结构框架应当做到：

（1）维护股东的权利。

（2）确保包括小股东和外国股东在内的全体股东受到平等的待遇，如果股东的权益受到损害，他们应有机会得到补偿。

（3）确认利益相关者的合法权利，并且鼓励公司和利益相关者为创造财富和工作机会以及为保持企业财务健全而积极地进行合作。

（4）保证及时准确地披露与公司有关的任何重大问题，包括有关财务状况、经营状况、所有权状况和公司治理状况的信息。

（5）确保董事会对公司的战略性指导和对管理人员的有效监督，并确保董事会对公司和股东负责。

（二）公司治理结构的构建原则

为了充分发挥公司治理结构的功能，公司治理结构的构建应当遵循四个方面的原则：

（1）法定原则。要求企业根据国家有关法律法规，明确规定股东大会、董事会、监事会和经理层的职责权限、任职条件、议事规则和工作程序。

（2）责权利相结合原则。要求准确界定所有者、经营者、监督者的基本权利和义务。各有关部门必须在职权范围内行使自己的权力，履行自己的责任，并维护自己的利益，做到各司其职，各负其责。

（3）有效制衡原则。要求公司治理结构的各层级、各部门以及各利益主体之间建立相互制衡关系，确保决策、执行和监督职能的分离。

（4）协调运转原则。要求公司治理结构的各个组成部分必须相互协调、相互配合，保证公司治理的正常运转。

（三）公司治理结构的构建内容

公司治理结构的构建，应当考虑以下内容：

第一，健全股东大会制度，充分发挥股东大会的职能。无论选择什么样的公司治理结构模式，必须保证股东大会享有法律法规和企业章程规定的合法权利，能够依法行使企业经营方针、筹资、投资、利润分配等重大事项的表决权，避免形式主义。要明确规定股东代理人的资格，避免少数人通过集中代理权操纵公司的现象；要严格执行“一股一权”制度，严防限制小股东参加股东大会的现象；对涉及某些股东利益的决策，必须实行股东回避制度。

第二，完善董事会制度。董事会必须对股东大会负责，依法行使企业的经营决策权。董事会应当按照股东大会的有关决议，设立战略、审计、提名、薪酬与考核等专门委员会，明确各专门委员会的职责权限、任职资格、议事规则和工作程序，为董事会科学决策提供支持。特别要强化审计委员会在内部控制制度的实施和评价方面的功能。为了避免“内部人控制”现象，应当尽量杜绝董事长兼任总经理的情况；为了保障中小股东的合法权益，应当健全独立董事制度，充分发挥独立董事的作用。同时，应当通过明确规定董事的责任和义务、实行责任追究制度等规范和约束董事的行为。

第三，明确监事会的权力和责任。要彻底改变监事会被“边缘化”的现象，确立其公司监督者的核心地位，对企业董事、经理和其他高级管理人员的履职情况依法独立行使监督权力，真正对股东大会负责，而不是附属于公司董事会。

第四，明确经理层的权力和责任。要有效杜绝“经营者强，所有者弱”的现象，强化经理层对董事会的责任感和使命感，有效行使董事会赋予的权力，履行董事会规定的义务。同时，要建立健全激励机制和约束机制，引导和鼓励经理层充分发挥自己的才能，圆满完成董事会委托的任务。

此外，公司治理结构的建立，还必须协调好“新三会”与“老三会”的关系。“新三会”指的是公司治理结构中的股东大会、董事会和监事会；“老三会”指的是传统企业组织制度中的党委会、职代会和工会。由于“老三会”是传统企业制度的精髓，对建设企业文化、提升员工思想政治素质、维护职工权益等具有不可替代的作用，因此，在公司治理结构的构建过程中，必须明确划分“新三会”和“老三会”的职权，正确处理两者之间的关系。

3.2 企业文化氛围

3.2.1 企业文化氛围对内部控制的影响

内部控制作为企业管理的重要抓手，需要通过制定一系列规章制度并贯彻落实进而达到其目的。规章制度的效应取决于两个层面，一是设计层面；二是执行层面。但无论规章制度的设计还是执行，都与特定的企业文化氛围有关。良好的文化氛围，可以统一企业董事、监事、高级管理人员和全体员工的思想认识，有助于对规章制度的设计理念、设计目的、设计原则、设计内容、设计程序以及设计方法等达成共识，保证规章制度的科学性、合理性和可行性。同时，还可以统一他们的行动，激发他们的热情和潜能，形成卓越的执行能力，规范规章制度的执行过程，保证和提高规章制度的执行效果。反之，则可能涣散他们的思想和意志，埋没他们的激情和潜能，分化他们的行动路线，降低规章制度的设计质量和执行效果。这就是说，企业文化氛围对企业建立健全、贯彻落实内部控制具有非常重要的影响。因此，要想真正发挥内部控制在强化企业管理、提升企业经营效率、实现企业战略目标中的作用，必须高度重视、大力加强企业文化建设，营造良好的企业文化氛围。

3.2.2　企业文化的主要功能

（1）导向功能。主要体现在两个方面：一是经营哲学和价值观念的指导。经营哲学决定了企业经营的思维方式和处理问题的一般法则，这些方式和法则指导经营者进行正确决策，指导员工科学从事生产经营活动。价值观念决定了企业的价值取向和共同的价值目标，使企业领导和员工对事物的评判能够形成共识，并围绕所认定的价值目标行动。正如美国学者托马斯·彼得斯和罗伯特·沃特曼在《追求卓越》一书中所指出的："我们研究的所有卓越公司都很清楚它们的主张是什么，并认真建立和形成公司的价值准则。事实上，一个公司缺乏明确的价值准则或价值观念不正确，我们则怀疑它是否有可能获得经营上的成功。"[①]二是企业目标的指引。企业目标代表着企业发展的方向，没有正确的目标就等于迷失了方向。优秀的企业文化能够从实际出发，以科学的态度确定企业的发展目标，并促使企业员工在发展目标的指导下从事生产经营活动。

（2）约束功能。主要通过两种途径来实现：一是通过完善企业规章制度形成约束力，强制企业领导和全体员工遵守和执行；二是通过完善职业道德规范形成约束力，约束和引导企业领导和全体员工遵守和执行。任何违反企业规章制度和违背职业道德规范的行为，都会受到相应的惩罚。

（3）凝聚功能。良好的企业文化可以形成向心力和凝聚力，使作为团队成员的员工产生荣誉感、责任感和使命感，将自己的人生追求与团队目标结合起来，把本职工作作为实现团队目标的重要组成部分，积极贡献自己的力量。并在这一过程中真正感受到自身的存在价值，获得实现自我价值的精神满足。

（4）激励功能。以人为本、尊重人格的企业文化，能够在领导与职工、职工与职工之间形成相互信任、团结友爱的和睦气氛，激励全体员工振奋精神，努力工作。当企业文化产生较大的社会影响时，更会增强员工的荣誉感和自豪感，激励他们加倍努力，用自己的实际行动维护企业的荣誉和形象。

（5）感染功能。企业文化中的许多情感因素，能够弥补理性化教育的不足，避免刻板说教所产生的不良效果。例如，丰富多彩的知识竞赛、文艺演出、作品展示、技术切磋等，能够使人受到文化熏陶，产生情感上的共鸣，有效避免和开释部分员工的疑虑、埋怨、抵触等情绪，达到寓教于乐的效果。

---

① 彼得斯 T，沃特曼 R．追求卓越［M］．胡玮珊，译．北京：中信出版社，2009．

（6）调适功能。企业与政府、社会、供应商、客户、职工以及企业内部各部门之间，在工作中不可避免地会产生一些矛盾，这些矛盾的有效解决需要各方的自我调适。良好的企业文化能够帮助有关人员加强自我调节，正确看待和妥善处理各种矛盾，巩固和加强双方之间的合作关系。

（7）陶冶功能。企业文化氛围的持续营造，使员工能够在潜移默化中接受洗礼，逐步领悟到应该提倡和弘扬什么，应该反对和避免什么，主动认同企业倡导的文化内容。这种“润物细无声”的功能，会使员工的团队意识和协作精神不断强化，自我适应和约束能力不断增强，文化品位不断提升。

（8）辐射功能。企业文化不仅在企业内部发挥作用，而且能够通过企业与外部利益相关者的交往、大众媒体的传播、社会公益事业的参与等，对全社会产生一定的影响。

3.2.3 企业文化氛围的构成

企业文化是指企业在经营管理实践中逐步形成的，被企业全体成员认同并自觉遵守的价值观、经营理念和企业精神以及在此基础上形成的行为规范的总称。企业文化虽然不直接产生经济效益，但它是推动企业持续稳定发展的动力，也是展示企业良好社会形象的名片。美国GE公司前CEO杰克·韦尔奇曾经说过，健康向上的企业文化是一个企业战无不胜的动力之源。企业文化虽然是无形的，但其潜在的能量能够感染企业全体成员，使其意识到企业的价值取向和精神追求，进而升华思想，统一认识，提振信心，凝聚力量，规范行为，提高工作效率。

企业文化氛围主要由环境氛围、精神氛围和制度氛围组成。其中，企业环境氛围是借助企业直观的、显性的环境所反映出来的风格和情调。一般通过厂区、车间和办公室的装饰布置、宣传视图、标语口号以及员工的服饰、生活设施、文化设施等加以表现。企业精神氛围是指企业从管理层到普通员工所表现出来的整体精神风貌、理想追求和价值取向，在企业文化氛围中占居主导地位，决定或影响企业文化的性质。企业精神氛围可以通过企业的经营理念和价值趋向、领导人的管理风格和处事方式、员工的工作态度及对企业的忠诚度等形式表现出来。企业制度氛围是指企业经营管理活动中体现出来的各种规章制度及其贯彻执行的方式，具有较大的强制性。在企业文化建设过程中，其强制程度一般随着员工自律意识、自我约束能力的增强而逐步减弱。

3.2.4 企业文化氛围的营造

（一）全面把握，培育文化体系

企业文化建设的内容涉及诸多方面，要想使之形成完整的体系，必须总体考虑，全面把握，分门别类地进行培育。要重点关注以下四个方面的内容：

一是适应市场的经营文化。以构建现代企业制度、实现经济效益和社会效益的最大化为目标，逐步把价值认同和文化引导贯穿于企业经营管理的全过程，倡导和建立符合市场经济环境的经营理念和经营模式。

二是顾客满意的服务文化。要全方位地实施顾客满意战略，建立以顾客为中心的服务评价机制，把顾客满意度指标放在应有的位置。把诚实守信、客户至上的理念贯穿到生产经营的全过程，巩固和完善已有品牌，大力培育新的品牌，有效适应顾客不断增长的需求。

三是超越自我的创新文化。要引导员工跳出自己看自我，跳出地域看自我，跳出行业看自我，接受新理念，树立新思想，发现新机遇，迎接新挑战，采用新方法，做出新贡献，不断开拓进取，超越自我。

四是凝聚人心的群众文化。企业领导要牢固树立“群众利益无小事”的理念，把实现、维护和发展全体员工的根本利益作为企业文化建设的出发点和落脚点，着力加强对员工的人文关怀，高度重视员工的合理需求，有效化解员工的不满情绪，充分利用企业的各种资源，努力改善生产生活条件。要诚心诚意办实事，尽心竭力解难题，不断提高员工的物质生活水平和精神生活水平，从根本上形成凝聚力和向心力，调动广大员工的积极性和创造性。

（二）抓住重点，突出企业特色

企业应当根据发展战略和实际情况，总结优良传统，挖掘文化底蕴，提炼核心价值，确定具有自身特色的文化建设目标和内容，形成具有凝聚力和向心力的企业文化规范。其包括积极向上的价值取向、诚实守信的经营理念、开拓创新的企业精神、强烈的社会责任和团结协作意识等。其中，企业精神是企业文化的灵魂，也是企业文化建设的核心内容。企业应当在继承优良传统文化的基础上，与时俱进，将培育符合时代特点的企业精神作为文化建设的基本目标，将体现企业精神的价值理念和行为标准作为文化建设的中心任务和主要抓手，并在内容和形式上不断创新。要坚持从实际出发，做到突出时代性、把握规律性、富于创造性。

（三）统一认识，规范行为标准

得到全体员工认同的行为标准是一种推动企业不断进步、实现企业可持续发展的无形力量。行为标准缺乏规范，自由主义就会泛滥，员工的行为方式就会偏离轨道，企业的各种矛盾就难以妥善解决。因此，企业应当统一思想认识，科学制定行为标准，并通过各种渠道落实到企业全体员工的实际行动中，促进企业文化在企业各层级、各部门以及全体员工之间的交流和渗透。

（四）领导带头，发挥表率作用

企业领导特别是主要领导在企业文化建设中具有至关重要的作用，他们的文化修养、学识水平、人格魅力和行为方式决定着企业文化的建设方向和建设成效。因此，企业领导必须加强学习，注重修养，不断提高自身素质，带头遵守企业文化所倡导的行为准则，自觉维护企业的优良文化，大胆批判一切不良文化行为，真正做到以自身的优秀品格和脚踏实地的工作作风促进企业文化氛围的形成。

（五）关注基层，夯实群众基础

企业文化建设既是以全体职工及其家属为客体的受众活动，也是依靠全体职工参与并作为主体的自我教育活动。换句话讲，职工群众既是企业文化建设的动力源，也是企业文化的作用体。职工群众的参与过程，实质上就是企业文化氛围的营造过程，也是企业文化发挥作用、产生功效的过程。因此，必须采取有效措施，从基层做起，吸引广大职工积极参与，夯实企业文化建设的群众基础。

（六）加强合作，锻造团队精神

企业文化氛围的营造是一项需要全员动手、齐抓共管的工作，必须借助团队力量，强化各部门之间的通力合作。良好的团队精神是企业发展的基础，优秀的团队是个人快速发展和个人价值得以实现的平台。任何个人的力量都是有限的，但优秀团队的力量则是无限的。因此，企业应当大力倡导团队精神，要求所属单位和部门加强沟通和合作，着力营造上下级之间、部门之间、员工之间相互信任、相互尊重、相互理解和相互支持的团队精神。

（七）持之以恒，注重长期效应

企业文化建设是信仰、道德、理念、规则和行为不断强化的过程，需要长期的积淀和不断的培育，不可能在朝夕之间完成。首先，必须立足于眼前，着眼于长远，由浅入深，由易到难，循序渐进，逐步从简单化走向系统化、规范化和制度化，克服和消除一切短期行为。这就要求企业首先将“做实功、求实效”作为营造企业文化氛围的出发点和落脚点，杜绝任何形式的走过场、摆花架子的现象，把实践效果作为检验标准。其次，必须加强学习型组织建设，注重后续教育，大力营造终生学习的氛围。通过持续的形势政策教育、思想政治教育和法律法规教育等，提高员工的政治素质和职业道德水平；通过支持和鼓励员工报考更高一级的学历考试、职称考试等，提高员工的业务能力；通过在职培训、技能测试，岗位轮换等，提高员工的动手操作能力。

（八）加强评估，实现以评促建

企业应当建立文化评估制度，明确评估内容、评估程序和评估方法，落实评估责任制，通过评估促进企业文化建设。文化评估应当重点关注：

（1）董事、监事、经理和其他高级管理人员在企业文化建设中的责任履行情况。

（2）全体员工对企业核心价值观的认同感。

（3）企业经营管理行为与企业文化的一致性。

（4）企业品牌的社会影响力。

（5）参与企业并购重组各方文化的融合度。

（6）员工对企业未来发展的信心。

对评估过程中发现的问题，应当认真分析研究，及时发现影响企业文化建设的不利因素，以便采取措施加以改进。

3.3 人力资源政策

3.3.1 人力资源政策对内部控制的影响

内部控制的设计质量和运行效果与员工的综合素质密切相关。员工综合素质是指人在先天禀赋的基础上通过各种教育活动和社会实践活动而形成的主体性品质，包括员工的品德、智力、体力、审美等方面的品质及其表现能力。综合素质高的员工队伍，既可以保证内部控制的设计质量，又可以提高内部控制的运行效果，还可以在内部控制暴露出局限性时，利用自己的道德决策能力和专业判断能力，弥补和纠正可能出现的偏差，避免和减少内部控制缺陷带来的风险和损失。因此，培育和提高全体员工的综合素质对实施内部控制至关重要。而员工综合素质的高低，与企业制定和实施的人力资源政策密切相关。科学合理的人力资源政策，不仅有助于提高在职人员的综合素质，提升企业的人力资源质量，而且有利于吸引综合素质高的外部从业者加入，壮大企业的人力资源队伍。反之，如果人力资源政策不合理，则可能导致企业人力资源缺乏、综合素质不强、人才流失严重等现象，阻碍企业的正常发展。

因此，企业必须重视人力资源政策的制定和改进工作，要根据企业的发展战略，结合人力资源现状和未来需求预测，建立人力资源发展目标，制定人力资源总体规划和能力框架体系，优化人力资源整体布局。要明确人力资源的引进、开发、使用、培养、考核、激励、退出等管理要求，实现人力资源的合理配置，充分发挥人力资源政策对完善企业内部控制、实现企业发展战略的作用，全面提升企业核心竞争力。

3.3.2　人力资源政策的内容

人力资源（Human Resource）又称劳动力资源或劳动力。从宏观层面考量，人力资源是指能够推动整个经济和社会发展、具有劳动能力的人口总和；从微观层面考量，人力资源是指特定社会组织所拥有的能够推动组织持续发展、达到组织目标的成员的总和。一般地讲，人力资源需要从数量和质量两个方面考察。人力资源数量是指具有劳动能力的人口数量，人力资源质量则指经济活动人口具有的体质、文化知识和劳动技能水平。充足的人力资源数量是社会经济发展的先决条件，但必须与物质资料的生产规模相适应，如果超过物质资料的生产规模，则会对社会经济的发展产生不利影响。随着现代科学技术的飞速发展，社会经济的发展将主要依靠人力资源的质量。

我们这里所说的人力资源主要指企业为组织生产经营活动而任用的各种工作人员，包括企业的董事、监事、经理等管理人员和全体工作人员。企业制定和实施人力资源政策的基本目的是搭建各类人员施展才能的平台，实现人力资源的合理配置，调动全体员工的工作积极性，提升企业的核心竞争力，推动企业的持续稳定发展。因此，企业的人力资源政策主要包括：

（1）关于各类员工的聘用、培训、辞退、辞职等方面的规定。

（2）关于各类员工的薪酬、考核、晋升、奖惩等方面的规定。

（3）针对关键岗位员工的强制休假和定期轮岗制度。

（4）对掌握国家秘密或企业重要商业秘密的员工离岗时做出的限制性规定。

（5）有关人力资源管理的其他规定。

3.3.3 人力资源政策的制定

（一）人力资源选聘政策

人力资源选聘政策包括人才引进和人才选拔方面的政策。企业制定人力资源选聘政策时，应当把握以下要求：

（1）根据企业人力资源总体规划，结合生产经营实际需要，制订年度人力资源需求计划，完善相关制度，设计工作流程，并按照计划、制度和流程组织人力资源引进工作。

（2）根据企业人力资源能力框架要求，坚持德才兼备、以德为先和公开、公平、公正原则，通过公开招聘、竞争上岗等各种有效方式选聘优秀人才，重点关注选聘对象的价值取向、责任意识、职业道德素养和专业胜任能力。

（3）选聘人员确定后，企业应当依法与其签订劳动合同，建立劳动用工关系。同时，对于涉及关键技术、知识产权、商业秘密或国家机密的工作岗位，企业应当与该岗位员工签订岗位保密协议，明确保密义务。

（4）明确选聘岗位的职责权限、任职条件和工作要求，并实行岗位回避制度。切实做到因事设岗、以岗选人，避免因人设岗、人浮于事的现象，确保被选人员能够达到岗位要求。

（5）建立选聘人员试用期制度，严格考察试用人员的综合素质，促进其全面了解岗位职责，掌握岗位基本技能，适应工作要求。试用期满考核合格后可正式上岗工作，对试用期满考核不合格者，应当及时解除劳动关系。

（二）人力资源培养政策

企业应当高度重视人力资源培养工作，加大人力资源培训投入，加强员工继续教育，营造尊重知识、尊重人才和关心员工职业发展的文化氛围，促进全体员工综合素质的持续提升。具体地讲，人力资源培养政策的制定应当做好以下方面的工作：

一是针对企业的人才队伍现状，建立具有实用性和长效性的培训机制，将员工培训作为企业的一项战略任务，长抓不懈，实行多层次、全方位、系统化、持续性的员工素质教育。

二是根据实际需要确定培训目的，选择培训内容，不同阶段、不同时期的培训目的和内容可以有所侧重，但必须服务于提升员工的综合素质这一基本目标。这里的综合素质包括：思想道德素质、业务技术素质、文化审美素质、生理心理素质以及经历、阅历和见识等。

三是树立现代教育理念，大胆采用现代教育平台和先进培训技术，改进培训方式，提高培训效率和效果。

四是建立企校之间的深度合作机制，通过选送青年员工进校深造、聘请专家学者进厂指导、合作研发生产技术项目等方式，不断提高企业员工的理论素养和操作技能。

五是引导全体员工树立终身学习理念，自觉投身培训工作，加强在岗学习和在职锻炼。在实践工作中增长见识和才干，丰富经历和阅历，提高实际操作能力，尽快成长和成才。实践证明，将脱产培训和在职锻炼有机地结合起来，是人才培养的有效途径。

（三）人力资源使用政策

人力资源使用政策是否合理，直接影响甚至决定人力资源的效率和效果。科学合理的使用政策，可以吸引、留住各类人才，并为他们提供广阔的用武之地，最大限度地激发人力资源的潜能，真正做到人尽其才，才尽其用。反之，则会挫伤员工的工作积极性，导致人心涣散，人才流失。因此，人力资源使用政策的制定，应当做好以下工作：

一是适应市场经济和现代企业制度的特点，改变传统的薪酬分配方式，不断完善薪酬管理制度，切实做到薪酬安排与员工业绩相挂钩，员工所得与个人贡献相协调，在体现效率优先的基础上兼顾公平。

二是积极探索和建立有利于人才成长和发展的分配制度，逐步实现由按职务高低分配薪酬向按技术含量高低分配薪酬的转变。

三是建立健全各级管理人员和关键岗位员工定期轮岗制度，明确轮岗范围、轮岗周期和轮岗方式等，形成相关岗位员工有序流动、互相促进的格局。

四是按照有关法律法规规定，结合企业实际，建立健全员工退出（辞职、解除劳动合同、退休等）机制，明确退出的条件和程序，形成有序竞争、优胜劣汰的格局，确保员工退出机制得到有效实施。

五是强化安全意识，完善工作交接或离任审计制度，在关键岗位人员离职前，按规定进行交接和审计工作。对退出企业的员工，应当依法与之约定保守关键技术、商业秘密、国家机密的责任和竞业限制的期限，确保知识产权、商业秘密和国家机密的安全。

（四）人力资源考评政策

科学合理的考评政策，有助于企业客观判断员工工作业绩，正确处理利益分配关系，不断提升人力资源管理水平，确保员工队伍处于持续优化状态。制定人力资源考评政策，应当做好以下工作：

第一，建立和完善人力资源激励机制和约束机制，通过系统设计业绩考核指标体系，定期对各级管理人员和全体员工进行考核与评价，以此作为确定员工薪酬、职级调整以及延续或解除劳动合同等的重要依据。

第二，根据考核结果实行奖惩措施。对胜任工作、贡献突出的员工及时予以奖励。对无法达到岗位要求的员工及时停止其工作，安排再培训或调整工作岗位。如果仍不能满足岗位职责要求，应当按照规定权限和程序解除劳动合同。

第三，根据员工的需求层次，采取有效措施满足员工的精神需求，保证员工最大限度地实现自我价值。

第四，建立人力资源评估制度，定期对年度人力资源计划执行情况进行评估，总结人力资源管理经验，分析存在的主要问题及原因，提出完善措施，保证企业的人力资源政策充满生机和活力，为内部控制的实施创造良好的人文环境。

3.4 职业道德水准

3.4.1 职业道德水准对内部控制的影响

在市场经济环境下，要想保证企业经营活动的合法性和合理性，首先必须依靠严密完善的法律法规体系，同时必须借助良好的职业道德环境，将法治与德治有机地结合起来。职业道德作为一种自律机制，主要解决的问题是从业人员在法规制度框架下的职业操守和自律意识，它对法规制度的执行效果具有直接的影响甚至决定作用。职业道德环境好、从业人员道德决策能力和自律意识强的企业，法规制度的执行效果必然理想，经营活动的合法、合理性必然能够得到保障，反之则相反。具体到内部控制问题上，在一个企业里，如果管理者和全体员工的职业道德水准普遍较高，自律意识普遍较强，不仅可以为内部控制制度的设计扫除各种障碍，降低设计成本，而且可以为内部控制制度的实施提供良好的人文环境，降低运行成本，保证和提高内部控制制度的实施效果。因此，企业应当重视职业道德建设，全面优化职业道德环境，不断提高员工的职业道德水准。

3.4.2 职业道德的基本特征

职业是指劳动者稳定获取生活来源所从事的工作，它基于组织分工而形成并具有专门业务和特定职责。道德是指社会生活中，依据人们的内心信念、传统习惯和社会舆论而形成并借助法律、行政等手段维持的原则规范、行为活动和心理意识的总和。所以说，职业道德是社会生活中占主导地位的道德在职业生活中的具体体现，是人们在履行本职工作时应当遵循的行为准则和规范。职业道德与人们所从事的职业活动密切相关，并取决于职业活动的内容和方式以及由此所涉及的责、权、利关系。职业道德既是对从业人员在职业活动中提出的行为要求，也是相关职业对社会应当负担的道德责任与义务。它具有五个方面的特征：

（1）自律性。职业道德是职业工作者在长期的职业活动中自然形成、共同认可并自觉遵守的行为规范，它通常不需要由特定的组织机构制定，也一般不以成文的形式出现，而是存在于职业工作者的观念意识之中。职业道德水准的高低，主要取决于职业工作者的自觉性，由此期望的目标能否实现，主要取决于职业工作者的主观能动性的高低。因此，职业道德是一种自律性规范，强制力较弱，由此形成的机制是一种自律型机制。

（2）广泛性。与法规制度相比，职业道德一般没有特定的指向，它扎根于社会经济生活的各个方面，渗透到职业活动的各个环节，凡是有职业活动的地方，职业道德都会存在并发挥作用。任何组织机构制定的法规制度，都不可能对职业活动的每一个环节、每一个步骤、每一个选择做出规定，任何法规制度都难免给投机钻营者留下采取“对策”的空间，而职业道德的广泛性特征决定其不会出现这种问题。

（3）思想性。任何一种职业活动的背后都隐匿着利益相关者之间的经济关系，由此决定了职业道德既有专业技术方面的要求，又有思想素质方面的要求，而且对后者的要求更加严格。

（4）稳定性。由特定组织机构制定的法规制度，不可避免地会体现制定主体的意志，为特定的阶层和利益集团服务。因此，当其所依赖的政治、经济、法律等背景发生变化时，法规制度的内容、形式以至目的都可能发生改变。即使在同样的社会背景下，制定主体的改变也会导致其发生变化。然而，职业道德一般不会因为社会制度的变迁而发生变化。从这个意义上讲，职业道德具有明显的历史延续性和客观规律性，由此保证了职业道德的相对稳定性。

（5）文化性。职业道德承载特定行业、特定组织的文化理念，反映其价值取向、行为规范、是非评判标准等，对行业或组织的社会声誉、公众形象具有直接影响。

3.4.3　职业道德的主要功能

职业道德作为社会道德体系的重要组成部分，既具有社会道德的一般作用，又具有特殊的职业功能。具体地讲：

第一，有助于调节各方面的利益关系。从职业内部看，职业道德可以约束相关从业人员的意识和行动，调节从业人员之间的各种关系，处理业务开展过程中可能发生的各种矛盾，促进他们精诚团结与通力合作，推动本行业的良性发展。从职业外部看，职业道德可以调节从业人员与服务对象之间的关系，有助于合理解决可能发生的纠纷，维护各方的正当权益。

第二，有助于维护和提高行业的信誉，促进行业的稳定发展。信誉是一个行业或企业的形象、信用和声誉，是社会公众对行业或企业及其产品与服务的信任程度。提高企业的信誉主要依靠产品质量和服务质量，而从业人员的职业道德水平则是提高产品质量和服务质量的重要保证。实践证明，职业道德水平差、道德决策能力低的行业或企业，不可能保证产品的质量，更不可能提供优质的服务，也就很难得到社会公众的认同和信任，形成良好的社会声誉，实现可持续发展。

第三，有助于提高全社会的道德水平。职业道德集中体现从业人员的价值标准、职业操守、工作态度和行为规范，作为社会公德的重要组成部分，如果每个职业群体都具备良好的道德意识、道德品质和道德情操，对整个社会道德水平的提高无疑具有非常重要的作用。

3.4.4　职业道德水准的提升

（一）加强政治思想教育

强有力的政治思想工作是保证和提高各行各业职业道德水准的“良药”，这已被计划经济体制时期的实践所证明。在高度集中的计划经济体制时期，我国各行各业的职业道德水准是令人称道的。尽管当时的法制建设很不完善，但由于从业人员有很高的政治觉悟和很强的敬业精神，道德水平高，保证了各项工作的规范有序。随着经济体制的改革和对外开放，社会经济结构趋向多元化，经济组织形式趋向多样化，利益分配关系趋向复杂化，企业普遍出现讲经济关系多讲思想政治少、讲市场竞争多讲和谐相处少、讲经济效益多讲社会责任少、讲物质文明多讲精神文明少的现象，不仅模糊了职业道德标准，而且污染了社会道德环境。政治思想教育的松懈，导致失去了维系职业道德的重要砝码，必然导致各个行业职业道德水准的下滑。因此，必须重拾政治思想教育这一有力武器，针对市场经济环境下相关利益群体的特点，大力提倡集体主义、责任意识和奉献精神，培育有理想、有文化、守纪律、讲规矩的职工队伍，坚决反对个人主义、功利主义和享乐主义。

（二）完善法律法规体系

法律规范与道德规范虽然在作用方式、作用范围、具体表现形式、实施的保证机制等方面具有明显的区别，但法律规范对维护职业道德规范具有重要的作用。在市场经济环境下，法律体系是否完善，法律环境是否优良，很大程度上决定了职业道德的水准，唯有法治与德治并举，才能充分发挥德治的功能，显示德治的效力。因此，必须采取有效措施，完善我国的法律法规体系，特别要细化法律责任，缩小执法空间，增强各种法律法规的可操作性。同时，要加大惩罚力度，提高执法水平，培育良好的“法治”环境。

（三）强化职业道德教育

职业道德教育是使外在的职业道德规范转化为从业人员内在品质和行为的有效途径。其主要任务是：帮助和引导从业人员树立正确的职业道德观念，锻炼坚强的职业道德意志，培养良好的职业道德习惯，进而达到高尚的职业道德境界。其主要内容包括职业品质教育、职业精神教育、服务宗旨教育、遵纪守法教育等。我国企业在继续教育和各种形式的培训当中，普遍存在重视业务技能培训而忽视职业道德教育的现象，非常不利于职业道德水准的提升，因此，必须采取切实可行的措施扭转这种局面。

（四）发挥舆论监督职能

要建立健全以社会舆论为主的职业道德监督体系，打造人所共知的舆论标准，培育人所共守的舆论氛围，对违反职业道德和社会道德的行为形成强大的舆论攻势，并在法律框架下尽可能地追究其引发不良后果的责任，使之无立足之地。

（五）提高员工个人修养

教育是外因，修养是内因，有良好修养的人必然具有较高的职业道德决策能力。职业道德的发展一般经过三个阶段：一是放纵阶段，这一阶段行为人的职业道德完全处于放任自流的状态；二是顺从阶段，这一阶段行为人对职业道德的遵守虽然缺乏主动性和自觉性，但在外部力量的影响和压力下，其基本上能够遵循职业道德的要求；三是自悟阶段，这一阶段行为人在不受外界影响的情况下，能够自觉遵守职业道德，并会干预和制止各种违反职业道德的行为，这是职业道德的最高境界。从可持续发展的观点看，市场经济环境下的企业竞争不仅是人才、技术和管理水平的竞争，同时也是职业道德水平的竞争。因此，企业员工应当自觉加强思想政治理论学习，主动接受先进文化，树立正确的人生观、价值观和世界观，将职业技能训练、职业行为选择与职业道德修养、职业道德评价融为一体，不断提升自己的职业道德判断和决策能力，尽快到达“自悟”境界，使职业道德成为从业人员主动担负的社会责任，成为他们内心深处的一种意识活动和职业目标。

【关键词】

控制环境　公司治理结构　企业文化　人力资源政策　职业道德

【小结】

本章从控制环境在内部控制体系中的基础作用入手，重点阐述了公司治理结构、企业文化氛围、人力资源政策、职业道德水准等四个环境因素的构成内容、基本功能、主要特征以及影响内部控制制度建设和运行的方式。并就如何完善公司治理结构、营造企业文化氛围、优化人力资源政策、提升职业道德水准进行了深入研究。

【复习思考题】

1.为什么说控制环境是内部控制的基础?
2.影响内部控制制度设计与运行的环境因素主要有哪些?
3.公司治理结构如何影响内部控制制度的设计与运行?
4.企业文化如何影响内部控制制度的设计与运行?如何加强企业文化建设?
5.如何通过完善人力资源政策优化内部控制体系?
6.阐述职业道德水准与内部控制之间的关系。
7.分析经营者管理风格对内部控制制度设计和运行的影响。
8.阐述内部审计对内部控制制度设计和运行的影响。
9.强化独立董事制度对内部控制有何作用?

第4章

内部控制的导向——风险评估

【学习目标】

通过本章学习，充分认识风险评估在内部控制体系中的导向功能；全面了解企业经营活动过程中面临的决策风险、执行风险和监督风险以及各种风险的形成原因；明确风险识别的主要任务、基本原则、一般程序和方法；熟练掌握风险评估的工作步骤以及各个步骤应当解决的问题；深刻领会界定风险管理职责、健全风险预警系统、规范风险管理程序和创新风险管理方法在风险防范工作中的作用。

4.1 企业的主要风险及其成因

4.1.1 决策风险

决策风险是指企业在决策过程中，受主、客观等多种不确定因素的影响，使决策活动不能达到预期目的的可能性及后果。由于任何一种决策，都是在特定环境下按照一定程序，由个人或集体做出的，它不只是一个客观过程，还受到个人情感、组织偏好、价值判断等主观因素的影响，因此，决策风险的产生既有信息不充分、环境突变等客观方面的因素，也有决策者能力不足、决策程序不科学，以及受情绪、偏好影响等主观方面的因素。

企业决策包括战略决策、管理授权决策、业务发展决策等不同层次的决策。决策风险在每一个层次上都可能发生，但对企业的影响和危害程度不同。一般来说，越是高层次上发生的决策风险，影响面越大，危害性越强，持续时间越长，如企业对外投资决策发生的风险；而低层次上发生的决策风险，影响面和危害性相对较小，持续时间也较短，如处置某项闲置固定资产发生的风险。

决策风险产生的原因主要有：

（1）决策权限不明确。一是集体决策和个人决策的标准界定不具体，哪些事项必须通过集体决策，哪些事项可以由个人决断，没有明确规定。这就导致应由集体决策的事项不上会研究，企业负责人一言九鼎，既加大了决策风险，又为腐败行为的滋生提供了方便。应由个人拍板的事项却拿到会上扯皮，既降低了工作效率，又淡化了相关人员的责任意识，为其推卸责任提供了借口。二是参与决策的人员不清楚自己应当行使什么权力，承担什么责任，因此不认真分析和研究决策的内容以及可能存在的不确定因素，敷衍了事，得过且过。在讨论投资、筹资、资产重组等重大事项时，往往看主要领导的眼色行事，跟着主要领导举手“表决”，难以保证决策的科学性，决策风险必然加大。

（2）决策程序不规范。一是对决策项目（特别是重大决策项目）不进行深入的市场调研和必要的专家咨询，可行性论证走过场，缺乏详尽的信息资料和专家意见供决策层参考，搞“摸着石头过河”；二是参与决策的部门和人员范围狭小，专业知识结构不合理，对一些涉及法律、技术的问题理解不到位；三是在决策讨论时不能充分发扬民主作风，认真倾听各方面的意见和建议，反复酝酿、论证和比较，而是搞家长制、一言堂，对反对者的意见更是不屑一顾。

（3）决策评价和纠错机制不健全。一些决策项目在实施过程中，已经暴露出一定的偏差和风险，但由于缺乏有效的评价和纠错机制，不能及时予以纠正，起不到“亡羊补牢”的作用，使实施项目在错误的道路上越走越远，导致决策风险成为事实或进一步加大，最终给企业造成无法挽回的损失。更有甚者，一些企业主要领导人对自己拍板定夺的项目，实施过程中即使发现问题，但碍于“面子”，仍不采取有效的修正措施，导致问题持续发酵，风险发生的概率不断加大，本可能是失之毫厘，最终结果却是差之千里。

4.1.2　执行风险

执行风险是指企业对国家法律法规、企业内部管理制度以及相关决策等不执行或执行不到位，给企业带来未来损失的不确定性。企业出台的规章制度能否在实践中取得理想效果，关键取决于执行过程，任何不执行、乱执行或执行过程中擅自改变规章制度内容的行为，都会引发执行风险。执行风险发生的原因主要有以下几个方面：

（1）制度自身存在缺陷。规章制度的设计和安排如果科学合理，执行过程就比较顺畅，执行风险就比较小；反之，则会加大执行难度和执行风险。但客观地讲，制度自身存在的以下缺陷，使执行风险很难完全避免。

一是制度的稳定性。制度一经安排，需要保持较长时期的稳定，但企业所处的客观环境千变万化，很可能出现制度与实际不相适应的情况，如果继续执行原来的制度，不仅无效，而且可能适得其反。

二是制度的普遍性。制度一般是为重复发生的业务和事项而设计的，对不经常发生的业务和事项往往起不到规范作用，当这些业务和事项发生时，很可能处于无章可循的境地。

三是制度的弹性。制度应当设定严格的执行界限、科学的操作程序和客观的评价指标，但这些界限、程序和指标必须具有适度的弹性，以便制度执行者在偏离制度目标较小的范围内，结合具体情况进行合理选择和有效变通，提高制度的执行效率。但如果制度的弹性过大，又会留下漏洞，使执行者有机可钻，影响制度的权威性。

四是制度的非民主性。制度的执行者大多不参与制度的设计和安排，客观上增加了制度执行的不确定性。

（2）执行机制失灵。可以说，各种执行风险都与执行机制失灵具有直接或间接的关系，具体表现为三个方面：

一是权责配置机制失灵。权责的恰当配置、不相容职务的合理分离可以避免单一执行者的违规行为，但两个或更多的执行者合伙违规、共同作弊，则可能导致权责配置机制的失灵。

二是信息沟通机制失灵。制度执行层级过多、信息加工和传递手段落后、内部报告体系松散、执行者故意不作为等，都可能阻塞信息传递路径，导致信息沟通机制的失灵。

三是控制机制失灵。保证制度的执行效果需要监督和控制，如果有关部门对制度执行情况监控不力，不能及时发现执行过程中存在的问题，并根据问题产生原因提出修正措施，则很难控制执行风险。

（3）成本效益原则限制。按照成本效益原则的要求，在决定是否采取某一特定措施时，需要对采取该项措施所消耗的各种资源与不采取该项措施可能产生的负面影响进行比较。一般情况下，执行制度的成本不应当超过不执行制度可能造成的损失，否则，将背离经济活动所追求的收益最大化目标。但在很多情况下，制度执行者很难找到是否采取措施的平衡点，经常面临“执行过度加大成本，执行不到位加大风险”的两难选择。

（4）执行者自身出现失误。任何制度都需要企业相关部门及其成员具体执行，制度执行者的个人素质对执行结果具有重要影响。在实际工作中，每一个制度执行者都有可能因为理解偏差、曲解指令等能力因素或身体不适、精力分散等生理因素发生工作失误，从而造成制度失效，引发执行风险。而要求他们在执行过程中始终正确无误，又缺乏现实性。

4.1.3 监督风险

监督风险是指由于监督工作不到位而使企业遭受损失的可能性。随着企业自主权的扩大，政府对企业的行政监督逐步弱化，而企业的内部监督体系又不完善，致使监督风险已成为一些企业的重要风险，许多企业发生的违法违纪现象都与监督工作不到位直接相关。监督风险产生的原因主要有：

（1）监督权力不落实。如前所述，目前我国企业的管理体制还不能完全满足现代企业制度的要求，治理结构还没有真正实现决策权、执行权、监督权的完全分离。被赋予监督职责的相关部门，由于缺乏应有的权力，无法独立从事监督工作，发挥自己的监督职能。特别是在以经济效益为中心的思想的指导下，许多企业的监督机构甚至演变为经营管理者追求经济指标的“工具”，致使监督工作蜻蜓点水，甚至名存实亡。

（2）监督机制不健全。一是缺乏系统完善、切实有效的内部监督体系。上级对下级的监督多，下级对上级的监督少，特别是企业主要领导人几乎完全不受下级的监督；事后监督多，事前、事中监督少；行政措施多，经济手段少。二是监督内容缺乏全面性和具体性，笼统规定多，具体要求少，使监督工作难以落到实处。三是对监督发现的问题处置不力，大事化小，小事化了，得过且过，致使监督的权威性大打折扣。

（3）外部监督不到位。对企业实施监督的外部机构虽多，但缺乏监管标准上的一致性和监管行动上的统一性，监督工作没有完全贯穿国有资产保值增值这根“主线”，往往各自为政，采取头痛医头、脚痛医脚的办法，导致监督目标模糊，监督成本高企，监督效率低下，监督风险增加。

● 4.2　风险识别

风险识别是指查找企业各项经营活动及其重要业务流程中有无风险、有哪些风险的行为过程。风险识别是风险管理的基础，企业只有正确地识别经营活动所面临的风险，才能选择科学有效的方法进行风险控制和处理。风险识别的工作主要包括：搜集风险产生的因素；挖掘风险产生的根源；认知风险类型；寻求减少风险损失的条件；提供规避风险的措施。

4.2.1　风险识别的任务

风险识别主要有两项任务：一是认清影响企业经营目标实现的风险事项，包括：外部风险事项和内部风险事项、正面风险事项和负面风险事项；二是辨别风险事项的驱动因素。一般地讲，内部风险的识别应当重点关注：

（1）人力资源因素。包括：董事、监事、经理及其他高级管理人员的职业操守、员工专业胜任能力等。

（2）管理因素。包括：组织机构、经营方式、资产管理、业务流程等。

（3）自主创新因素。包括：研究开发、技术投入、信息技术运用等。

（4）财务因素。包括：财务状况、经营成果、现金流量等。

（5）安全环保因素。包括：营运安全、员工健康、环境保护等。

（6）其他有关因素。

外部风险的识别应当重点关注：

（1）经济因素。包括：经济形势、产业政策、融资环境、市场竞争、资源供给等。

（2）法律因素。包括：法律法规、监管要求等。

（3）社会因素。包括：安全稳定、文化传统、社会信用、教育水平、消费者行为等。

（4）科学技术因素。包括：技术进步、工艺改进等。

（5）自然环境因素。包括：自然灾害、环境状况等。

（6）其他有关因素。

按照COSO—ERM2004的解释，广义的风险驱动因素见表4-1。

表4-1 **风险驱动因素（COSO—ERM2004）**

外部因素		内部因素	
类别	项目	类别	项目
经济	资本的可利用性 信贷发行、违约 集中 流动性	基础结构	资产的可利用性 资产的能力 资本的取得 复杂性
金融市场	失业 竞争 兼并/收购	人员	员工能力 欺诈行为 健康和安全
自然环境	散发和废弃 能源 自然灾害 可持续发展	流程	能力 设计 执行 供应商/依赖性
政治	政策更迭 立法 公共政策 管制	技术	数据的可信度 数据和系统的有效性 系统选择 开发 调配 维护
社会	人口统计 消费者行为 母公司所在国 隐私 恐怖主义		
技术	技术中断 电子商务 外部数据 新兴技术		

4.2.2 风险识别的原则

（1）全面周详原则。应当全面系统地考察、了解各种风险事件存在和发生的概率，可能造成损失的严重程度，认清风险因素以及因风险出现而导致的其他问题。

损失发生的概率及其后果的严重程度，直接影响和决定风险的应对措施和风险管理的效果，因此，必须全面细致地了解和掌握有关情况，为决策者提供清晰、完备的决策信息。

（2）综合考察原则。企业所面临风险的复杂多变性，决定了任何一种识别方法都难以对全部风险奏效。因此，必须使用多种识别方法进行综合考察。如：对直接损失的识别，应当采用询问经验丰富的生产经营人员和资金借贷经营人员、查看财务报表等方法；对间接损失的识别，可以采用投入产出分析、分解分析等方法；对责任损失的识别，则需要具备熟练的业务知识和充分的法律知识。总之，对不同类型、不同性质、不同损失程度的风险进行识别，必须采用有针对性的措施，区别对待，综合考虑。

（3）成本效益原则。风险识别的目的在于为风险管理提供决策依据，以保证企业以最少的付出获得最大的安全保障，减少风险损失。因此，受成本效益比较优势的限制，企业应当根据实际情况和自身的财务承受能力，选择效果最佳、经费最省的识别方法。

（4）科学计算原则。对风险进行识别的过程，实际上也是对企业的生产经营状况及其所处环境进行量化核算的过程，因此在普遍估计的基础上，应当进行严格的数理分析和精确计算，得出比较科学合理的分析结果。

（5）系统化、制度化原则。风险识别的准确性在很大程度上决定风险管理效果的好坏，如果没有科学系统的风险识别和衡量方法，就不可能从总体上认识风险，也就无法判断风险发生的可能性及损失的严重性，进而无法合理地选择控制风险和处置风险的方法。因此，风险识别必须遵循系统化原则。此外，由于风险随时存在于企业的生产经营活动之中，所以风险的识别和衡量必须制度化、经常化，成为企业一项持续不断的活动。

4.2.3 风险识别的程序

（一）选择风险识别方法

选择风险识别方法时，应当把握好以下要求：

（1）建立科学的风险识别方法体系，使之规范化和制度化，确保企业管理当局和各职能部门能够使用统一的方法对风险识别结果进行描述。

（2）建立损失事件数据库，通过事件分类、内部讨论、趋势分析等确定风险因素的产生根源和发展趋势，确保企业所有经济活动的潜在风险都被纳入识别系统。

（3）对风险识别方法定期进行评估，修正和完善不适用的方法，保证风险识别方法的科学性和实用性。

（二）编制业务流程图（表），确定重要业务流程

企业应当按照规定格式，统一编制完整的业务流程图或流程表，利用图表形式对业务操作流程进行直观描述。以资金业务为例，流程表的一般编制方法见表4-2。

表4-2　　　　资金业务流程

<table>
<tr><th>一级流程</th><th>二级流程</th><th>三级流程</th><th>四级流程</th><th>页码</th></tr>
<tr><td rowspan="20">资金业务</td><td>资金预算</td><td></td><td></td><td>（略）</td></tr>
<tr><td rowspan="2">账户管理</td><td>账户开立</td><td></td><td></td></tr>
<tr><td>账户变更与销户</td><td></td><td></td></tr>
<tr><td rowspan="2">资金调剂</td><td>资金上报与回流</td><td></td><td></td></tr>
<tr><td>内部资金调剂</td><td></td><td></td></tr>
<tr><td rowspan="4">资金监管</td><td>现场资金监管</td><td></td><td></td></tr>
<tr><td>网银监管</td><td></td><td></td></tr>
<tr><td>大额资金联签</td><td></td><td></td></tr>
<tr><td>大额资金报告</td><td></td><td></td></tr>
<tr><td rowspan="9">资金结算</td><td>结算票据</td><td></td><td></td></tr>
<tr><td rowspan="3">现金管理</td><td>现金缴存</td><td></td></tr>
<tr><td>现金盘点</td><td></td></tr>
<tr><td>现金提取</td><td></td></tr>
<tr><td>资金内部结转</td><td></td><td></td></tr>
<tr><td rowspan="4">资金外部结转</td><td>主动收款</td><td></td></tr>
<tr><td>主动付款</td><td></td></tr>
<tr><td>银行通知收款</td><td></td></tr>
<tr><td>银行通知付款</td><td></td></tr>
<tr><td>资金稽核</td><td></td><td></td><td></td></tr>
<tr><td>银行存款余额调节表编制</td><td></td><td></td><td></td></tr>
</table>

（三）建立风险数据库

在对各种业务流程进行充分识别，查明其中有无风险并确定关键风险点的基础上，通过分析整理，建立业务活动层面的风险数据库，详细列示业务活动所面临的主要风险。以收入预算为例，风险数据库的建立方法见表4-3。

表4-3　　　　　　　　企业收入预算风险数据库

一级流程	二级流程	三级流程	四级流程	相关风险	控制目标类型				重要风险
					完整性	准确性	有效性	接触性	
预算	收入预算	收入预算编制		预算编制基础资料（历史数据）不准确、不完整	√		√		
				预算内容不全面；预算假设不合理（范围、主体、期间等）；编制的预算脱离实际			√		√
				预算编制不及时			√		
				预算未经有效审批		√			
		收入预算分解		预算责任主体不明确；预算指标分解不合理、不具体，脱离实际情况		√	√	√	√
				预算分解方案未得到适当审批			√		
				分解指标未与业绩考核指标挂钩		√	√		√
				预算分解内容未及时、准确下达		√		√	
		收入预算执行与控制		预算执行主体敷衍了事，执行不到位			√	√	√
				预算执行中存在的偏差未被及时发现，并提出相应调整方案		√	√		√
				预算差异分析未经有效审批		√	√		
				反映在上报材料中的预算执行情况与实际不符	√	√			
		收入预算考核评价		随意调整预算考核范围和标准，评价体系不合理		√	√		√
				建立和实施的预算考核机制不完善		√	√		√
				考核结果不准确，未经适当审批		√	√		
				奖惩制度不合理、执行不到位			√	√	

4.2.4　风险识别的方法

风险识别方法可以分为宏观领域中的决策分析（可行性分析、投入产出分析等）和微观领域的具体分析（资产负债分析、损失清单分析等）。常用的风险识别方法主要有：

（1）生产流程分析法（流程图法）。生产流程又称工艺流程，是指从原料投入到成品产出，借助一定的设备按顺序连续进行加工的过程。这种方法强调根据不同的生产流程，对每个阶段和环节逐项进行调查分析，找出风险存在的原因。

（2）风险专家调查列举法。这是指由风险管理专家对企业可能面临的风险进行排查，逐一列示，并根据不同的标准（直接或间接、财务或非财务、政治性或经济性等）进行分类。为了保证风险识别的准确性，所涉及的专家范围应当力求广泛，并具有较强的代表性。

（3）资产财务状况分析法。这是指根据企业的资产负债表、利润表以及财产目录等财务会计资料，并经过风险管理人员的实际调查研究，对企业财务状况进行分析，发现其潜在风险。

（4）分解分析法。这是指将复杂的事物分解为多个比较简单的事物，将大系统分解为具体的组成要素，从中分析可能存在的风险和威胁。

（5）失误树分析法。这是指以图解表示的方法调查损失发生前各种失误事件的情况，分析引发失误事件的原因，具体判断哪些失误可能导致风险发生。

此外，风险识别的方法还有环境分析、保险调查、事故分析等。企业在识别风险时，应当根据具体情况，交互使用各种方法，以取得最佳识别效果。

● 4.3 风险评估

企业应当根据设定的目标，系统、全面、持续地收集相关信息，结合实际情况及时进行风险评估。由于风险评估工作涉及企业的各种经济活动，因此，无论企业是制订年度计划，决定重大投资、融资、采购、新产品开发、IT系统开发等重大项目，还是开展日常经济业务活动，都需要进行风险评估。

由于风险评估涉及企业各个管理层面，因此，风险评估工作应当由企业最高管理层组织有关职能部门和人员实施。必要时，也可以聘请具有相应资质、信誉好、风险管理能力强的中介机构协助完成。

4.3.1 风险评估的方法

风险评估有狭义和广义之分。狭义的风险评估是指对已经识别的风险可能影响企业目标的程度、风险的价值等进行的评价和估算。广义的风险评估则包括风险辨识、风险分析、风险评价三个步骤。其中，风险辨识是指查找企业各项重要经营活动及其业务流程中有无风险，有哪些风险；风险分析是对辨识出的风险及其特征进行明确的定义，分析和描述风险发生的条件以及可能性的大小；风险评价是评估风险对实现企业目标的影响程度、风险的价值等。

风险评估可以根据具体情况分别采用定性方法和定量方法，也可将二者结合起来使用。其中，定性方法包括问卷调查、专家咨询、集体讨论、情景分析、政策分析、行业标杆比较、管理层访谈、由专人主持的工作访谈和调查研究等；定量方法包括统计推论（如集中趋势法）、计算机模拟（如蒙特卡罗分析法）、失效模式与影响分析、事件树分析等。

进行风险定量评估时，应当统一制定各种风险的度量单位和风险度量模型，并通过测试，确保评估系统的假设前提、参数、数据来源以及评估程序的合理性和准确性。同时，应当根据环境变化，对假设前提和参数等定期进行复核和修改，并将定量评估系统的估算结果与实际效果进行对比，根据对比结果对有关参数进行调整和改进。

企业在评估多项风险时，应当根据风险发生的可能性大小及其对企业目标的影响程度，绘制风险坐标图，通过对各项风险的比较分析，确定管理各项风险的优先顺序和策略。

4.3.2 风险评估的程序

风险评估一般由目标设定、风险分析和风险应对三个步骤组成。其中，目标设定主要是确定风险评估的目的；风险分析主要是评价风险发生的可能性和对既定目标的影响程度；风险应对主要是提出化解风险的措施，降低和避免风险发生的可能性，保证既定目标的实现。具体地讲，企业的风险评估应当按照以下程序进行。

（一）确定风险评估任务和责任部门

要明确规定企业的主要风险评估任务是什么，由哪些部门负责完成，应当采取哪些保障措施。例如，经营决策风险、安全风险等主要由企业最高管理层负责；采购业务风险主要由企业供应部门负责；货币资金收支业务风险主要由企业财务部门负责等。

（二）开展年度风险评估

要详细描述各种风险的来源、发生领域、对企业目标的影响、风险职责部门、风险水平、风险应对措施等。这是对企业风险进行的年度综合评估，评估结果可以通过编制“年度风险评估结果表”进行，见表4-4。

表4-4 **年度风险评估结果表**

编号	风险因素来源	风险领域	风险子领域	影响公司目标					具体风险描述	风险职责部门	风险承受度	固有风险水平	现有影响程度	现在风险水平	风险应对措施	风险应对措施				剩余风险水平
				合法、合规	资产安全	财务报告	经营效率、效果	发展战略								风险规避	风险承受	风险降低	风险分担	

企业在编制“年度风险评估结果表”时，需要做好六个方面的工作：

（1）参照《企业内部控制基本规范》中关于内部、外部风险因素的分类，结合企业的实际情况确定风险因素来源及风险领域。必要时，可通过“风险状况清单”详细列示各种子风险，形成风险评估的基础。

（2）对各种风险进行讨论分析，准确识别每一个风险子领域的关键风险点，并界定清楚每个风险点的责任部门或责任人。

（3）采用定性与定量分析相结合的方法，按照风险发生的可能性及影响程度，确定固有风险水平。

（4）正确界定与控制目标相关的内部风险的风险承受度，并与固有风险水平的口径保持一致。

（5）根据风险分析结果和企业的风险承受度，确定风险应对策略，包括风险规避、风险降低、风险分担和风险承受。

（6）在采取风险应对措施的基础上，对“剩余风险水平”进行评估，确保“剩余风险水平”低于企业的风险承受度。

（三）确定风险等级

企业应当根据实际情况，对表4-4中所列示的固有风险水平、剩余风险水平，通过科学分类确定风险等级。一般情况下，企业的风险等级可以划分为优良、正常、轻微、严重和危机五类，见表4-5。

表4-5 风险等级的分类

风险等级	等级描述
1级	优良状态，无需采取控制措施
2级	正常状态，后果暂时可以忽略，是否采取控制措施有待观察
3级	轻微状态，后果较小，暂时不会造成危害，可考虑采取适当控制措施
4级	严重状态，将会造成大的危害，需要立即采取控制措施
5级	危机状态，具有灾难性后果，必须立即予以排除

风险等级确定后，应当对各种级次的风险进行详细描述，以便有关部门充分认识风险的危害性，积极采取应对措施。描述方法见表4-6。

表4-6 不同等级风险描述

风险等级		1级	2级	3级	4级	5级
描述		极轻微	轻微	中等	重大	灾难性
描述		极低	低	中等	高	极高
描述	企业日常运行	不受影响	轻度影响	中度影响	严重影响	灾难性影响
	财务损失	一般无财务损失	轻微的财务损失	中等的财务损失	重大的财务损失	灾难性的财务损失
	企业声誉	负面消息在企业内部流传，企业声誉基本无损	负面消息在当地局部流传，对企业声誉造成轻微损害	负面消息在某些区域流传，对企业声誉造成中等损害	负面消息在全国各地流传，对企业声誉造成重大损害	负面消息流传于世界各地，政府监管机构进行调查，对企业声誉造成无法弥补的损害

风险等级可以根据风险值得出。风险值的计算公式为：

风险值（D）＝风险发生的可能性（L）×风险发生的影响程度（C）

其中，风险发生的可能性分为“大”“较大”“中”“小”“很小”，可分别取值“5”“4”“3”“2”“1”。具体判别标准见表4-7。

表4-7 **风险发生的可能性**

可能性	取值	判别标准
大	5	下列3种情况至少存在两种：①在半年内可能发生，或发生的可能性超过25%；②在过去1年内曾经发生过；③该类风险因素是典型和常见的
较大	4	下列3种情况存在任意1种：①在半年内可能发生，或发生的可能性超过25%；②在过去1年内曾经发生过；③该类风险因素是典型和常见的
中	3	下列4种情况存在任意1种：①在两年的周期内可能发生，或发生的可能性低于25%；②在以后的两年内可能发生过一次以上；③该类风险因素难于控制；④以前发生过类似风险
小	2	下列3种情况至少存在两种：①在5年的周期内不太可能发生，或发生的可能性低于2%；②从未发生过；③发生该类风险的可能性微乎其微
很小	1	下列3种情况存在任意1种：①在5年的周期内不太可能发生，或发生的可能性低于2%；②从未发生过；③发生该类风险的可能性微乎其微

风险发生的影响程度也可以分为“大”“较大”“中”“小”“很小”，分别取值为“5”“4”“3”“2”“1”。具体判别标准见表4-8。

表4-8 **风险发生的影响程度**

影响程度	取值	判别标准
大	5	下列3种情况至少存在两种：①如果发生，对业务部门和公司的财务影响是巨大的；②如果发生，对公司或业务部门的持续性或其战略和经营目标的影响是重大的；③如果发生，将产生重大的政治或社会方面的影响
较大	4	下列3种情况存在任意1种：①如果发生，对业务部门和公司的财务影响是巨大的；②如果发生，对公司或业务部门的持续性或其战略和经营目标的影响是重大的；③如果发生，将产生重大的政治或社会方面的影响
中	3	下列3种情况存在任意1种：①如果发生，对业务部门或公司的财务影响是重大的；②如果发生，对公司或业务部门的持续性或其战略和经营目标的影响是中度的；③如果发生，将产生较大的政治或社会方面的影响
小	2	下列3种情况至少存在两种：①如果发生，对业务部门或公司的财务影响是较小的；②如果发生，对公司或业务部门的持续性或其战略和经营目标的影响是较小的；③如果发生，将产生较小的政治或社会方面的影响
很小	1	下列3种情况存在任意1种：①如果发生，对业务部门或公司的财务影响很小；②如果发生，对公司或业务部门的持续性或其战略和经营目标的影响很小；③如果发生，仅有微小的政治或社会影响

根据以上描述，可确定风险值，见表4-9。

表4-9 风险值

可能性	影响程度				
	很小（1）	小（2）	中（3）	大（4）	很大（5）
大（5）	5	10	15	20	25
较大（4）	4	8	12	16	20
中（3）	3	6	9	12	15
小（2）	2	4	6	8	10
很小（1）	1	2	3	4	5

风险等级与风险值的对应关系见表4-10。

表4-10 风险等级与风险值的对应关系

风险等级	风险值
1级	1～2（含2）
2级	2～5（含5）
3级	5～10（含10）
4级	10～20（不含20）
5级	20～25

（四）明确风险控制程序

风险等级确定后，企业可以按照以下程序采取控制措施：

（1）分析每种风险对企业可能带来的影响，包括消极影响和积极影响。

（2）对于重要事项面临的风险及其可能带来的重大影响，采用定量分析技术，确定各种风险可能造成的影响程度，为企业采取风险对策提供科学依据。

（3）按照风险可能带来影响程度的大小进行排序，明确划分重要风险和一般风险。

（4）对重要风险予以特别关注，避免重要风险可能给企业带来的重大损失。

（5）针对重要风险优先采取控制措施，并逐步完善一般风险的控制办法。

4.4 风险防范

4.4.1 明确风险管理职责

在现代公司治理结构下，风险管理工作主要由公司董事会、风险管理委员会、总经理和内部审计部门负责，因此，必须强化董事会、风险管理委员会、总经理和内部审计部门的风险管理意识，明确界定他们的风险管理职责。

（一）董事会风险管理职责

董事会作为企业的主要决策机构，就风险管理工作的有效性对股东大会负责。在风险管理工作中应当履行以下职责：

（1）审议并向股东大会提交企业全面风险管理年度工作报告。

（2）确定企业风险管理总体目标、风险偏好、风险承受度，批准风险管理策略和重大风险管理解决方案。

（3）了解和掌握企业面临的各种重大风险及其风险管理现状，做出有效控制风险的决策。

（4）批准重大决策、重大风险、重大事件和重要业务流程的判断标准或判断机制。

（5）批准内部审计部门提交的风险管理监督评价报告。

（6）批准风险管理组织机构设置及其职责方案。

（7）批准风险管理制度，纠正和处理任何组织或个人超越风险管理制度做出的风险性决定的行为。

（8）督导企业培育风险管理文化。

（9）其他重大的风险管理事项。

（二）风险管理委员会风险管理职责

风险管理委员会作为企业的专门风险管理机构，对董事会负责。为了充分发挥风险管理委员会的作用，企业应当详细规定其组成人员的任职条件，配备熟悉企业重要业务流程、具备风险管理知识和经验、具有较强法律意识的管理人员。风险管理委员会在风险管理工作中主要履行以下职责：

（1）提交全面风险管理年度报告。

（2）审议风险管理策略和重大风险管理解决方案。

（3）审议重大决策、重大风险、重大事件和重要业务流程的判断标准或判断机制，以及重大决策的风险评估报告。

（4）审议内部审计部门提交的风险管理监督评价报告。

（5）审议风险管理组织机构设置及其职责方案。

（6）办理董事会授权的有关风险管理的其他事项。

（三）总经理风险管理职责

企业总经理或由其委托的高级管理人员负责主持风险管理的日常工作，就风险管理工作的有效性向董事会负责。主要职责包括：

（1）组织拟订企业风险管理组织机构设置及其职责方案。

（2）督促相关职能部门关注企业经营管理活动中存在的各种风险，分析风险产生的原因。

（3）根据企业的风险策略提出应对措施。

（4）审查内部审计部门提交的风险管理监督评价报告。

（5）带领企业全体员工培育风险管理文化。

（6）风险管理的其他日常工作。

（四）内部审计部门风险管理职责

内部审计部门和董事会下设的审计委员会是企业实施风险管理的最后一道防线。企业应当赋予内部审计部门相应权限并明确责任，以便其在风险管理的每个步骤发挥应有的作用。

（1）在风险环境分析中客观评价企业的固有风险和剩余风险。

（2）在风险事件识别中准确判断企业自身风险和重要合作者的风险。

（3）在风险评估活动中独立提供专业评价意见。

（4）在风险应对活动中详细分析风险回报的合理性、风险规避措施的有效性、风险转移和风险分担的可行性。

（5）在风险控制活动中科学测试控制程序的有效性。

（6）在风险信息沟通中实时证明风险信息是否被准确传递给相关人员并得到有效管理。

需要指出，为了促进各部门认真履行风险管理职责，提高风险管理水平，最大限度地增强风险抵御能力，规避和降低风险损失，必须建立健全风险管理责任追究制度。凡属决策者个人因素引发的风险应当追究个人责任，凡属集体决策造成的风险损失，不仅要追究领导班子的责任，而且要落实到直接责任人。

4.4.2 健全风险预警系统

风险预警是指通过组建专门的组织机构，利用一定的监管工具作媒介，采用科学的方法对反映企业经营管理活动全过程的数据资料进行分析，获得风险警示信号，促使决策者采取适当措施，把风险扼杀在萌芽状态的一种信息系统。为了有效地预告、防范和控制各种风险，企业应当建立健全风险预警系统，做好以下方面的工作。

（一）完善预警监控体系

风险预警监控体系的作用是对决策风险进行全方位、全过程控制，必须覆盖企业经营的各个方面，兼有风险预测、风险识别、风险处置等功能。其目的是通过及时收集和分析相关信息，为决策提供依据。要求：

（1）设立风险预警机构。这是建立风险预警系统的基础。企业确定风险预警目标、设计风险预警方案、选择风险预警方法、提供风险预警信息等工作，都需要通过专门的风险预警机构完成。

（2）建立企业数据资料库。风险预警需要以全面、客观、准确的数据资料为依据，因此，企业必须加强数据资料库的建设工作，保证风险预警系统能够及时获取所需要的信息，并通过系统的加工处理，生成更有价值的信息。

（3）配备高素质管理人员。风险预警是一项专业性、综合性都非常强的工作，不仅要求风险预警管理人员具备企业管理、财务、会计、金融、法律等方面的知识，而且必须熟练掌握计算机和网络等方面的技术。因此，企业必须加大人力资源投入，配备综合素质高的管理人员。

（4）协调各部门之间的关系。风险预警机构必须与其他相关部门及时沟通，有机协调，密切合作，才能实现风险数据的快速传递，并满足不同部门对风险信息的个性要求。

（5）量化风险预警指标体系。风险预警指标体系的量化，对正确识别和判断风险发生的可能性及产生的影响具有重要作用。需要量化的风险预警指标体系应当包括以下方面：

第一，生存能力指标。主要有：①反映短期偿债能力的指标，如流动比率、速动比率、现金流动负债比率；②反映长期偿债能力的指标，如资产负债率、产权比率和已获利息倍数、现金债务总额比率。偿债能力反映企业的生存能力，一般情况下，偿债能力强的企业，其资本结构较为合理，经营与发展相对稳定，潜在风险较小，生存能力较强；反之，企业面临的风险较大，生存受到威胁。

第二，资产管理能力指标。主要有：总资产周转率、存货周转率、应收账款周转率、固定资产比率和无形资产比率。其中，存货周转率和应收账款周转率是衡量企业资产管理能力最重要的指标，其周转速度的快慢直接影响企业的资产管理效率和风险。

第三，获利能力指标。主要有：①反映利润数量的指标，如销售利润率、总资产利润率、净资产利润率、每股收益率；②反映利润质量的指标，如主营业务利润率、利润现金比率等。获利能力指标要全面考虑利润数量和利润质量。

第四，发展能力指标。主要有：总资产增长率、三年利润平均增长率、三年资本平均增长率、无形资产增长率等。随着市场竞争的加剧，该类指标对反映企业的风险应对能力至关重要。

第五，市场竞争力和市场吸引力指标。主要有：①反映市场竞争能力的指标，如市场占有率、产品合格率、合同履约率、分销渠道利用率、产品畅销率等；②反映市场吸引力的指标，如市场份额、市场增长率等。该类指标既表现企业的竞争实力，又反映企业的风险应对能力。

第六，企业素质指标。主要有：①技术水平指标，包括现代设备使用率、新产品开发成功率、新产品贡献率等；②人员素质指标，包括技术人员比率、职工流动率、职工技能培训率、职工劳动生产率；③管理人员素质指标，包括顾客满意率、职工满意率、决策成功率等。

（二）合理选择预警方法

风险预警方法可以分为单变量预警模型和多变量预警模型两类。其中，单变量模型是通过单个预警指标的恶化程度来预测企业风险。当选定的指标达到企业管理当局设立的预警临界值时，预警系统及时发出预警警示，提请企业管理当局予以关注。多变量模型是运用多种预警指标加权汇总产生的总判别值来预测企业风险，包括评分法和判别法。为了保证预警的准确性，预警方法的选择应当因地制宜，既要科学又要便于操作。考虑到企业风险的产生往往是多种因素共同作用的结果，因此比较适合采用多变量预警模型。

（三）确定预警临界值

预警临界值的设定是风险预警系统的重要环节，可分为单项指标临界值设定和综合指标临界值设定。一般地讲，采用综合指标设定临界值，更有利于正确判断风险程度。临界值的取得有多种途径，既可采用同行业平均值，也可通过专家法取得，还可取用曾经发生过风险的企业的统计值。临界值的确定必须从实际情况出发，充分考虑企业所处的行业、地区等具体情况，并进行动态分析，及时根据条件变化对临界值进行修改。

4.4.3 规范风险管理程序

为了有效地防范风险，企业必须规范风险管理流程工作，做到：

（1）准确界定风险管理的对象和范围，并据此建立风险管理的总体目标和具体目标。

（2）根据风险管理目标要求认真研究风险的形成原因，为寻找风险防范对策提供思路。

（3）合理判断风险发生概率及风险发生强度，准确界定风险种类及发生的可能性，正确估计风险发生后对实现风险目标的影响程度。

（4）科学设计规避风险的对策，包括预警机制、防范手段、控制程序、应急措施等，尽量减少风险带来的不良影响。

（5）客观评价风险管理的效果。评价风险管理效果，一般采用费用-效益比值法，即比值=效益/费用。其中，效益是指风险管理取得的实际效果，包括经济效益和社会效益；费用是指风险管理的实际支出，包括货币支出和非货币支出。比值越大，说明风险管理活动的效果越好，反之则越差。

（6）认真总结经验教训，不断提高风险管理水平。这一阶段的工作主要是根据人们对待风险的态度，确定出各种不同类型的资本运作主体对待风险的效用值。通过风险效用评估确定出资本经营主体的风险收益效用值后，就可以采取相应的风险应对策略。

4.4.4 改进风险管理方法

企业应当结合自身情况，不断改进风险管理方法，大胆借鉴国内外企业行之有效的风险管理手段，提高风险管理能力和效果。

（一）风险图绘制法

制作风险（坐标）图的目的是将风险发生的可能性与风险对目标的影响绘成直角坐标系，并在坐标系上描绘风险的可能性大小和影响程度。根据具体情况，对风险发生的可能性和风险对目标的影响程度的描述可以分别采用定性或定量方法。其中，定性方法一般直接采用文字或者定序数字描述，如“极小”“小”“中等”“大”“极大”或者“1”“2”“3”“4”“5”等；定量方法则采用定距数字或定比数字进行描述。一般情况下，风险发生的可能性采用频数或概率表示，风险对目标的影响程度采用货币金额表示。企业初次制作风险图时，较多使用定性方法。

制作风险图的基本程序：一是建立由上而下的构架；二是在审视历史和自我评

估基础上，按照业务和职能部门设立自下而上的特定风险列表；三是基于管理层的判断或风险模型，在一致的时间跨度内，定性分析或定量估计每种风险发生的可能性大小、风险对企业目标的影响程度，如图 4-1（图中数字为风险编号）所示。

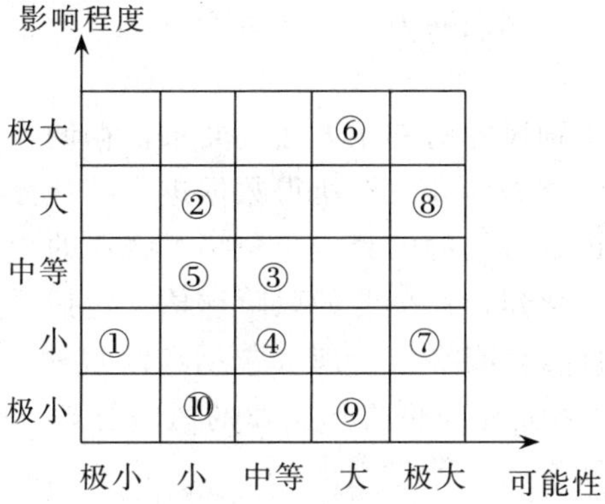

图 4-1　定性分析和绘制的风险坐标图

风险图如果处理得当，可以为风险识别和风险评估提供高效工具。但风险图的质量完全取决于输入的信息和处理过程的质量。一张高质量的风险图，应当体现四个方面的特性：①准确性，能够确保风险发生的可能性大小和影响程度与客观实际吻合；②全面性，能够为识别和评估企业所面临的各种风险描绘出整体架构；③一致性，能够为识别和评估风险提供一致的标准和方法；④职责性，能够保证业务和职能部门直接参与风险管理过程。

绘制风险图的目的在于对多种风险进行直观比较，确定管理各种风险的优先顺序和策略。例如，在图 4-2 的 A、B、C 三个区域中，企业决定对 A 区域的各项风险予以承担且不再增加控制措施；对 B 区域中的各项风险，企业将严格控制并采取完善措施；对 C 区域中的各项风险，企业将给予特别关注并优先安排防范措施，规避或转移风险。

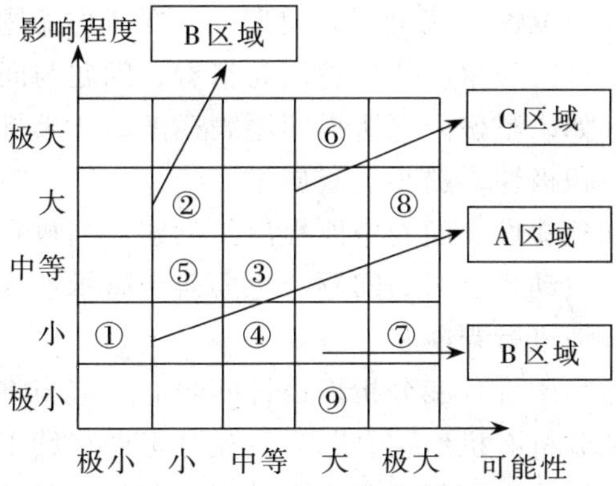

图 4-2　风险坐标图的应用

应用风险绘制图时，应当考虑四个方面的问题：①确认现有的控制并把它们的作用综合起来，决定在业务和职能部门层次上是否需要采取新的控制措施；②为了实施新的控制措施以及监测和报告特定风险，必须合理分配职责；③将业务和职能部门层次上的风险图（如果有）整合到公司层次的风险坐标图中，决定公司层次上是否需要采取新的控制措施；④根据新的情况及其发展变化，持续不断地更新和改进风险图。

需要指出，由于许多风险不能定量分析，因此制作风险图的风险管理人员需要有丰富的经验和对风险的深刻洞察力。

（二）问卷调查法

问卷调查是了解和识别风险的常用方法。要求根据调查目的设计并采用随机方式向调查对象发放和回收调查问卷，对所得数据进行统计分析，得出调查结果。

企业风险管理问卷调查涉及的内容应当包括：企业的背景、历史和内外经营环境；企业的组织结构和文化建设；企业的风险评估（包括风险识别、风险计量与分析、风险评价）；企业的风险策略与处理（包括风险规避、风险分担、风险转移、风险承担等）；企业的风险监控与报告；企业的风险管理战略与政策；关键管理人员在风险管理中的职责和作用；等等。

调查结果是否可靠，一方面取决于操作过程是否符合概率统计原理；另一方面取决于问卷设计水平。因此，为了获得真实可靠、易于整理和统计分析的信息，采用问卷调查方法时，应当关注以下问题：

（1）调查问卷的设计必须紧密围绕调查目的和主题。如果偏离主题，调查将变得徒劳无益。

（2）合理选择问卷对象。要充分考虑问卷对象的文化水平、年龄层次、社会地位、合作意愿，特别是与问卷调查主题的关联性。对于不同层次的问卷对象，在语言措辞、问题难度等方面应当有所区分，所提问题不应超出问卷对象的知识能力和权限范围。例如，对于企业一线职工，在语言文字上应当尽量通俗易懂；对于企业的中层管理人员，所提问题要考虑到他们的管理权限；对于企业的高层管理人员，所提问题应当具有高度和深度。

（3）讲究逻辑性和规范性。就单个问题来说，要考虑命题是否准确，提问意图是否清晰，避免模棱两可的现象。从整份问卷来看，问题与问题之间必须符合逻辑要求，避免前后矛盾。如果整份问卷所提问题表述准确、编排得当、逻辑性强，将会激发问卷对象的参与积极性，提高调查质量。

（4）保持客观性和独立性。问卷中所提出的问题应当放在中性位置，既不设计可能引起问卷对象情绪波动、反感的问题，也要避免暗示性或诱导性语言。保证问卷对象能够独立、客观地进行判断和作答。

（5）问卷所得数据易于统计和分析。设计问卷时，应当将问卷调查的目的和内容与所得数据的统计和分析有机地结合起来，充分考虑后续工作的需要，便于有关指标的累加和相对数的计算，有利于调查人员进行分析判断。

调查问卷一般由三部分组成：

第一部分为前言，需要讲明问卷调查的目的、意义、内容简介、关于匿名的保证以及对回答者的要求等，如涉及个人问题，应当有隐私保护说明。

第二部分为主体，包括问卷调查的内容及答题说明，问卷内容应当符合问卷设计要求，答题说明应当明确无误。

第三部分为结语，主要说明调查时间、地点、调查人员姓名、被调查者的联系方式等信息，并对回答者的配合表示感谢。

（三）头脑风暴法

头脑风暴法（Brain Storming）是一种为解决某一问题而集体开发创造性思维的方法，所以也称集思广益法。头脑风暴法由美国广告专家阿历克斯·奥斯本于1938年撰写的著作《创造性想象》中首次提出。其特点是让参会者敞开心扉，畅所欲言，在相互思想碰撞中激发出独到的思想观点和可供参考的建议。

头脑风暴法提供了一种就特定主题集中注意力与思想进行创造性沟通的方式，对于评估企业经营过程中存在的各种风险以及寻求应对措施，可能产生意想不到的效果，不失为一种强化风险管理的有效方法。企业可以根据自己的情况，按照头脑风暴法的基本规则和程序，加以灵活应用。

（1）头脑风暴法的基本规则。包括：

①鼓励自由畅谈。参加者不受任何条条框框的束缚，要放松思想，大胆想象，尽可能地标新立异，提出独创性想法。

②追求设想数量。这是头脑风暴会议的目标和任务，参加者要抓紧时间多提设想，至于设想的质量问题，可留到会后解决。从某种意义上讲，设想的质量和数量密切相关，提出的设想越多，创造性建议就可能越多。

③禁止现场批判。任何人都不得在现场批评别人的设想，否则会对创造性思维产生抑制作用。同时，参加者必须畅所欲言，不必自谦和自我批评，否则同样会破坏会场气氛，影响创造性设想的产生。

④会后整理设想。头脑风暴会议结束后，必须对已获得的设想进行整理分析，归纳、综合出有价值的创见，提出能够解决问题的实际方案。

（2）头脑风暴法的基本程序。包括：

①确定议题。会议议题应当事先确定，确保与会者知晓会议所要解决的问题。一般而言，比较具体的议题可能使与会者较快产生设想，但创造性较弱；比较抽象和宏观的议题引发设想的时间较长，但创造性较强。

②会前准备。为了提高头脑风暴会议的效率和效果，应充分做好会前准备工作，包括向参会者传送有关资料、布置会场、渲染气氛等。

③确定人选。参会人选的层次特别是职位不要相差悬殊，以免受到拘束，无法畅所欲言。参会人数应当适中，人数太少不利于交流信息，激发思考；人数太多则会限制发言时间，造成设想不能完整表达等现象。

④明确分工。主持人应当经验丰富，善于把握会议进程，控制节奏，引导和启发参会者的思维，活跃会场气氛。记录员应当认真细致，善于归纳整理与会者的设想和建议，并提出自己的看法。

（四）影响和频率记分卡

记分卡是一种对企业的操作风险进行自我评估的方法。其基本原理是：对于每一项已被识别的操作风险，可以按照事先设定好的指标，由包括风险管理人员在内的专家对其打分，根据打分情况对有关的操作风险进行排序比较，并分别采取控制措施。如果属于重大操作风险，可以剥离出来进行更深层次的分析评估，并制定专门的管理方法。由于对风险的潜在影响进行自我评估打分得到的是“影响记分卡”，而对风险发生的可能性（频率）进行自我评估打分得到的是“频率记分卡”，所以，将该方法称为“影响和频率记分卡”。分别介绍如下。

（1）影响记分卡。影响记分卡是指对于每一项已识别的操作风险，利用问卷调查和头脑风暴等各种手段和方法进行深入分析，找出风险可能产生并不可忽略的各种影响，然后由包括风险管理人员在内的专家综合各种影响的程度，对风险可能产生的总体影响程度进行打分，估计可能造成的损失。影响记分卡模板见表4-11。

表4-11　**影响记分卡模板**

<table>
<tr><td colspan="5">风险：</td><td colspan="2">影响打分值</td><td>损失估计（万元）</td></tr>
<tr><td>影响1</td><td>影响2</td><td>影响3</td><td>影响4</td><td>影响5</td><td>专家1</td><td></td><td></td></tr>
<tr><td></td><td></td><td></td><td></td><td></td><td>专家2</td><td></td><td></td></tr>
<tr><td rowspan="4">后果1</td><td rowspan="4">后果2</td><td rowspan="4">后果3</td><td rowspan="4">后果4</td><td rowspan="4">后果5</td><td>专家3</td><td></td><td></td></tr>
<tr><td>专家4</td><td></td><td></td></tr>
<tr><td>专家5</td><td></td><td></td></tr>
<tr><td>专家6</td><td></td><td></td></tr>
<tr><td colspan="5">历史记录：</td><td>均值：</td><td></td><td></td></tr>
<tr><td colspan="5">备注：</td><td colspan="3">影响评估及建议：</td></tr>
</table>

需要指出，表4－11影响记分卡的“备注”栏中，需要填写的是打分标准及其他备忘录，“影响评估及建议”栏中需要填写的是评估总结。

（2）频率记分卡。频率记分卡的制作过程与影响记分卡基本类似。对于每一项已被识别的操作风险，首先利用相应的方法分析评判风险发生的可能性（频率），然后由包括风险管理人员在内的专家根据自己的知识进行打分，最后进行汇总和小结。分析评判时要特别注意历史数据和同行数据的利用。频率记分卡模板见表4-12。

表4-12　**频率记分卡模板**

<table>
<tr><td colspan="5">风险：</td><td colspan="2">频率得分值</td><td>描述</td></tr>
<tr><td>同行1</td><td>同行2</td><td>同行3</td><td>同行4</td><td>同行5</td><td>专家1</td><td></td><td>年　次</td></tr>
<tr><td rowspan="4">年　次</td><td rowspan="4">年　次</td><td rowspan="4">年　次</td><td rowspan="4">年　次</td><td rowspan="4">年　次</td><td>专家2</td><td></td><td>年　次</td></tr>
<tr><td>专家3</td><td></td><td>年　次</td></tr>
<tr><td>专家4</td><td></td><td>年　次</td></tr>
<tr><td>专家5</td><td></td><td>年　次</td></tr>
<tr><td colspan="5">同行均值：　年　次</td><td>专家6</td><td></td><td>年　次</td></tr>
<tr><td colspan="5">历史记录：　年　次</td><td>均值</td><td></td><td>年　次</td></tr>
<tr><td colspan="5">备注：
频率记分范围：</td><td colspan="3">影响评估及建议：</td></tr>
</table>

（五）风险驱动因素图

所谓风险驱动因素，是指风险产生的根源。对于企业来讲，识别当前和未来可能面临的风险并对风险来源进行分析非常重要，如果能够将一种风险的驱动因素都找出来，进而分析判断出关键因素并加以重点控制，会有效提高风险管理效果。下面以员工流失风险为例说明风险驱动因素图的应用。

一般情况下，员工流失可以从公司内部因素、公司外部因素和员工自身因素三个方面寻找具体的风险驱动因素，制作风险驱动因素图。在对风险驱动因素图进行深入研究的基础上，就可以确定关键驱动因素，进而有的放矢地采取风险应对措施，如图4-3所示。

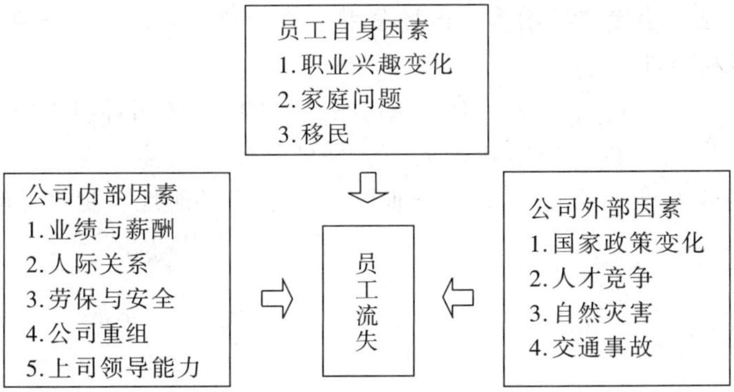

图4-3　风险驱动因素示例图

（六）SWOT分析法

SWOT分析法又称态势分析法，是企业进行战略规划和风险识别的常用方法。它起源于1960—1970年间在美国斯坦福研究所（Stanford Research Institute）由阿尔伯特·汉弗莱（Albert Humphrey）领导的一项关于公司战略规划问题的研究。它是一种综合考虑企业外部环境和内部条件并进行系统评价，进而选择企业最佳经营战略、规避经营风险的方法。

SWOT是优势（Strength）、劣势（Weakness）、机会（Opportunity）和威胁（Threat）的综合。从总体上看，SWOT分为两部分，第一部分SW主要用来分析比较企业在同行中所处的地位和实力；第二部分OT主要用来分析外部风险对企业的利弊影响。利用此方法可以从中找出对企业有利的因素，避开对企业不利的因素，发现问题并提出解决办法，明确以后的发展方向。同时，可以将问题按轻重缓急分类，明确哪些属于战略上的问题，哪些属于战术上的问题，哪些问题急需解决，哪些问题可以缓释处理，并将这些研究对象列举出来，按照矩阵形式排列。然后，应用系统论思想将各种因素匹配起来加以分析，从中得出结论，为企业管理当局的决策和规划提供依据。

从风险管理的角度看，机会可以看作是有利风险，威胁可以看作是不利风险，它们都是企业经营与发展中可能遇到的风险。SWOT分析法可以说是一种识别风险的定性分析方法。其分析流程如下：

（1）全面揭示、系统识别企业所有的内部优势和劣势因素，并分别进行恰当的排序。一般情况下，企业内部优势因素包括：较高的生产率、充足的资金来源、良好的企业形象、较强的技术力量以及规模经济、产品质量好、市场份额大、成本低、营销渠道畅通等。企业内部劣势因素包括：设备老化、关键技术缺乏、研发工作落后、资金筹集困难、原材料不易取得、营销方式落后、产品积压、信息不灵等。

（2）客观认识、准确判断企业有关的外部机会和潜在威胁，并分别进行恰当的排序。一般情况下，企业外部机会包括：政府招标、产业政策倾斜、新型市场出现、客户需求旺盛、外国市场壁垒解除、竞争对手失误等。企业外部威胁包括：新的竞争对手出现、替代产品增多、市场萎缩、产业政策变化、经济衰退、客户偏好改变、突发不利事件等。

（3）将S、W与O、T交叉，形成SO、ST、WO、WT四种组合方式，对每一组合进行详尽的比较分析，提出新的策略。新的策略应当能够保持和扩大企业的优势，减少和消除企业的劣势，增加企业抓住机会的可能性，提升企业防范威胁的能力。

【关键词】

风险　风险识别　风险评估　风险防范　方法　程序

【小结】

本章从企业经营活动过程中面临的决策、执行、监督风险入手，在全面分析各种风险形成原因的基础上，深入讨论了风险识别的任务、原则、程序和方法，系统阐述了风险评估的工作步骤以及各个步骤应当解决的问题。并提出了开展风险防范、强化风险控制进而提升内部控制质量的主要措施，即明确风险管理职责、健全风险预警系统、规范风险管理程序和创新风险管理方法。

【复习思考题】

1.为什么说风险评估在内部控制体系中具有导向功能？
2.企业如何有效避免决策风险、执行风险和监督风险？
3.阐述风险识别、风险评估、风险防范之间的内在联系。
4.内部风险和外部风险的识别应当分别关注哪些因素？
5.风险评估主要经过哪些程序？分析它们之间的关系。
6.企业在风险识别工作中如何有效运用SWOT分析法？
7.风险评估中如何准确界定风险等级？

8.头脑风暴法对风险防范工作有何作用?

9.企业如何建立健全风险预警系统?

10.以材料采购为例，为X企业建立风险数据库，详细列示材料采购业务活动可能面临的各种风险。

第5章

内部控制的核心——控制活动

【学习目标】

通过本章学习，充分认识控制活动在内部控制体系中的核心功能；明确筹资、货币资金收支、采购、存货、固定资产、无形资产、成本费用、销售、工程项目、投资、税务、关联交易、财务报告编制与披露、预算、合同协议、内部审计等业务的控制目标和潜在风险；熟悉各种业务的基本控制要求和具体控制要求，并从中领会重点关注的控制环节；在此基础上，有效掌握各种业务内部控制流程图和内部控制流程表的编制方法。

控制活动作为内部控制的核心，需要将内部控制的指导思想、具体要求和操作规范与具体的经济业务有机地融合在一起，反映出各种经济业务的内部控制目标，内部控制所涉及的部门和人员的权力和责任、经济业务的潜在风险、业务经办过程中应当遵守的原则和具体要求，以及必须重点关注的控制环节。为了规范企业主要经济业务的控制过程，增强内部控制的可操作性，本章将详细阐述企业的筹资、货币资金收支、采购、存货、固定资产、无形资产、成本费用、销售、工程项目、投资、税务、关联交易、子公司业务、财务报告编制与披露、预算、合同协议、内部审计等业务的控制活动。

5.1 筹资业务控制活动

5.1.1 筹资业务控制目标

筹资业务是指企业为了满足生产经营和工程建设的需要而通过发行股票、债券、银行借款等方式筹集资金的活动。其内部控制目标是：

（1）保证筹资活动的合法性。根据国家的法规政策和企业发展战略，科学制定筹资规划，正确选择筹资方式，严防各种违法集资现象。

（2）明确筹资活动的责任性。建立科学的筹资决策机制、执行机制和监督机制，完善筹资业务的授权、批准、审查、监督等管理制度，明确各有关部门的职责权限，严格实行责任追究制度。

（3）保证筹资活动的安全性。建立风险预警机制，有效防范和控制筹资风险，包括银行借款或发行债券的利率风险、发行股票的市场风险以及政策风险和公司控制权风险等，确保资金安全和有效运行。

（4）提高筹资活动的效益性。合理组织和开展资金筹集工作，降低筹资成本，提高筹资效益，并及时关注所筹资金的使用情况。

5.1.2　筹资业务潜在风险

（1）筹资活动违反国家有关法律制度的规定，受到政府有关部门的处罚，造成企业的经济损失和信誉损失。

（2）筹资活动未按规定程序审批或超越权限审批，造成资金筹集工作混乱、漏洞增多，导致企业资金被挪用、侵占、抽逃或遭受欺诈。

（3）筹资决策不科学，筹资方式不合理，造成企业筹资成本过大，资本结构不良，偿债能力不足，甚至发生无效融资，引发企业债务危机。

（4）所筹资金调度不当，周转速度缓慢，营运效率低下，冗余现象严重，致使企业陷入财务困境。

（5）筹资记录错误或会计处理不当，造成债务和筹资成本等会计信息失真。

5.1.3　筹资业务控制基本要求

对筹资业务实施内部控制，应当根据企业的筹资战略，结合年度全面预算指标，拟订筹资方案，明确规定筹资的目的、用途、规模、结构和方式等，对筹资成本和潜在风险做出充分合理的估计并提出应对措施。基本要求如下：

（一）不相容岗位完全分离

企业应当明确规定有关部门和岗位的职责权限和工作要求，确保筹资业务的不相容岗位完全分离，以便相互制约和监督。筹资业务的不相容岗位至少包括：

（1）筹资方案的拟订与决策。

（2）筹资合同或协议的审批与订立。

（3）与筹资有关的各种款项偿付的审批与执行。

（4）筹资业务的执行与相关会计记录。

（二）配备合格的业务人员

办理筹资业务的人员必须具备扎实的筹资业务专业知识和良好的职业道德，熟悉国家的有关法律法规、相关的国际惯例以及基本的金融业务。

（三）严格授权批准制度

企业应当明确授权批准的方式、程序和相关控制措施，规定审批人的权限、责任以及经办人的职责范围和工作要求。

（四）科学设计业务流程

企业应当明确筹资决策、执行、偿付等环节的控制要求与工作流程，确保筹资方案的拟订与审批、筹资合同协议的审核与签订、资金的收取与使用、还本付息的审批与办理等活动得到有效控制。

（五）完善书面记录制度

企业应当设置相应的记录凭证，如实记载筹资业务各个环节的相关情况。严格按照国家统一会计准则规定进行会计确认、计量和报告，并妥善保管有关的合同协议、收款凭证、支付凭证等档案资料。需要调用档案资料时，应当按照规定程序和手续办理。

5.1.4 筹资业务控制具体要求

（一）筹资决策控制

（1）合理设计筹资方案。筹资方案应当符合国家有关法律法规、政策和企业筹资预算要求，明确资金筹集的规模、用途、结构和方式，并对筹资时机、预计筹资成本、潜在风险及应对措施、偿债计划等做出周密安排和详细说明。

财务部门应当在充分考虑企业经营范围、投资项目未来效益、目标债务结构、可接受的资金成本水平和偿付能力的基础上，拟定若干筹资方案，以便决策部门综合比较，择优选择。

（2）科学论证筹资方案。筹资方案必须经过相关部门论证，重大筹资方案最好聘请具有相应资质的专业机构进行可行性评价，并提供全面反映评估人员意见、由所有评估人员签章的评估报告。企业不得根据未经论证的方案开展筹资活动。筹资方案如果发生重大变更，必须重新进行可行性研究和评价。

（3）严格审批筹资方案。要重点关注筹资用途的可行性和相应的偿债能力，重大筹资方案必须实行集体决策或联签制度，并完整记录审批过程。筹资方案如果发生重大变更，必须重新履行审批手续。

（4）完善责任追究制度。要明确相关部门特别是决策人员的责任，定期不定期地开展检查工作，严肃追究渎职人员的相关责任。

（二）筹资执行控制

（1）加强筹资合同管理。企业应当根据获批的筹资方案，按照规定程序与有关单位订立筹资合同或协议。相关部门或人员应当对筹资合同或协议的合法性、合理性、完整性认真进行审核，审核情况和意见应当保留完整的书面记录。重大筹资合同或协议的订立，应当征询法律顾问或专家的意见。如果筹资合同或协议需要变更，应当按照规定程序进行。

（2）按照筹资方案筹集资金。采取银行借款方式筹资时，应当与有关金融机构就借款规模、利率、期限、担保、还款安排、各自的权利义务和违约责任等内容达成一致意见，并签订借款合同作为办理借款业务的依据。采取发行债券和股票方式筹资时，应当选择资质合格和资信良好的证券经营机构，按照有关的法律法规和监管要求，与其签订正式的承销、包销合同或协议，详细规定债券和股票发行的有关事宜。

（3）及时足额取得相关资产。企业应当按照筹资合同或协议的约定及时足额取得相关资产。对于取得的货币性资产，应当按照实有数额及时入账；对于取得的非货币性资产，应当根据双方商定的价格及时进行会计记录，并办理财产转移手续。

资产如果需要评估，应当聘请具备资质的中介机构进行评估。

（4）按规定用途使用资金。企业应当严格按照筹资方案确定的用途使用所筹集的资金，严禁擅自改变资金用途。如果市场环境发生重大变化确需改变资金用途，必须履行审批程序，并对审批过程进行完整的书面记录。

（5）加强筹资费用管理。企业应当密切关注筹资过程中发生的各种费用，加强费用的计算和核对工作，确保筹资费用符合筹资合同或协议的有关规定。

（6）及时披露筹资信息。企业应当按照国家有关法规要求和会计准则规定，及时披露应当披露的筹资业务信息。

（三）筹资偿付控制

（1）指定专门机构负责。筹资偿付应当由企业财务部门负责办理。财务部门应当严格按照筹资合同或协议规定的本金、利率、期限及币种计算利息或租金，并经有关人员审核确认后，与债权人进行核对。如有不符，应查明原因，按规定及时处理。

（2）合理控制现金流量。企业应当结合自己的偿债能力、资金结构等，保持合理的现金流量，确保及时、足额地偿还到期的本金、利息或已宣告发放的现金股利等，严防偿付能力不足而陷入财务困境。

（3）严格履行审批手续。企业支付筹资利息、股息、租金等，必须履行审批手续，经授权人员批准后方可支付。如果发现已审批拟偿付的各种款项的支付方式、金额或币种等与有关合同或协议不相符，应当拒绝支付并及时向有关部门报告。有关部门接到报告后应当及时查明原因，做出处理。对于通过银行等金融机构举债的利息，可以按照双方在合同、协议中约定的方式办理支付。如果委托代理机构对外支付债券利息，应当清点、核对代理机构的利息支付清单，并及时取得有关凭据。

（4）加强股利分配管理。企业应当合理选择股利（利润）分配政策，避免分配过度或不足的现象。股利（利润）分配方案应当符合企业章程或有关规定。如果委托代理机构支付股利（利润），应当清点、核对代理机构的股利（利润）支付清单，并及时取得有关凭据。

（5）合理确定非货币资产价值。企业以非货币资产偿付本金、利息、租金或支付股利（利润）时，应当由相关机构或人员合理确定非货币资产的价值，并报有关部门批准。必要时，可以委托具有相应资质的中介机构进行评估。

需要指出，企业的总会计师或分管财会工作的领导、财会机构负责人必须全程参与筹资决策、筹资执行和筹资偿付的管理工作，有效控制筹资业务的每一个环节。有条件的企业集团，应当积极探索和推行财务公司、资金结算中心等资金集中管控模式。

5.1.5　筹资业务内部控制流程

根据筹资业务的具体内容和运行方式的不同，企业筹资业务的内部控制流程大致可以分为六个环节：

（1）筹资方案的拟订与审批控制。

（2）筹资合同（协议）的签订控制。

（3）筹资业务的公告及信息披露控制。

（4）所筹资金的取得与使用控制。

（5）利息与本金的偿付控制。

（6）筹资业务的会计核算。

为了明确筹资业务的内部控制流程，实际工作中，企业可以针对各个环节绘制“内部控制流程图”和“内部控制流程表”，为业务经办部门和人员提供直观明了的执行标准。下面以筹资方案的拟订与审批控制为例，分别提供“内部控制流程图”（如图5-1所示）和“内部控制流程表”（见表5-1）。

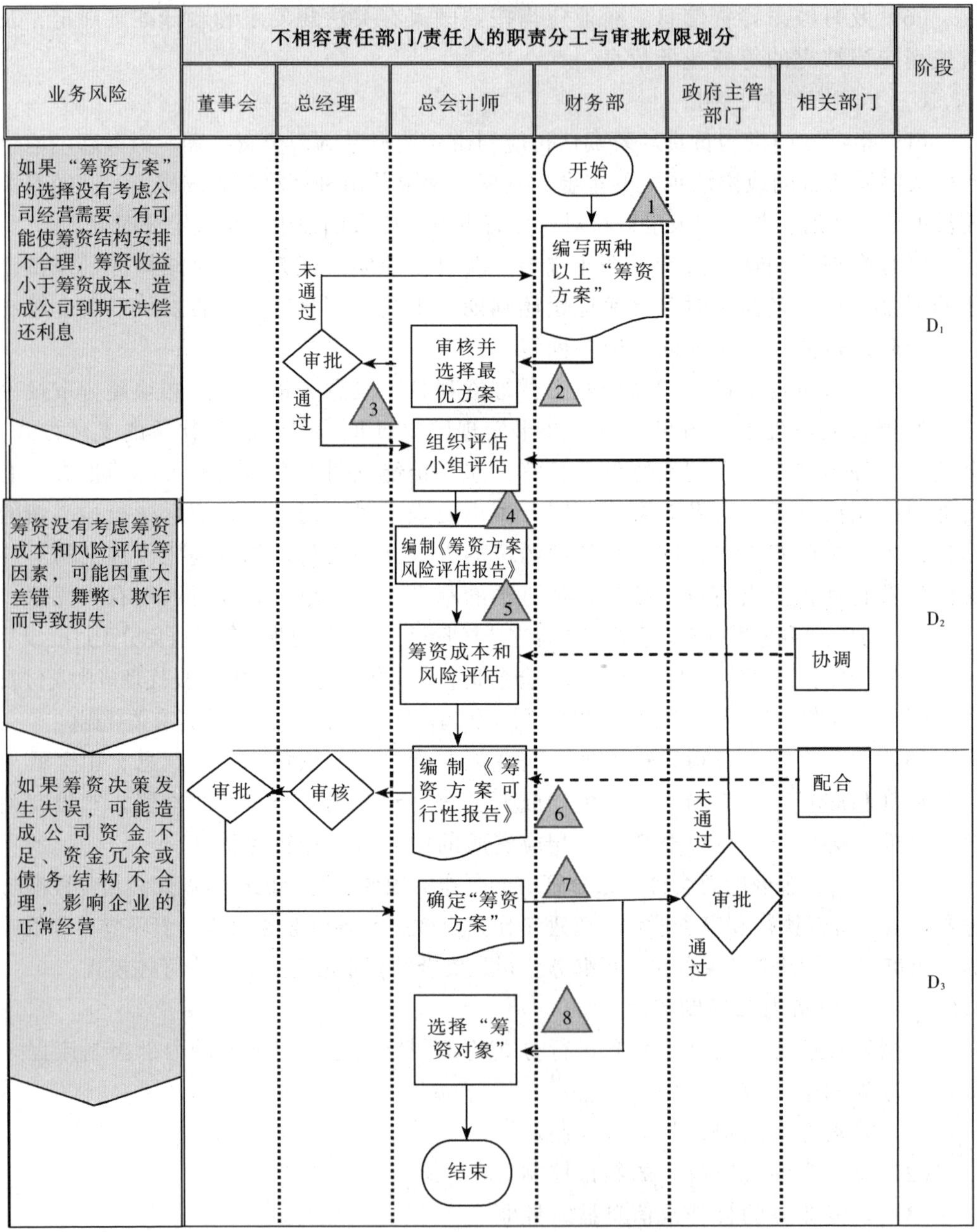

图5-1　筹资方案拟订与审批内部控制流程图

表5-1　**筹资方案拟订与审批内部控制流程表**

控制事项		详细描述及说明
阶段控制	D_1	1.财务部筹资人员编写两种以上的“筹资方案”，并上报总会计师审核 2.总会计师审核并选择最优方案，将选出的最优方案上报总经理审批。如果无法从中选出最优方案，则将“筹资方案”返回财务部并提出修改建议，由筹资人员重新编写 3.“筹资方案”经总经理审批后，由总会计师组织相关部门成立评估小组，对“筹资方案”进行评估
	D_2	4.评估小组综合考虑筹资成本和筹资风险等因素，编制《筹资方案风险评估报告》，并进行初步分析 5.评估小组对《筹资方案风险评估报告》中的筹资成本和风险进行详细评估，相关部门予以协调
	D_3	6.总会计师根据评估结果编制《筹资方案可行性报告》，并报总经理审核、董事会审批，相关部门予以配合 7.《筹资方案可行性报告》得到董事会审批后，总会计师确定最终的筹资方案，并报政府主管部门进行审批 8.财务部长根据通过的“筹资方案”着手准备下一步筹资工作
相关规范	应建规范	《筹资管理制度》 《筹资方案制订办法》
	参照规范	《企业会计准则——基本准则》 《企业内部控制应用指引》
文件资料		“筹资方案”《筹资方案风险评估报告》 《筹资方案可行性报告》
责任部门及责任人		董事会、财务部、相关部门、政府主管部门 总经理、总会计师、财务部长

● 5.2　货币资金业务控制活动

5.2.1　货币资金业务控制目标

货币资金业务的控制主要是对企业的现金、银行存款和其他货币资金的取得、使用、保管、清理等一系列活动进行的监控。由于货币资金具有携带方便、流动快捷、变现容易等特点，极易发生错误和舞弊，因此是内部控制必须特别关注的业务。其内部控制目标是：

（1）防止和纠正货币资金收付业务办理过程中的各种错误和舞弊，确保货币资金的安全完整。

（2）合理调度和及时收付货币资金，统筹协调内部机构的货币资金需求，保证资金的合理占用和良性循环，提高货币资金的使用效果。

（3）建立风险预警机制，防范货币资金收付业务中的各种风险，避免或减少风险损失。

5.2.2 货币资金业务潜在风险

(1) 货币资金管理违反国家有关法律法规和统一会计准则的规定，银行账户开立不合法，授权审批不合理，资金使用不规范，核对和清理不及时，导致重大差错和舞弊等现象发生，给企业造成经济损失。

(2) 货币资金收支记录不准确、不完整，造成账实不符或财务报表信息失真，导致信息使用者决策失误，影响企业声誉。

(3) 货币资金业务票据发生遗失、变造、伪造和被盗用等现象，有关印章被非法使用，导致企业发生经济和信用损失，甚至需承担法律责任。

5.2.3 货币资金业务控制基本要求

总体上讲，企业应当建立健全货币资金管理制度，全面梳理货币资金业务流程，明确规定货币资金管理机构和人员的职责权限和授权审批程序，统筹协调内部机构在生产经营过程中的货币资金需求，切实做好货币资金在采购、生产、销售等各个环节的综合平衡。并按照国家有关法律法规和统一会计准则要求确认、计量和报告货币资金营运情况，确保货币资金的合理占用、及时收付、安全保管和良性循环，全面提升货币资金营运效率。基本要求：

(一) 不相容岗位完全分离

企业应当明确规定货币资金业务办理部门和岗位的职责权限，确保不相容岗位完全分离，以便相互制约和监督。特别是出纳人员不得兼任稽核，会计档案保管和收入、支出、费用、债权债务账目的登记工作。货币资金业务的不相容岗位至少应当包括：

(1) 货币资金收付的审批与执行。

(2) 货币资金的保管、记录与盘点清查。

(3) 货币资金的会计记录与审计监督。

(二) 配备合格人员并定期轮换岗位

企业应当配备思想素质过硬、职业道德水平高、业务能力强的人员办理货币资金收支业务，并结合企业的具体情况，对办理货币资金业务的人员定期进行岗位轮换。对于重要岗位的人员，应当实行强制休假制度，并在最长不超过五年的时间内调换工作岗位。

(三) 完善货币资金授权审批制度

企业应当健全货币资金业务的授权审批制度，要求相关人员按照规定的权限和以下程序办理业务。

(1) 提出申请。企业有关部门或个人用款时，应当提前向获得授权的审批人提交资金支付申请，注明款项的用途、金额、预算、限额、支付方式等内容，并附有必要的经济合同或协议、原始单据或相关证明。

(2) 审核批准。审批人应当根据其职责、权限和相应程序对资金支付申请进行严格审批。凡不符合有关规定的支付申请，审批人应当拒绝批准。发现性质复杂或金额重大的情况，应当及时报告有关部门。

（3）复查核对。复核人应当对批准后的资金支付申请认真复查核对，复核资金支付申请的批准权限、范围、程序是否正确，手续及相关单证是否齐备，金额计算是否准确，支付方式、支付对象是否妥当等。复核无误后，交给出纳人员办理支付手续。

（4）办理支付。出纳人员应当根据复核无误的资金支付申请办理货币资金支付手续，并及时登记现金和银行存款日记账。

需要指出的是，凡是没有获得授权的部门或人员，严禁办理货币资金业务或直接接触货币资金。

5.2.4　货币资金业务控制具体要求

（一）货币资金预算控制

（1）严格执行预算要求。企业应当充分发挥全面预算管理在货币资金综合平衡中的作用，合理安排、统一协调资金使用，严禁资金体外循环，有效防范货币资金运行中的风险。

（2）加强预算执行情况检查。企业应当定期组织召开资金调度会或资金安全检查工作会议，对资金预算执行情况进行综合分析，发现异常情况，及时采取措施妥善处理，避免资金冗余或资金链断裂现象。

（3）根据具体情况调整预算。企业在预算执行过程中发生特殊情况时，应当对预算进行调整，以保证预算的合理性。如果出现临时性资金短缺，可以通过短期融资等方式获取资金。如果出现短期闲置资金，在保证安全性和流动性的前提下，可以通过购买国债等方式提高资金使用效果。

（二）现金和银行存款的控制

（1）明确现金开支范围，加强库存限额管理。企业应当根据《现金管理暂行条例》的规定，结合自身情况，确定本企业的现金开支范围和现金库存限额。对于不属于现金开支范围或超过现金支付限额标准的业务，应当通过银行办理转账结算。对于超过库存限额的现金，应当及时存入开户银行。

（2）实行收支两条线和集中收付制度，做到：

①收取的货币资金及时入账，不得账外设账，设立“小金库”。

②现金收入及时存入银行，不得坐支现金。

③外借款项必须执行严格的审核批准程序，严禁擅自借出、挪用货币资金。

④创造条件，实行集中收付，加强货币资金的集中统一管理。

（3）严格遵守银行结算纪律，加强银行账户管理，做到：

①按照国家有关规定，开立银行账户，办理存款、取款和结算手续。银行账户的开立应当符合企业经营管理实际需要，不得随意开立多个账户，禁止企业内设管理部门自行开立银行账户。

②定期检查银行账户的开立及使用情况，发现未经审批擅自开立银行账户或者不按规定及时清理、撤销银行账户等问题，应当及时加以处理并追究有关人员的

责任。

③加强银行结算凭证的填制、传递及保管等环节的管理与控制。

④不得签发没有资金保证的票据或远期支票，套取银行信用。

⑤不得签发、取得和转让没有真实交易和债权债务的票据。

⑥不得无理由拒绝付款，任意占用他人资金。

⑦指定专人定期核对银行账户，至少做到每月核对一次，并编制银行存款余额调节表。

⑧出纳人员不得从事银行对账单的获取、银行存款余额调节表的编制等工作。确需出纳人员办理时，应指定其他人员定期进行审核，加强监督。

⑨银行存款账面余额与银行对账单余额通过调节仍然不相符时，应当查找原因，明确责任，及时处理。

（4）规范网上交易、电子支付等方式。企业采用网上交易、电子支付等方式办理货币资金支付业务时，应当与承办银行签订网上银行操作协议，明确双方在资金安全方面的责任与义务、交易范围等。操作人员应当根据操作授权和密码进行规范操作，绝不能因为支付方式的改变而随意简化、变更货币资金支付所必需的授权批准程序。除严格实行网上交易、电子支付操作人员不相容岗位相互分离控制外，还应当配备专人加强对交易和支付行为的审核。

（5）加强现金盘点。企业应当定期不定期地对现金进行盘点，确保现金账面余额与实际库存相符。发现不符情况时，应当及时查明原因，做出处理。

（6）加强会计系统控制。企业应当严格按照国家统一会计准则的规定对现金、银行存款和其他货币资金进行确认、计量、记录和报告，确保货币资金会计核算的真实、准确、完整和及时。

（三）票据及有关印章的控制

（1）加强票据管理，做到：

①明确与资金相关的各种票据的购买、保管、领用、背书转让、注销等环节的职责权限和处理程序。

②随时掌握银行存款实际数，不得开具超过银行存款实际数的空白支票。

③各种票据严格按照编号顺序使用，不得跳号开具票据。

④因填写、开具失误或者其他原因导致法定票据作废时，应当按照规定妥善保存，不得随意处置或销毁。

⑤对超过法定保管期限可以销毁的票据，在履行审批手续后予以销毁，但必须建立销毁清册并由授权人员监销。

⑥设置专门的登记簿对票据转交等情况进行登记，防止空白票据的遗失和盗用。对收取的重要票据应当留有复印件并妥善保管。

（2）加强印鉴管理。企业应当加强银行预留印鉴的管理，财务专用章应当由专人保管，个人名章应当由本人或其授权人员保管，严禁将办理货币资金收付业务的全部印章和票据集于一人之手。按规定需要由有关负责人签字或盖章的货币资金业务与事项，必须严格履行签字或盖章手续，用章必须履行相关的审批手续并进行登记。

5.2.5 货币资金业务内部控制流程

根据货币资金业务的内容和运行环节的不同，企业货币资金业务的内部控制流程大致可以分为八个环节：

（1）货币资金收支预算控制。

（2）银行账户开设与注销控制。

（3）收款控制。

（4）付款控制。

（5）票据购置、保管与使用控制。

（6）库存现金控制。

（7）借款及备用金控制。

（8）印鉴控制。

为了明确各个环节的内部控制流程，实际工作中，企业可以针对各个环节绘制“内部控制流程图”和“内部控制流程表”，为业务经办部门和人员提供直观明了的执行标准。下面以工作人员出差报销费用（付款控制）为例，分别提供“内部控制流程图”（如图5-2所示）和“内部控制流程表”（见表5-2）。

表5-2 **工作人员差旅费报销内部控制流程表**

控制事项		详细描述及说明
阶段控制	D_1	1.出差人员填制“差旅费报销单”，注明出差事由、往返地点、所支费用细目、附件张数等，并与相关的各种原始凭证（附件）整理在一起，上报本人所在部门领导审核 2.出差人员将部门领导审核签字后的“差旅费报销单”提交财务部门
	D_2	3.财务部门主管人员对“差旅费报销单”进行复核，将不符合财务制度规定的报销凭证及开支项目剔除，确定符合规定的报销内容 4.主管人员请求财务部门负责人审批，必要时报经总经理或总会计师审批 5.会计人员根据领导批准的“差旅费报销单”进行账务处理，并通知出纳付款 6.出纳人员根据会计付款凭证上列示的报销数额支付出差人员款项
相关规范	应建规范	《工作人员出差管理办法》 《差旅费报销管理制度》
	参照规范	《企业内部控制应用指引》
文件资料		“旅差费报销单”、相关原始凭证、记账凭证
责任部门及责任人		财务部、相关部门、 财务部长、会计主管、出纳、出差人员

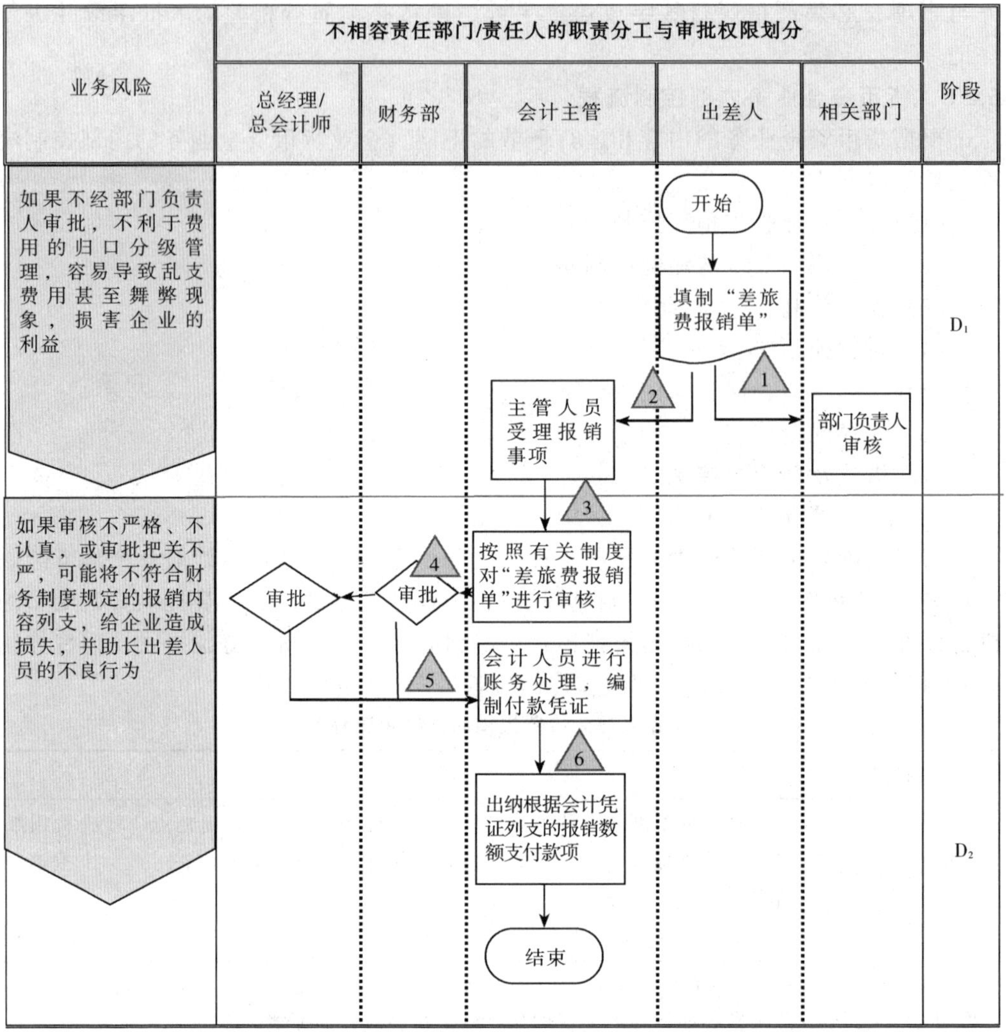

图 5-2　工作人员差旅费报销内部控制流程图

5.3　采购业务控制活动

5.3.1　采购业务控制目标

采购业务的控制主要是对企业购买物资、接受劳务以及支付款项等一系列活动进行的监控。其内部控制目标是：

（1）科学制订物资采购计划，实现企业采购目的。

（2）建立健全集体决策机制，严格授权审批程序。

（3）全面规范企业采购行为，防范物资采购风险。

（4）保质保量完成采购计划，满足生产经营需要。

5.3.2　采购业务潜在风险

（1）采购计划不合理，对市场变化趋势的预测不准确，请购依据不充分，引发盲目采购行为，造成库存短缺或超储积压，进而导致企业生产停工待料或资源浪费。

（2）授权审批不规范，采购部门权力过度集中，未形成由计划、采购、财务、生产、运输、质量监管等职能部门共同参与的集体决策采购机制，进而引发滥用职权、徇私舞弊等现象。

（3）采购方式不合理，招投标制度不完善，定价机制不科学，供应商选择不恰当，导致采购物资质次价高，甚至遭受供应商的欺诈。

（4）物资验收不规范，导致入库物资账实不符；付款方式不恰当，审核不严格，造成采购资金损失。

（5）采购行为违反国家有关法律法规，遭受监管部门处罚，甚至承担法律责任，造成企业的经济损失和声誉损失。

5.3.3　采购业务控制基本要求

总体上讲，企业应当建立健全采购业务管理制度，全面梳理采购业务流程，统筹安排采购计划，科学设置采购机构和配备采购人员，明确请购、审批、购买、运输、验收、付款、评估等环节的职责和审批权限，严格按照规定程序办理采购业务。并按照国家统一会计准则要求确认、计量和报告采购活动，确保物资采购的合法性和合理性。基本要求包括：

（一）不相容岗位完全分离

企业应当明确采购业务相关部门和岗位的职责权限，确保办理采购业务的不相容岗位完全分离，以便相互制约和监督。采购业务的不相容岗位至少包括：

（1）请购与审批。

（2）供应商的选择与审批。

（3）采购合同或协议的拟定、审核与审批。

（4）采购、验收与相关记录。

（5）付款的申请、审批与执行。

（二）完善授权审批制度

企业应当建立规范的采购业务授权制度和审核批准制度，要求有关人员按照规定权限和程序办理采购业务。有条件的企业，应当尽量集中采购权限，以便提高采购效率，堵塞管理漏洞，降低采购成本和费用。

（三）实行岗位轮换

企业应当根据具体情况，定期不定期地对办理采购业务的人员进行岗位轮换。特别是对重要或大宗物资的采购岗位，必须实行定期轮换制度。以便防范采购人员利用职权和工作便利与供应商在业务往来中形成默契，搞商业贿赂，谋取私利，损害企业的利益。

（四）建立采购登记制度

企业应当按照请购、审批、采购、运输、验收、付款等规定的程序办理采购业务，对相关环节的情况进行记录，填制相应的凭证，形成完整的采购登记制度。并加强请购手续、采购订单、采购合同协议、验收证明、入库凭证、采购发票等文档的相互核对工作。

5.3.4 采购业务控制具体要求

（一）请购与审批控制

（1）建立采购申请制度。企业应当依据购买物资或接受劳务的类型，授予归口管理部门请购权，明确相关部门或人员的职责权限及相应的请购和审批程序。请购要求应当与企业生产经营计划相适应，除具备必要性和经济性外，还要明确列示采购物资的类别、质量等级、规格、数量、相关要求和标准、到货时间等。专门设置请购部门的，应当由请购部门对需求部门提出的申请进行审核后再行办理请购手续。

（2）加强采购预算管理。企业应当根据仓储计划、资金筹措计划、生产计划、销售计划等制订采购计划，对物资采购实行预算管理。

（3）严格请购审批制度。企业应当根据预算或采购计划办理采购手续。对于预算内采购项目，要求请购部门严格按照预算执行进度办理请购手续；对于超预算和预算外采购项目，必须由审批人根据其职责、权限以及企业实际需要进行审批，以防盲目采购和舞弊行为。

（4）建立集体决策机制。企业应当根据生产和基建需求、市场状况、行业特征等因素确定采购时点、采购批量，并由计划、采购、财务、生产、运输、质量监管等职能部门和物资使用部门共同参与，形成采购决策。对特别重要和技术性较强的采购业务，还应当组织相关专家进行论证，力求避免决策失误。

（二）采购与验收控制

（1）建立供应商评估和准入制度。企业应当建立供应商管理信息系统，由请购、采购、生产、财务、仓储等相关部门共同对供应商的资质、经营状况、信用等级，特别是提供物资或劳务的质量、价格、交货及时性、供货条件、售后服务等进行实时管理和综合评价，根据评价结果选择和调整供应商，并与选定的供应商签订质量保证协议。必要时，还可以委托具有相应资质的中介机构对供应商进行资信调查。

（2）合理选择采购方式。企业应当根据商品或劳务的性质及供应情况确定采购方式。大宗物资或劳务的采购必须采用招投标方式并签订合同协议；一般物资或劳务的采购可以采用询价或定向采购的方式并签订合同协议；小额零星物资或劳务的采购则可以采用直接购买方式，但必须对紧急、小额零星采购的范围和供应商的选择做出明确规定，确保采购过程的透明度。

（3）完善采购物资定价机制。企业应当采取协议采购、招标采购、谈判采购、询比价采购等多种方式合理确定采购价格，最大限度地减小市场变化对企业采购价格的影响。大宗商品或劳务采购应当采用招投标方式确定采购价格，并明确招投标的范围、标准、实施程序和评标规则。其他商品或劳务的采购，应当根据市场行情制定最高采购限价，不得以高于采购限价的价格采购。

考虑到市场供求关系的变化，企业应当根据市场行情适时调整最高采购限价。对低于最高采购限价完成采购任务的可用适当方式予以奖励。对小额零星采购的价格应当由授权部门事先进行审核。对单价高、数量多的物资采购，应当制定严格的比质比价采购制度。如果委托中介机构进行招投标，应当加强对中介机构的监督。

（4）及时签订采购合同。企业应当根据选定的供应商、采购方式、采购价格等拟定采购合同，准确描述合同条款，明确双方的权利、义务和违约责任。对采购合同中确定的主要条款应当实行跟踪管理，如果发现可能影响生产或工程进度的异常情况，应出具书面报告并及时提出解决方案。

（5）加强物资验收管理。企业应当设置专门的验收机构或验收人员，根据规定的验收制度和经批准的订单、合同协议等采购文件，对采购项目的品种、规格、数量、质量等相关内容进行严格验收，并出具验收证明。涉及大宗和新、特物资采购的，还应进行专门的技术测试。验收过程中如果发现异常情况，负责验收的部门或人员应当及时向企业相关部门报告，相关部门接到报告后，应当查明原因并提出处理意见。

（6）做好会计记录工作。企业应当建立采购与验收环节全过程登记制度，并实行信息化管理，确保采购过程的可追溯性。会计记录要与采购记录、仓储记录定期核对，保持一致。

（7）加强物资运输管理。为了保证采购物资的运输安全，应当根据生产建设进度和采购物资的特点，合理选择运输工具和运输方式，必要时办理运输投保事宜。

（8）健全退货管理制度。采购合同中应当明确规定退货事宜，与供应商就退货条件、退货手续、货物返回、货款回收等达成一致意见，尽量避免发生纠纷，确保退货货款及时收回。如果涉及符合索赔条件的退货，应在索赔期限内办妥索赔手续。

此外，为了提高采购业务效率，降低采购成本，堵塞管理漏洞，在符合上述要求的情况下，企业应当尽量集中采购业务，避免多头采购或分散采购。

（三）付款控制

（1）完善付款流程。企业采购部门在办理付款业务时，应当对采购合同协议约定的付款条件以及采购发票、结算凭证、检验报告、计量报告和验收证明等相关凭证的合法性、合规性、真实性以及完整性进行严格审核而后提交付款申请。财务部门依据合同协议、发票等对付款申请进行复核后，提交企业有关机构或人员进行审批，办理付款。

对于不符合合同规定的款项，财务部门应当拒绝支付。在审核中如果发现虚假票据，应当及时查明原因并提出处理意见。

（2）合理选择付款方式。为了避免资金损失和信用受损，企业应当合理选择付款方式，严防付款方式不当带来经济损失。

（3）加强预付账款和定金管理。企业应当建立预付账款和定金的授权批准制度。对大额或长期的预付款项应当加强监控，定期进行追踪核查。对预付账款的期限、占用款项的合理性、形成坏账的可能性等进行综合判断，发现可疑情况时及时采取解决措施，尽量降低预付账款发生风险损失的可能性。

（4）加强应付账款和应付票据管理。企业应当指定专人按照约定的付款日期、折扣条件等管理和核算应付款项，并定期与供应商核对应付账款、应付票据等往来款项。如有不符，应当查明原因，及时处理。

5.3.5 采购业务内部控制流程

根据物资采购业务的内容和运行环节不同，企业采购业务的内部控制流程大致可以分为八个环节：

（1）物资采购预算编制控制。

（2）供应商评估与准入控制。

（3）物资请购与审批控制。

（4）询价（招标）与供应商确认控制。

（5）合同订立与审核控制。

（6）物资采购与验收控制。

（7）付款审批与支付控制。

（8）应付账款控制。

为了明确各个环节的内部控制流程，实际工作中，企业可以针对各个环节绘制“内部控制流程图”和“内部控制流程表”，为业务经办部门和人员提供直观明了的执行标准。下面以请购与审批环节控制为例，分别提供“内部控制流程图”（如图5-3所示）和“内部控制流程表”（见表5-3）。

表5-3 **物资请购与审批内部控制流程表**

控制事项		详细描述及说明
阶段控制	D_1	1.生产部和仓储部等物资需求部门根据相关规定及实际需求情况提出物资采购申请 2.请购人员根据库存量核定标准、用料预算及库存情况填写“采购申请单”，说明请购物资的名称、规格与型号、数量、需求日期、质量要求以及预算金额等内容
	D_2	3.供应部门核查采购物资的库存情况，检查该项请购是否在执行后又被重复提出，以及是否存在不合理的请购品种和数量等情况 4.如果采购专员认为采购申请合理，则根据所掌握的市场价格，在“采购申请单”上填写采购金额后呈交相关领导审批
	D_3	5.如果采购事项在申请范围之外，应由采购部经理、总会计师逐级审核，最终由总经理审批。如果采购事项在申请范围之内，但实际采购金额超出预算，经过采购部经理审核后，总会计师和总经理根据审批权限进行采购审批。在采购预算之内的，采购部按照预算执行进度办理请购手续 6.采购员按照审批后的“采购申请单”进行采购
相关规范	应建规范	《物资采购管理制度》 《物资请购与审批制度》
	参照规范	《企业内部控制应用指引》
文件资料		“采购申请单”
责任部门及责任人		采购部、生产部、仓储部 总经理、总会计师、采购部经理、采购专员、相关部门负责人

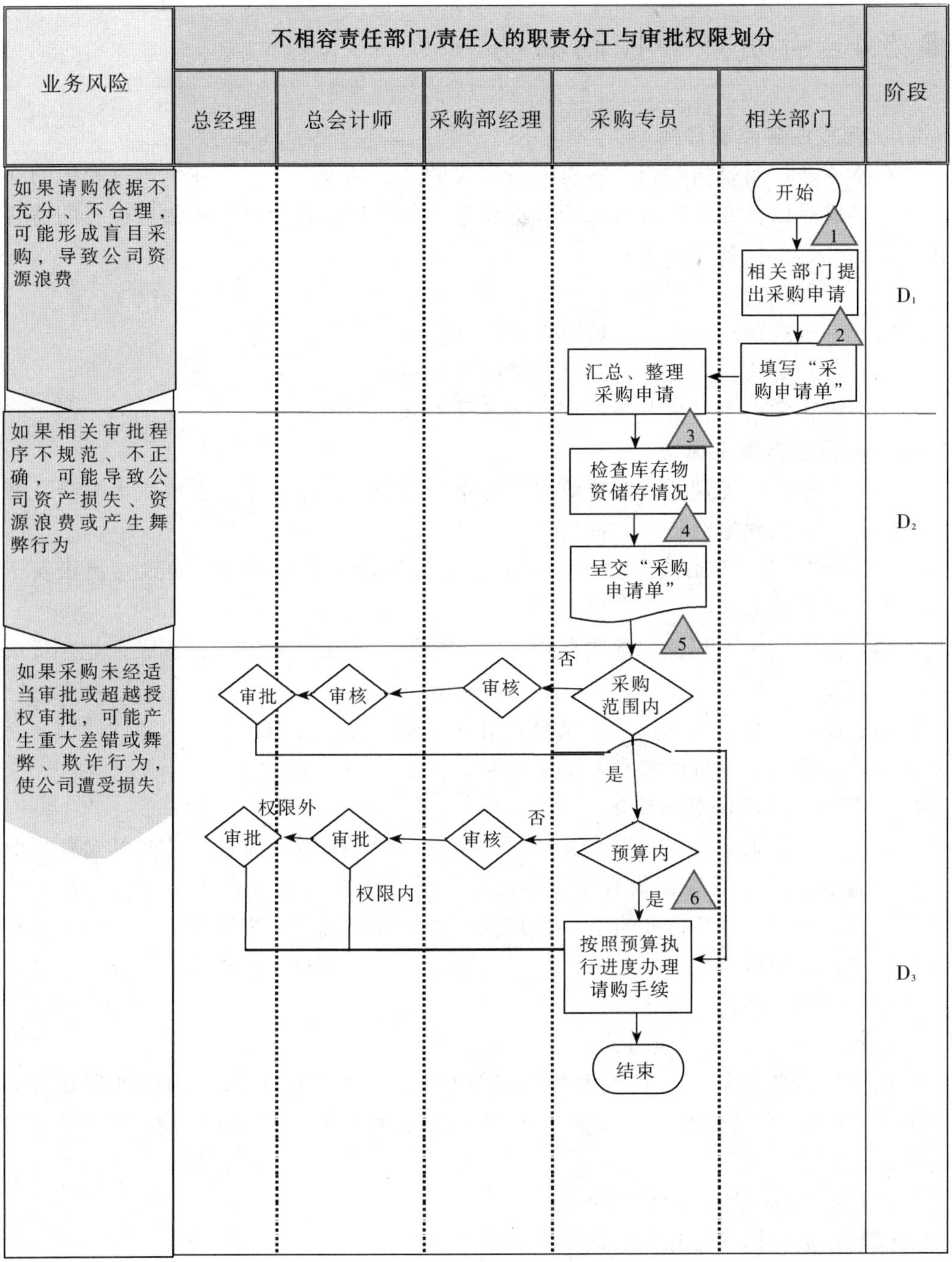

图 5-3　物资请购与审批内部控制流程图

5.4 存货业务控制活动

5.4.1 存货业务控制目标

存货业务控制是指对企业持有以备出售的产成品或商品、处在生产过程中的在产品、半成品以及在生产过程或劳务提供过程中耗用的各种材料和物料进行的监督和控制。其内部控制目标是：

（1）完善存货收发程序，保证存货安全完整。

（2）有效控制存货数量，提高存货运营效率。

（3）合理确认存货价值，保证存货账实相符。

（4）防止和纠正存货业务中存在的各种差错和舞弊。

5.4.2 存货业务潜在风险

（1）审批工作不规范，存货收发未经审批或超越权限审批，造成重大差错、舞弊、欺诈而导致发生存货资产损失。

（2）验收工作不细致、数量清点不准确、质量把关不严格，导致存货账实不符，引发资产损失。

（3）保管工作不到位，导致存货毁损、短缺、变质、失盗等，造成企业存货成本增加、资源浪费。

（4）盘点工作不认真，未能及时查清资产盈亏状况并做出相应的会计处理，导致财务信息不准确、资产和利润虚增虚减。

5.4.3 存货业务控制基本要求

总体上讲，企业应当针对自身情况，全面梳理存货业务流程，建立健全存货业务管理制度，科学设置存货管理机构和配备管理人员，明确存货入库、储存、出库、清查、核对等环节的职责和审批权限，严格按照规定的审批权限和程序办理存货业务。并根据国家统一会计准则的规定确认、计量和报告存货活动，确保存货管理的科学性和合理性。基本要求包括：

（一）不相容岗位完全分离

企业应当明确规定存货管理机构以及相关人员的职责权限，确保办理存货业务的不相容岗位完全分离，以便相互制约和监督。存货业务的不相容岗位至少包括：

（1）存货的采购、验收与付款。

（2）存货的保管与相关会计记录。

（3）存货的发出、审批与记录。

（4）存货的保管与清查。

（5）存货的处置、审批与记录。

（二）配备合格的管理人员

办理存货业务的人员应当具备良好的业务知识和职业道德，遵纪守法，客观公正。企业应当定期对存货管理人员进行相关的政策、法律及业务培训，不断提高他们的业务素质和职业道德水平。

（三）严格授权批准制度

企业应当明确规定审批人员对存货业务的授权批准方式、权限、程序、责任和相关控制措施，规定经办人员办理存货业务的职责范围和具体工作要求。审批人应当根据存货授权批准制度在授权范围内进行审批，不得超越权限。经办人应当在职责范围内，按照审批人意见办理存货业务。

除存货管理部门及仓储人员外，其余部门和人员接触存货时，应由相关部门特别授权。对于贵重物品、危险品或需要保密的物品，应当严格限定接触条件。必要时，存货管理部门内部也应当执行授权接触。

（四）改进存货管理手段

企业可以根据业务特点及成本效益原则选用计算机系统和网络技术对存货实施管理和控制，并注意计算机系统的有效性、可靠性和安全性，制定防范意外事项的有效措施。

（五）实行岗位轮换

企业应当根据具体情况，对存货管理人员定期进行岗位轮换。防止保管人员利用职权和工作便利谋取私利，损害企业利益。

5.4.4　存货业务控制具体要求

（一）验收与保管控制

（1）规范存货验收程序。企业应当规范存货验收程序和方法，对入库存货的质量、数量、技术指标等进行严格检验，验收无误后方可入库，保证存货符合储备要求。

外购存货的入库应当经过下列验收程序：

①检查订货合同协议、入库通知单、供货企业提供的材质证明、合格证、运单、提货通知单等原始单据与待检验货物是否相符。

②对拟入库存货的交货期进行核对，确定外购货物的实际交货期与订购单中的交货期是否一致。

③对待验收的货物进行数量复核和质量检验，如果涉及复杂的技术问题，可聘请外部专家协助进行。

④对验收后数量相符、质量合格的货物办理入库手续，对验收不合格的货物，应及时办理退货、换货或索赔手续。

⑤对不经仓储直接投入生产使用的存货，应当采取适当的方法进行检验。

对于拟入库的自制存货，生产部门应组织专人对其进行检验，重点关注产品质量。通过检验合格的半成品、产成品才能办理入库手续，不合格品应及时查明原因、落实责任、报告处理。对于其他方式取得存货的验收，应当重点关注存货来源、质量状况、实际价值是否符合有关合同或协议的约定。对于生产车间发至客户、不办理入库的存货，也应当通过适当的程序和方法进行检验，并履行入库、出库手续。

（2）健全存货保管制度。企业应当根据自身的生产经营特点制订仓储的总体计划，并考虑工厂布局、工艺流程、设备摆放等因素，相应制定人员分工、实物流动、信息传递等具体管理制度。

（3）合理确定存货储量。企业应当根据各种存货采购间隔期和当前库存数量，综合考虑企业生产经营计划、市场供求等因素，充分利用信息系统，合理确定存货采购日期和数量，确保存货处于最佳储量状态。

（4）实行专人专岗负责。仓储部门应当配备专人负责存货的日常保管工作，存货种类繁多而且地点分散时，最好对仓储人员进行分工，并明确各自的岗位责任，严格限制无关人员接触存货。保管人员应当定期检查存货，做到：

①按仓储物资所要求的储存条件贮存，并建立健全防火、防潮、防鼠、防盗和防变质等措施。

②贵重物品、生产用关键备件、精密仪器和危险品的仓储，应当实行严格的审批制度。

③加强生产和施工现场的材料、低值易耗品、半成品等物资的管理控制，防止浪费、被盗和流失。

④需要分设仓库时，应当对不同仓库之间的存货流动办理出入库手续。

⑤对代管、代销、暂存、受托加工的存货，应单独存放和记录，避免与本单位存货混淆。

（5）详细登记仓库台账。存货管理部门应当对入库的存货建立明细账簿，采用先进的存货管理技术和方法，详细登记存货的类别、编号、名称、规格型号、数量、计量单位等内容，并定期与财会部门进行核对，保证账实相符。入库记录不得随意修改，如确需修改入库记录，应当经过有效授权批准。

（6）加强退货入库管理。已售商品发生退货入库时，仓储部门应当根据销售部门填写的产品退货凭证办理入库手续，并严格履行验收手续。对于因产品质量问题发生的退货，应当分清责任，妥善处理；对于劣质产品，可以选择修复、报废等措施。

（7）正确计算采购成本。企业应当按照国家统一的会计准则对入库存货进行确认和初始计量，正确计算存货采购成本。

（8）有效防范风险损失。企业应当强化保险意识，根据实际情况对贵重存货办理保险，以保证存货安全，降低存货风险。

（二）领用与发出控制

（1）完善存货领用制度。企业应当建立严格的存货领用制度，确保存货发出的合理性。当生产部门、基建部门领用材料时，必须持有生产、基建管理部门及其他相关部门核准的领料单。超出存货领料限额的，应当经过特别授权。

（2）规范存货发出流程。发出存货应当经过相关部门批准，大批商品、贵重商品或危险品的发出必须得到特别授权。仓库应当根据审批后的出库单、销售通知单等凭单发出货物，并及时核对有关票据凭证，确保其与存货品名、规格、型号、数量、价格一致。存货发出责任人应当定期将发货记录与财会、销售等部门的记录进行核对，保证相符。

（3）实行永续盘存制度。财会部门应当采用永续盘存制，及时计算出各种存货的结存数，并针对存货种类、存放地点、出入库发生频率等特点，经常性地与仓储部门进行账实核对工作，避免出现已入库存货没有入账或已发出存货没有销账的现象。

（三）盘点与处置控制

（1）妥善制订盘点计划。企业应当结合实际情况制订详细的盘点计划，合理规划盘点范围和周期，科学配置盘点人员，有序摆放盘点物品，适当选择盘点方法和时间。对于特殊存货，可以聘请专家采用特定方法进行盘点。

（2）完整保持盘点记录。企业应当通过编制“盘点表”反映存货的盘点结果，分析盘盈、盘亏原因，落实并追究责任，提出处理意见。并按照规定权限经相关部门批准后，在期末结账前处理完毕。

（3）及时处理不合格存货，减少储备资金占用。仓储部门应当通过盘点、清查、检查等方式全面掌握存货状况，及时发现存货盘盈、盘亏、毁损、闲置以及需要报废等情况，选择正确的方式，经相关部门审批后作出相应处置。

（4）按照统一会计准则规定进行会计处理。企业应当根据存货特点及存货流转管理方式，确定存货计价方法，防止通过人为调节存货计价方法操纵当期损益。计价方法一经确定，未经批准，不得随意变更。财会部门应当与仓储部门一起，结合盘点结果对存货进行库龄分析，确定是否需要计提存货跌价准备。凡需要计提的，应经过相关部门审批后及时进行会计处理。

5.4.5　存货业务内部控制流程

根据存货业务的内容和运行环节不同，企业存货业务的内部控制流程大致可以分为七个环节：

（1）存货验收入库控制。

（2）存货储备过程控制。

（3）存货领用或销售出库控制。

（4）存货的调拨转移控制。

（5）存货盘点控制。

（6）存货处置控制。

（7）存货期末计价控制。

为了明确各个环节的内部控制流程，实际工作中，企业可以针对各个环节绘制“内部控制流程图”和“内部控制流程表”，为业务经办部门和人员提供直观明了的执行标准。下面以存货验收入库控制为例，分别提供“内部控制流程图”（如图5-4所示）和“内部控制流程表”（见表5-4）。

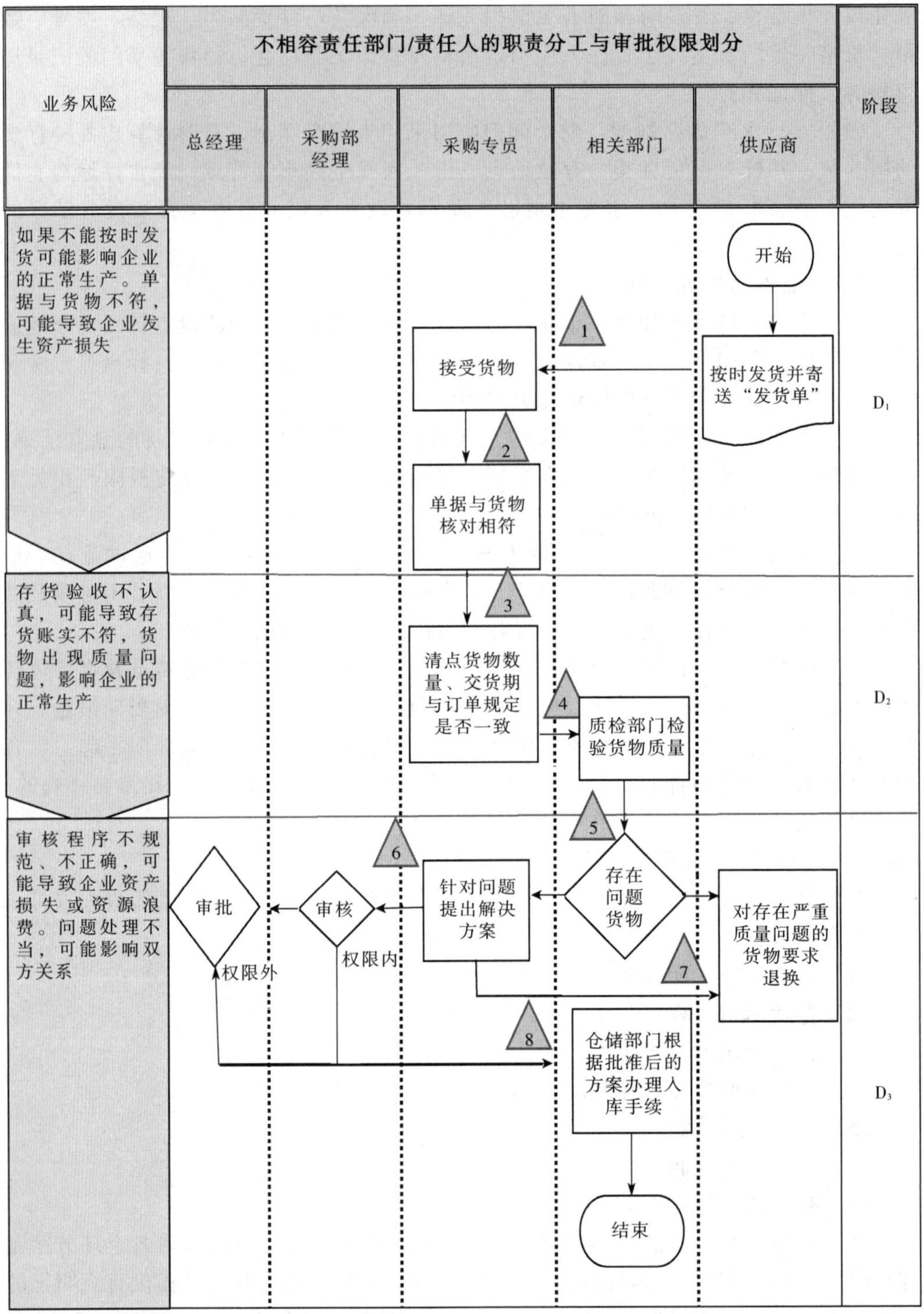

图 5-4　存货验收入库内部控制流程图

表 5-4　**存货验收入库内部控制流程表**

控制事项		详细描述及说明
阶段控制	D_1	1.供应商按照合同约定发货并寄送“发货单”，采购专员接受货物 2.采购专员按照“采购订单”上的内容对供应商提供的货物进行核对，保证二者一致
	D_2	3.采购专员核对完毕后，清点货物数量 4.采购专员确认数量无误后通知质检部进行质量检验，质检部门根据《存货验收管理制度》，对货物质量进行检验
	D_3	5.如果货物存在质量问题，质检部门应当出具《质量检验报告》，提交采购专员处理 6.采购专员根据企业规定及货物的实际情况提出具体解决方案，提交采购部经理和总经理审批 7.采购专员与供应商就具体问题协商后进行退换货处理 8.验收合格的货物直接由仓储部门办理入库手续
相关规范	应建规范	《存货验收管理制度》 《采购退货管理制度》
	参照规范	《企业会计准则第 1 号——存货》 《企业内部控制应用指引》
文件资料		“采购订单” 《质量检验报告》
责任部门及责任人		采购部、质检部、仓储部、供应商 总经理、采购部经理、采购专员、质量检验员

● 5.5　固定资产业务控制活动

5.5.1　固定资产业务控制目标

固定资产业务的内部控制是指对企业通过购入、工程完工交付使用、接受投资或捐赠等方式形成的固定资产的取得、使用、折旧、维修、处置等一系列业务活动进行的监控。其内部控制目标是：

（1）健全固定资产管理制度，保证固定资产安全完整。

（2）有效控制固定资产损耗，提高固定资产使用效率。

（3）合理确认固定资产价值，确保固定资产账实相符。

（4）防止和纠正固定资产业务中的各种差错和舞弊。

（5）妥善处置毁坏、报废、闲置不用、使用效益不佳的固定资产，降低固定资产使用成本，减少非正常固定资产损失。

5.5.2　固定资产业务潜在风险

（1）业务活动违反国家法律法规、未经适当审批或超越授权审批，造成产权不清，如未办理土地出让手续、未取得车辆过户手续等，导致出资风险甚至法律风险，使企业蒙受经济损失和信誉损失。

（2）固定资产购买、建造决策发生失误，造成产能过剩、资金不合理占用、资源浪费、偿债能力和资产盈利水平下降。

（3）固定资产维护不到位、更新改造不及时，导致固定资产使用效能低下、价值贬损、安全事故增多、竞争力下降。

（4）固定资产不按有关规定计提折旧，经常变更折旧方法，滥用会计估计政策，导致固定资产净值、成本、利润等指标失真。

（5）基础管理工作不扎实，导致固定资产账实不符，盘盈、盘亏、毁损现象频发，原因不明，责任不清，减值损失现象严重。

5.5.3 固定资产业务控制基本要求

总体上讲，企业应当健全固定资产管理制度，全面梳理固定资产管理流程，明确规定固定资产管理机构和人员的职责权限和审批程序，及时发现固定资产取得、验收、使用、维护、处置和转移等管理中的薄弱环节，采取有效措施加以改进。并按照国家统一会计准则的要求确认、计量和报告固定资产变动情况，保证固定资产业务活动的合法、合理性。基本要求包括：

（一）不相容岗位完全分离

企业应当明确规定固定资产管理机构和管理岗位的职责权限，确保办理固定资产业务的不相容岗位完全分离，以便相互制约和监督。固定资产业务的不相容岗位至少包括：

（1）固定资产投资预算的编制与审批。

（2）固定资产投资预算的审批与执行。

（3）固定资产采购、验收与款项支付。

（4）固定资产投保的申请与审批。

（5）固定资产处置的审批与执行。

（6）固定资产业务执行与相关会计记录。

（二）配备合格的固定资产管理人员

管理和使用固定资产的人员应当具备良好的业务知识和专业技能，企业应当定期对固定资产管理和使用人员进行相关的业务培训和技能考核，不断提高他们的业务素质。

除固定资产管理和使用部门及人员外，其余部门和人员接触固定资产时，应由相关部门特别授权。对于贵重固定资产，应当严格限定接触条件。

（三）严格授权批准制度

企业应当明确规定审批人员对固定资产业务的授权批准方式、权限、程序、责任和相关控制措施，规定经办人员办理固定资产业务的职责范围和具体工作要求。审批人员应当根据固定资产授权批准制度在授权范围内进行审批，不得超越审批权限。经办人员应当在职责范围内，按照审批意见办理固定资产业务。对于审批人超越授权范围审批的固定资产业务，经办人员有权拒绝办理，并及时向上级部门报告。

（四）规范固定资产业务流程

企业应当明确固定资产投资预算编制、取得与验收、使用与维护、处置等环节的控制要求，并设置相应的记录凭证，如实记载各个环节的业务开展情况，及时传递相关信息，确保固定资产业务全过程得到有效控制。

5.5.4　固定资产业务控制具体要求

（一）固定资产取得与验收控制

（1）建立固定资产预算管理制度。企业应当根据固定资产使用情况、生产经营发展目标等因素拟定固定资产投资项目，通过可行性研究后，编制固定资产投资预算，并按规定程序审批，确保固定资产投资决策科学合理。

对于重大的固定资产投资项目，应当聘请独立的中介机构或专业人士进行可行性研究与评价，并实行集体决策和审批，防止出现决策失误而造成资产闲置和资源浪费现象，最大限度地提高固定资产使用效率。

（2）严格执行固定资产投资预算。对于预算内固定资产投资项目，有关部门应当严格按照预算执行进度办理相关手续；对于超预算或预算外固定资产投资项目，应当由相关责任部门提出申请，经审批后再办理相关手续。

（3）完善固定资产取得与验收程序。企业应当对取得固定资产的质量、数量、技术指标等进行严格检验，保证固定资产符合购置要求。外购固定资产应当建立严格的请购与审批制度，明确请购部门和审批部门的职责权限及相应的请购与审批程序。对于一般固定资产的采购，应由采购部门充分了解和掌握供应商情况，采取比质比价的办法确定供应商；对于重大的固定资产采购，应当采取招投标方式进行。固定资产验收工作应当由固定资产管理部门、使用部门及相关部门共同实施。

外购固定资产应当经过下列验收程序：

①检查订货合同协议、供货企业提供的材质证明、合格证、运单、提货通知单等原始单据与待检验货物是否相符，固定资产实际交货期与订购单中的交货期是否一致。

②对待验货物进行数量复核和质量检验，难度较大的技术指标的检验可聘请外部专家协助进行。

③对验收后数量相符、质量合格的固定资产出具验收单或验收报告，办理交付使用手续；对验收不合格的固定资产，及时办理退货、换货或索赔手续。

④对验收合格的固定资产应当及时办理入库、编号、建卡、调配等手续。对需要办理产权登记手续的固定资产，应当及时到相关部门办理。

企业自建固定资产，应当由制造部门、固定资产管理部门、使用部门共同填制固定资产移交使用验收单，严格把握工程项目概算、预算、招投标、价款支付、竣工决算等环节，重点关注施工质量。通过检验合格的固定资产才能办理交付使用手续，验收不合格的应及时查明原因，落实责任，报告有关部门处理。

对于通过其他方式（如接受投资、接受捐赠、债务重组、企业合并、非货币性资产交换等）取得的固定资产，企业应当重点关注固定资产的来源途径、产权关系、质量状况、实际价值是否符合有关合同或协议的约定等。

（4）正确计算固定资产成本。企业应当按照国家统一会计准则的规定对取得的固定资产进行确认和初始计量，正确计算固定资产的购置成本。

（5）加强固定资产备查记录。对于经营租赁、借用、代管的固定资产，企业应当设立备查登记簿进行记录，避免与本企业财产混淆。应当正确区分融资租赁和经营租赁，并根据风险、报酬转移情况，明确固定资产租赁业务的审批和控制程序。

（二）固定资产使用与维护控制

（1）实行固定资产专人负责制度。企业应当结合固定资产的性质和技术特征，指定专人负责固定资产的日常管理工作，定期对固定资产的技术性能进行检查。对于贵重以及容易损坏的固定资产，应当限制其他无关人员接触，确保固定资产的安全性。

（2）建立固定资产目录制度。企业应当根据国家及行业有关要求和自身经营管理的需要，确定固定资产分类标准和管理要求，建立和实施固定资产目录制度。按照单项资产建立固定资产卡片，详细记录各项固定资产的来源、验收、使用地点、责任单位和责任人、运转、维修、改造、折旧、盘点等相关内容。确保相关信息完整齐备，方便固定资产的有效识别与盘点。

（3）关注固定资产的技术性能。企业应当根据发展战略，充分利用国家有关自主创新政策，加大技改投入，淘汰落后设备，促进固定资产技术升级，确保固定资产技术的先进性。

（4）加强固定资产的维护保养。企业应当严格执行固定资产日常维修和大修理计划，对固定资产进行定期维护保养，切实消除安全隐患，保证固定资产的正常运行，提高固定资产的使用效率。固定资产大修理应当由固定资产使用部门提出申请，按规定程序报批后安排进行。固定资产技术改造应当通过可行性论证和有关部门审批后予以实施。有关部门应当强化关键设备运转的监控，严格操作流程，实行岗前培训和上岗许可制度，确保设备安全运转。

（5）规范提取固定资产折旧。企业应当严格执行国家的固定资产折旧政策，根据固定资产的特点特别是无形损耗情况，合理确定固定资产折旧的计提范围、折旧方法、折旧年限、净残值率等，准确计算损耗价值，真实反映固定资产的新旧程度。折旧方法一经选定，应当保持较长时间的稳定，不得随意变更。因特殊情况确需改变时，应当报经有关部门批准并披露相关信息。

（6）有效防范意外损失。企业应当强化保险意识，根据固定资产的性质确定固定资产投保范围和政策。投保范围和政策应当有效应对固定资产因各种原因发生损失的风险。凡需要投保的固定资产项目应当按照规定程序进行审批，办理投保手续。对于重大固定资产项目的投保，应当采取招投标方式确定保险公司。已投保的固定资产如果发生损失，应当及时办理相关的索赔手续，尽量减少固定资产的意外损失。

（7）严格监控固定资产抵押。企业应当规范固定资产抵押管理，明确固定资产抵押程序和审批权限。凡将固定资产用作抵押的，应由相关部门提出申请，经企业授权部门或人员批准后，由资产管理部门办理抵押手续。对接收的抵押资产，应当编制专门目录，合理评估抵押资产的价值，并加强日常管理。

（三）固定资产处置与转移控制

（1）健全固定资产清查制度。企业应当成立由固定资产管理部门、使用部门和财会部门组成的固定资产盘点小组，每年至少对固定资产进行一次全面清查。对于重要的、容易损坏和丢失的固定资产，应当不定期地进行清查，随时掌握固定资产的变化情况。盘点结果应当及时填写固定资产盘点表，并与账簿记录核对，出现固定资产盘盈、盘亏时，应当编制固定资产盘盈、盘亏表。

对于固定资产的盘盈、盘亏情况，应当由固定资产使用部门和管理部门逐笔查明原因，共同提出处理意见，经企业授权部门或人员批准后由财会部门及时调整有关账簿记录，客观反映固定资产的实际情况，保证账实相符。

（2）关注固定资产的减值迹象。固定资产管理部门和财会部门应当定期对固定资产进行检查、分析。对存在减值迹象的固定资产，应当计算其可收回金额；可收回金额低于账面价值的，应当按照国家统一会计准则规定计提减值准备，确认减值损失。

（3）健全固定资产处置制度。企业应当明确规定固定资产处置的范围、标准、程序和审批权限，针对固定资产的处置方式不同，采取相应措施。

①对使用期满、正常报废的固定资产，由固定资产使用或管理部门填制固定资产报废单，经企业授权部门或人员批准后进行报废处理。

②对使用期限未满、非正常报废的固定资产，由固定资产使用部门提出报废申请，注明报废理由、预计清理费用和可回收残值、预计出售价值等，组织有关部门进行技术鉴定，按规定程序审批后进行报废清理。

③对拟出售或投资转出的固定资产，由有关部门或人员提出处置申请，列明固定资产的原价、已提折旧、预计使用年限、已使用年限、预计出售价格或转让价格等，报经企业授权部门或人员批准后予以出售或转让。

④对未使用、不需用或使用不当的固定资产，由固定资产管理和使用部门及时提出处理措施，报企业授权部门或人员批准后实施。

（4）强化固定资产处置的独立性。固定资产处置应由独立于固定资产管理和使用部门的其他部门或人员办理。固定资产处置价格应报经企业授权部门或人员审批后确定。重大的固定资产处置，应当聘请具有相应资质的中介机构进行资产评估，并实行集体合议审批制度。固定资产处置涉及产权变更的，应当及时办理产权变更手续。

（5）加强出租、出借、内部调拨固定资产的管理。企业出租、出借固定资产，应当由固定资产管理部门会同财会部门按规定报经批准后予以办理，并签订出租、出借合同协议，对固定资产出租、出借期间发生的维护保养、税负责任、租金、归还期限等事项予以约定。内部调拨固定资产时，应填制内部调拨单，明确固定资产的调拨理由、时间、地点、名称、规格型号等，经有关负责人审批后及时办理调拨手续。

（6）规范会计处理手续。企业应当按照国家统一会计准则的规定，结合固定资产的特点及企业内部管理方式，确定固定资产计价方法，防止通过人为调节固定资产计价方法操纵当期损益的现象。计价方法一经确定，未经批准，不得随意变更。对于固定资产处置及出租、出借发生的收入和相关费用，应根据有关规定及时进行会计核算，保持完整的会计记录。

5.5.5 固定资产业务内部控制流程

根据固定资产业务的内容和运行环节不同，企业固定资产业务的内部控制流程大致可以分为六个环节：

（1）固定资产预算控制。

（2）固定资产取得与验收控制。

（3）固定资产使用与维护控制。

（4）固定资产折旧控制。

（5）固定资产清查控制。

（6）固定资产处置控制。

为了明确各个环节的内部控制流程，实际工作中，企业可以针对各个环节绘制“内部控制流程图”和“内部控制流程表”，为业务经办部门和人员提供直观明了的执行标准。下面就固定资产采购、盘点、修理和处置过程的控制提供“内部控制流程图”（如图5-5所示）和“内部控制流程表”（见表5-5）。

表5-5　　固定资产采购验收与盘点内部控制流程

控制事项		详细描述及说明
阶段控制	D_1	1.公司根据固定资产的使用情况、生产经营发展目标等因素编制固定资产采购预算，并由总会计师下达给相关部门遵照执行 2.固定资产使用部门根据业务发展目标、固定资产的新旧程度、使用频率、废品率等因素提出固定资产采购申请，报经相关领导审核、审批 3.采购部门根据批准的固定资产采购申请进行采购
	D_2	4.固定资产管理部门组织相关人员组成固定资产验收小组，对购置的固定资产进行验收，主要检查外包装、规格、型号、配置、数量和资料等 5.根据验收情况编制《固定资产验收报告》，报财务部长、总会计师审核、审批 6.会计人员根据审批后的验收报告及固定资产的取得方式，按会计准则规定确定固定资产成本，进行固定资产核算
	D_3	7.固定资产使用部门制订固定资产盘点计划，组织相关人员定期盘点，并编制《固定资产盘点报告》，上报有关领导审核、审批 8.有关部门根据审批意见进行处理。若固定资产盘亏，应由财务部门固定资产主管与固定资产使用部门办理固定资产注销手续；若固定资产盘盈，应由财务部门固定资产主管与固定资产使用部门办理固定资产增加手续 9.会计人员对固定资产盘盈盘亏进行账务处理。固定资产盘亏造成的损失，应当计入当期损益；固定资产盘盈经审批后，计入营业外收入
相关规范	应建规范	《固定资产预算管理制度》《固定资产核算制度》 《固定资产盘点制度》
	参照规范	《企业会计准则第4号——固定资产》 《企业内部控制应用指引》
文件资料		“固定资产采购申请表”《固定资产验收报告》 《固定资产盘点报告》
责任部门及责任人		财务部、资产管理部门、资产使用部门 总会计师、财务部部长、资产管理部门负责人、资产使用部门负责人

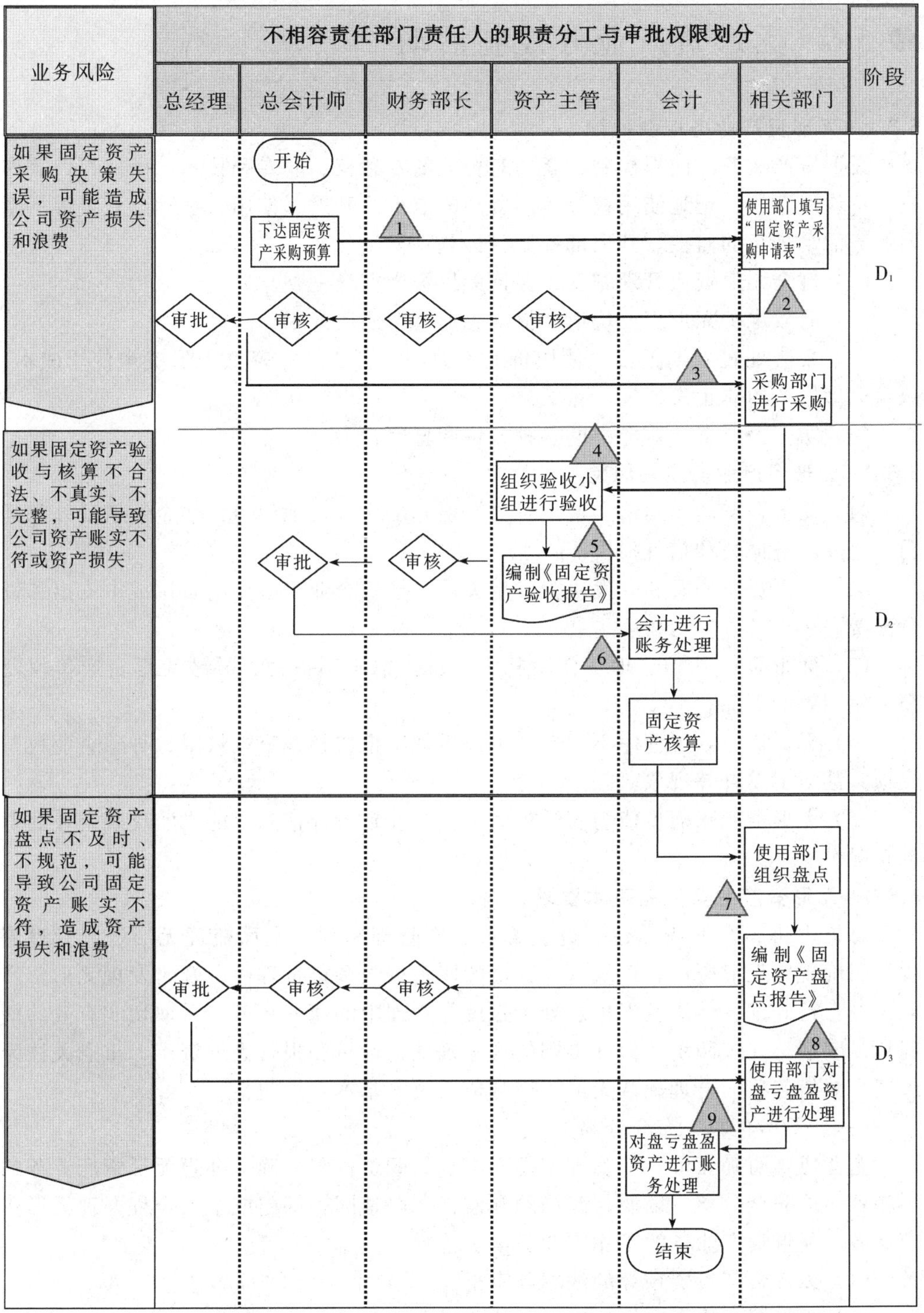

图 5-5　固定资产采购验收与盘点内部控制流程图

5.6 无形资产业务控制活动

5.6.1 无形资产业务控制目标

无形资产业务的内部控制，就是对企业的专利权、非专利技术、商标权、著作权、特许经营权、土地使用权等无形资产的取得、开发、使用、变动、处置等一系列业务活动进行的监控。其内部控制目标是：

（1）健全无形资产管理制度，保证无形资产安全完整。

（2）有效维护无形资产价值，提高无形资产使用效果。

（3）妥善处置到期报废、使用价值不大的无形资产，降低无形资产使用成本，减少无形资产的非正常损失。

（4）防范无形资产业务中的各种差错和舞弊行为。

5.6.2 无形资产业务潜在风险

（1）无形资产产权不清、使用不当，引起法律或其他纠纷，使企业遭受外部处罚，造成经济损失和信誉损失。

（2）无形资产购置和开发决策发生失误，导致企业不必要的费用成本支出和资金浪费。

（3）无形资产基础管理工作不扎实、维护措施不得力，导致无形资产价值贬损、使用效能下降。

（4）无形资产处置程序不规范、未经授权审批或超越审批权限，导致企业权益受损，甚至引发舞弊现象。

（5）无形资产账面价值与实际价值不符，导致会计信息不能真实反映企业的财务状况。

5.6.3 无形资产业务控制基本要求

总体上讲，企业应当建立健全无形资产管理制度，全面梳理无形资产管理流程，明确规定无形资产管理机构和人员的职责权限和审批程序，及时发现无形资产取得、自行开发、使用及保护、处置报废等管理中的薄弱环节，采取切实有效的措施加以改进。并按照统一会计准则的规定确认、计量和报告无形资产，重点关注无形资产减值迹象，合理确认无形资产减值损失。基本要求包括：

（一）不相容职务完全分离

企业应当明确无形资产管理部门和岗位的职责权限，确保办理无形资产业务的不相容岗位完全分离，以便相互制约和监督。严禁同一部门或个人全程办理无形资产业务。无形资产业务的不相容职务至少包括：

（1）无形资产投资预算的编制与审批。

（2）无形资产投资预算的审批与执行。

（3）无形资产取得、验收与款项支付。

（4）无形资产处置的审批与执行。

（5）无形资产业务的执行与相关会计记录。

（6）无形资产的使用、保管与会计处理。

（二）配备合格的管理人员

办理无形资产业务的人员应当具备良好的业务素质和职业道德，遵纪守法，客观公正。企业应当定期对无形资产管理人员进行业务和法律方面的培训，不断提高他们的综合素质和职业道德水平。并根据企业的具体情况，实行岗位轮换。

（三）严格授权批准制度

企业应当明确规定无形资产业务授权批准的方式、权限、程序、责任和相关控制措施，规定经办人的职责范围和工作要求。严禁未经授权的机构或人员办理无形资产业务。审批人员应当根据无形资产业务授权批准制度的规定，在授权范围内进行审批，不得超越审批权限。经办人员应当按照审批意见，在职责范围内办理无形资产业务。对于审批人超越授权范围审批的无形资产业务，经办人员有权拒绝办理，并及时向上级部门报告。

5.6.4　无形资产业务控制具体要求

（一）无形资产取得与验收控制

（1）建立无形资产预算管理制度。企业应当根据产业发展趋势、企业经营战略等因素拟定无形资产投资项目，对项目可行性进行研究、分析后，编制无形资产投资预算，并按规定程序审批，确保无形资产投资决策科学合理。

对于重大投资项目，应当聘请独立的中介机构或专业人士进行可行性研究与评价，并实行集体决策和审批制度，防止决策失误而造成严重损失。

（2）严格执行无形资产投资预算。对于预算内无形资产投资项目，有关部门应当严格按照预算执行进度办理相关手续；对于超预算或预算外无形资产投资项目，应当由无形资产管理部门提出申请，履行审批程序后再办理相关手续。

（3）建立请购与审批制度。企业应当明确请购部门和审批部门的职责权限及相应的请购与审批程序。一般无形资产的采购，应当责成采购部门充分了解和掌握产品及供应商情况，采取比质比价的办法确定供应商；重大无形资产的采购，应当采取招投标方式，保证无形资产采购过程的规范化和透明度。对于非公开性的无形资产，则应注意采购过程的保密性。

（4）加强合同管理。凡是外购的无形资产，企业都应当与供应单位按照国家合同法以及企业合同协议内部控制的相关规定，签订采购合同或协议，明确双方的权利和责任。

（5）健全无形资产交付使用验收制度。无形资产交付使用的验收工作应当由无形资产管理部门、使用部门及财务部门共同实施。验收合格的无形资产应当及时办理编号、建卡等手续，需要办理产权登记手续的无形资产，应当及时到相关部门办理。对于通过不同途径取得的无形资产，应当提出相应的控制要求。具体地讲：

①外购的无形资产，必须取得无形资产所有权的有效证明文件，仔细审核有关合同协议等法律文件，必要时应当征求和听取专业人员或法律顾问的意见。

②自行开发的无形资产，应当由无形资产研发部门、管理部门和使用部门共同填制无形资产移交使用验收单，并交给使用部门使用。

③企业对投资者投入、接受捐赠、债务重组、政府补助、企业合并、非货币性资产交换等方式取得的无形资产，都应当办理相关的验收手续。

④企业购入或者以支付土地出让金方式取得的土地使用权，必须取得证明土地使用权的有效文件。除已经确认为投资性房地产外，在尚未开发或建造自用项目前，应当根据合同协议、土地使用权证办理无形资产验收手续。

（二）无形资产使用与保全控制

（1）注重无形资产日常管理。企业应当授权专门机构或人员负责无形资产的日常使用与管理工作，保证无形资产的安全与完整，促进无形资产有效利用。有关人员应当根据国家及行业有关要求和自身经营管理的需要，确定无形资产分类标准和管理要求，制定和实施无形资产目录制度，对品牌、商标、专利、专有技术、土地使用权等无形资产实行分类管理。

（2）准确摊销无形资产价值。企业应当依据国家有关规定，结合自身情况，确定无形资产摊销范围、摊销年限、摊销方法、残值等。摊销方法一经确定，不得随意变更，确需变更时应当按照规定程序审批。

（3）加强无形资产保全措施。企业应当根据无形资产的性质确定无形资产保全政策，严格限制未经授权的人员直接接触技术资料等无形资产。对技术资料等无形资产的保管及接触应当留有记录，对重要的无形资产应当及时申请法律保护，防范侵权行为和法律风险。无形资产保全政策应当有效防范无形资产发生非正常损失。

（4）保持无形资产的先进性。企业应当定期对专利、专有技术等无形资产的先进性进行评估，淘汰落后技术，加大研发投入，促进技术更新换代，不断提升自主创新能力，努力做到核心技术处于同行业领先水平。

（5）完善无形资产检查制度。企业应当定期或者至少在每年年末由无形资产管理部门和财务部门对无形资产进行检查，分析、预测无形资产可能给企业带来未来经济利益的能力。检查中，如果发现无形资产存在减值迹象，应当计算其可收回金额；可收回金额低于账面价值的，应当按照统一会计准则的规定计提减值准备，确认减值损失。

（三）无形资产处置与转移控制

（1）完善无形资产处置制度。企业应当明确规定无形资产处置的范围、标准、程序和审批权限，并由独立于无形资产管理部门和使用部门的其他部门或人员办理。针对无形资产的不同处置方式，采取相应的控制措施。

①对使用期满、正常报废的无形资产，应当由无形资产使用或管理部门填制无形资产报废单，报经有关部门批准后实施报废清理。

②对使用期限未满、非正常报废的无形资产，应当由无形资产使用部门提出报废申请，注明报废理由、估计清理费用和可回收残值、预计出售价值等。企业对申请报废的无形资产应当组织有关部门进行技术鉴定，按规定程序审批后实施报废

清理。

③对拟出售或投资转出的无形资产，应当由有关部门或人员提出处置申请，列明该项无形资产的原价、已提折旧、预计使用年限、已使用年限、预计出售价格或转让价格等，报经有关部门批准后予以出售或转让。

（2）确定无形资产处置价格。企业应当选择合理的方式确定无形资产处置价格，并报经有关部门审批后确定。对于重大的无形资产处置，处置价格应当委托具有资质的中介机构进行资产评估，并履行集体审批手续。

无形资产处置涉及产权变更时，应当及时办理产权变更手续。

（3）加强无形资产出租、出借管理。企业出租、出借无形资产时，应由无形资产管理部门会同财务部门按规定报经批准后予以办理，并签订合同协议，对无形资产出租、出借期间所发生的维护保全、税负责任、租金、归还期限等相关事项作出明确约定。

（4）完善内部调拨手续。发生无形资产内部调拨时，应当填制无形资产内部调拨单，明确无形资产名称、编号、调拨时间等，经有关负责人审批通过后，及时办理调拨手续。

（5）强化会计记录。对无形资产处置及出租、出借发生的收入和相关费用，财务部门应当根据有关凭证及时进行账务处理，保持完整的账簿记录。

5.6.5　无形资产业务内部控制流程

根据无形资产业务的内容和运行环节不同，企业无形资产业务的内部控制流程大致可以分为五个环节：

（1）无形资产预算控制。

（2）无形资产取得与验收控制。

（3）无形资产使用与保全控制。

（4）无形资产处置与转移控制。

（5）无形资产期末计价。

为了明确各个环节的内部控制流程，实际工作中，企业可以针对各个环节绘制“内部控制流程图”和“内部控制流程表”，为业务经办部门和人员提供直观明了的执行标准。无形资产相关环节的控制流程图和流程表可以参照存货、固定资产，不再赘述。

5.7　成本费用业务控制活动

5.7.1　成本费用业务控制目标

成本费用业务的内部控制是指对企业费用的发生和成本的形成等一系列业务行为进行的监控。其内部控制目标是：

（1）提高成本费用预测水平，确保成本费用决策的科学性、成本费用计划的可行性。

（2）强化成本费用全员管理，努力降低成本费用支出，确保企业经济效益不断提高。

（3）准确核算各种成本费用，确保成本费用信息的真实性和实用性。并及时提供成本费用分析报告，满足信息使用者的决策需要。

5.7.2 成本费用业务潜在风险

（1）成本费用预测不科学、计划缺乏先进性和合理性、成本费用实际支出不合理超过预算而导致企业权益受损。

（2）成本费用审批不规范，未履行规定审批程序或超越审批权限，违反国家法律法规，导致重大差错、舞弊行为而使企业蒙受经济和信誉损失。

（3）成本费用控制不到位，分析考核不严格，缺乏完善的约束和激励机制，导致人、财、物的浪费。

（4）成本费用的确认不规范、计量不准确、记录不及时，导致企业会计信息缺乏真实性和完整性，影响决策的科学性。

5.7.3 成本费用业务控制基本要求

总体上讲，企业应当建立健全成本费用管理制度，全面梳理成本费用管理流程，明确规定管理机构和人员的职责权限和审批程序，合理划分期间费用和成本的界限，科学制定成本费用定额，准确编制成本计划，及时发现成本费用预测、决策、预算、控制、核算、分析、考核等管理过程中的薄弱环节，采取切实有效的措施加以改进。并按照国家统一会计准则的要求确认、计量成本费用，披露成本费用信息。基本要求包括：

（一）不相容岗位完全分离

企业应当明确规定成本费用管理部门和相关岗位的职责权限，确保办理成本费用业务的不相容岗位完全分离，以便相互制约和监督。成本费用业务的不相容岗位至少包括：

（1）成本费用定额、预算的编制与审批。

（2）成本费用支出与审批。

（3）成本费用支出与相关会计记录。

（二）配备合格的管理人员

企业应当配备合格的管理人员办理成本费用业务，并定期进行调整和更换。管理人员应当具备良好的业务知识和职业道德，遵纪守法，客观公正。企业应当通过培训，不断提高人员的业务素质和职业道德水准。

（三）严格授权批准制度

企业应当明确审批人对成本费用业务的授权批准方式、权限、程序、责任和相关控制措施，规定经办人办理成本费用业务的职责范围和工作要求。审批人应当根据成本费用授权批准制度的规定，在授权范围内进行审批，不得超越审批权限；经办人应当在职责范围内，按照审批人的批准意见办理成本费用业务。

5.7.4　成本费用业务控制具体要求

（一）成本费用预测、决策与预算控制

（1）加强成本费用预测。企业应当根据整体战略目标、历史成本费用数据、同行业及同类型标杆企业的有关成本费用资料、料工费价格变动趋势以及人力、物力资源状况等，运用本量利分析、投入产出分析、价值链成本比较等方法，科学预测未来的成本费用水平及发展趋势。成本费用预测应当充分考虑成本费用的不确定因素，制定成本费用定额标准，并提出可供决策选择的多种方案。

（2）科学进行成本费用决策。企业应当对成本费用预测提供的各种方案进行综合评价和分析，本着合理降低成本费用的原则，从各种预测方案中选择最优方案，确立企业的成本费用管理目标。

（3）完善成本费用预算制度。企业应当根据成本费用决策确定的目标，建立和完善成本费用预算制度。通过编制成本费用预算，将企业的成本费用管理目标具体化，以便实施成本费用控制。

（二）成本费用执行控制

（1）加强成本费用支出审批。企业应当根据成本费用预算和支出标准的性质，按照授权批准制度所规定的权限，对费用支出申请进行审批。财会部门应当会同相关部门对成本费用开支项目和标准进行复核。

（2）推行成本费用责任制度。企业应当根据成本费用预算、定额和支出标准，指定专人分解成本费用指标，落实成本费用责任主体，记录有关差异，及时反馈有关信息，保证成本费用预算的有效实施。

（3）严格控制成本费用支出。企业应当规范成本费用开支项目、标准和支付程序，从严把控成本费用支出。对未列入预算的成本费用项目，如果确需支出，应当按照规定程序申请追加预算。对已列入预算但超过开支标准的成本费用项目，应当由相关部门提出申请，报上级授权部门审批。

（4）关注成本费用的内部转移。对于企业内部相互提供劳务和转移产品、零部件等业务，成本费用的确认应当本着有利于转出、转入双方和企业整体利益的原则，采取相应的控制措施。

（5）严格审核成本费用项目。企业财会人员在办理费用支出业务时，应当根据责任主体的成本费用支出申请，对发票、结算凭证等相关凭据的合法合规性、真实性、完整性等进行严格审核，充分发挥会计的监督作用。

（三）成本费用核算控制

（1）健全成本费用核算制度。企业应当根据自己的生产经营特点和管理要求，建立健全成本费用核算制度，保证各项成本费用的确认、计量、记录和报告规范、合理。

（2）树立全面核算观。企业既要对产品生产费用和成本进行核算，也要对材料采购成本、存货储存成本、产品销售成本等进行核算。如材料采购，企业应当按照采购业务内部控制的有关规定合理确定材料供应商和采购价格，运用经济批量法确定材料采购批量，正确核算材料采购成本。

（3）正确归集和分配成本费用。做到：

①成本的确认和计量应当符合国家统一会计准则规定，保证核算资料的合法、合规性。

②成本费用核算应当与客观经济事项相一致，以实际发生的金额计价，不得虚列、多列、不列或者少列成本费用，不得人为降低或提高成本，应保证核算资料的客观真实性。

③成本费用应当分期核算，一定期间的成本费用必须与获得的相关收入相配比，保证核算资料的相关性。

④成本费用的计算方法应当保持较长时期的稳定，不得随意改变。确需变更成本计算方法时，应当经过有效审批，保证核算资料的可比性。

⑤成本费用的归集和分配应当考虑重要性原则，保证核算资料对企业进行决策的实用性。

（四）成本费用分析与考核控制

（1）加强成本费用分析。企业可以运用比较分析法、比率分析性、因素分析法、趋势分析法等方法开展成本费用分析，检查成本费用预算的完成情况，分析产生差异的原因，寻求降低成本费用的途径和方法。

（2）完善成本费用内部报告。企业应当建立成本费用内部报告制度，要求有关部门实时监控成本费用支出情况，发现问题及时上报。

（3）定期考核成本费用情况。企业应当对相应的成本费用责任主体定期考核，并实行奖惩。通过考核评价责任主体的业绩，增强全体员工自觉节约成本费用的意识，促进有关部门合理控制生产成本及各种耗费。进行成本费用考核时，可以采用目标成本节约额、目标成本节约率等指标和方法，了解有关部门成本费用预算或开支标准的执行情况，保证考评结果的客观公正。

（4）加强成本费用监督检查。企业应当制定成本费用监督检查制度，明确监督检查人员的职责权限，定期和不定期地开展检查工作。检查内容包括：

①成本费用业务相关岗位及人员的设置情况。

②成本费用授权批准制度的执行情况。

③成本费用预算制度的执行情况。

④成本费用核算制度的执行情况。

5.7.5 成本费用业务内部控制流程

根据成本费用业务的内容和运行环节不同，企业成本费用业务的内部控制流程大致可以分为四个环节：

（1）成本费用预算控制。

（2）成本费用一般支出的控制。

（3）成本费用核算的控制。

（4）成本费用分析与考核控制。

为了明确各个环节的内部控制流程，实际工作中，企业可以针对各个环节绘制“内部控制流程图”和“内部控制流程表”，为业务经办部门和人员提供直观明了的执行标准。下面以成本费用核算内部控制为例，分别提供“内部控制流程图”（如图5-6所示）和“内部控制流程表”（见表5-6）。

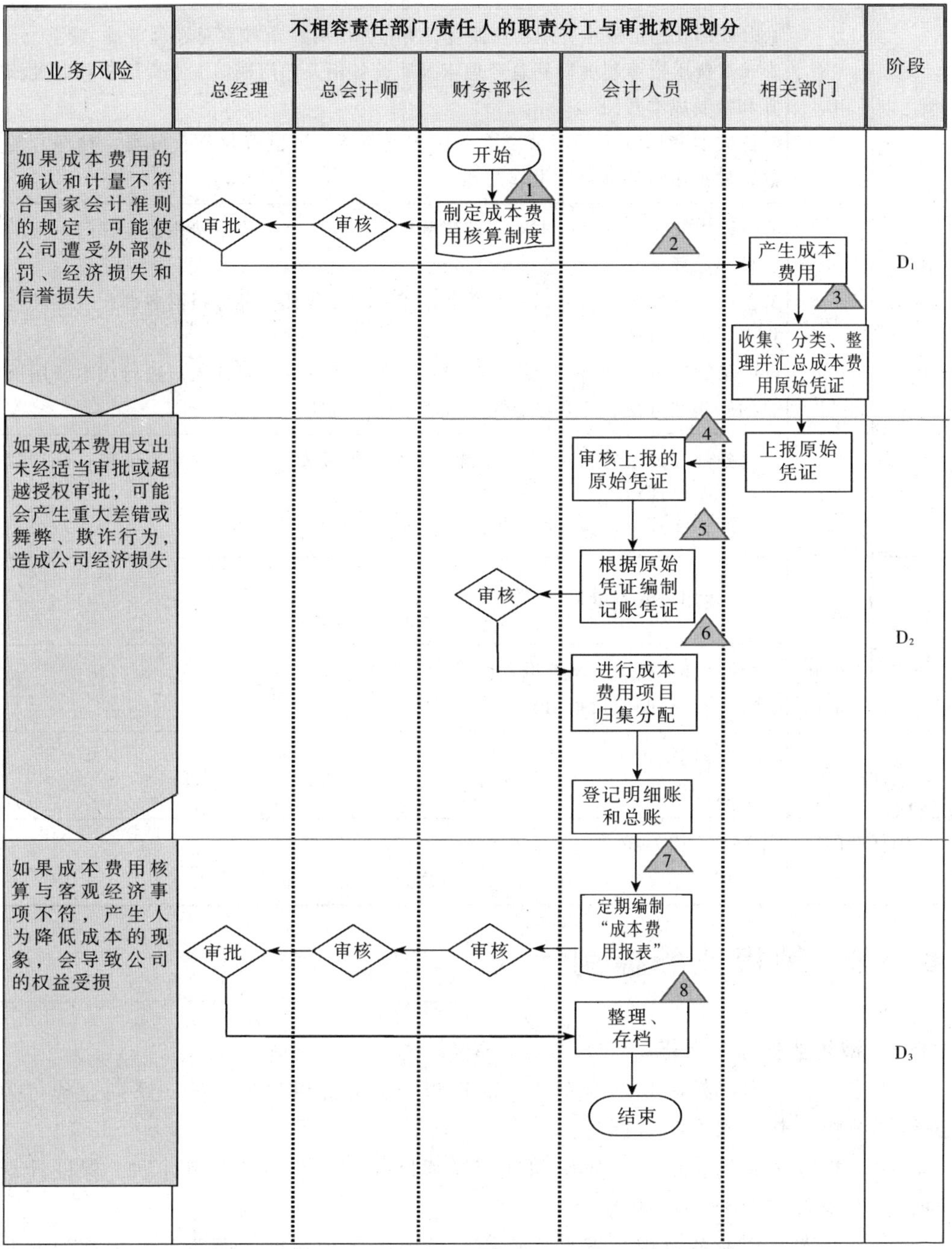

图5-6　成本费用核算内部控制流程图

表5-6 **成本费用核算内部控制流程表**

控制事项		详细描述及说明
阶段控制	D_1	1.财务部长制定成本费用核算制度，并报总会计师审核、总经理审批 2.成本费用核算制度得到总经理审批后，各相关部门根据成本费用核算制度核算和控制成本费用 3.各成本费用发生部门就成本费用相关原始凭证进行收集、分类、整理、汇总，并报送财务部会计主管人员
	D_2	4.会计主管人员按照成本费用核算制度中的规定审核成本费用发生部门上报的各种原始凭证 5.会计人员根据审核无误的原始凭证编制记账凭证，并上报财务部长（或其授权人）进行审核 6.记账凭证由财务部长（或其授权人）审核通过后，会计人员进行成本费用项目的归集和分配，并登记总账和成本费用明细账
	D_3	7.财务部会计主管人员定期编制“成本费用报表”，并报财务部长和总会计师审核、总经理审批 8.会计人员对成本费用核算中的各类文件进行整理、归档
相关规范	应建规范	《成本费用核算制度》
	参照规范	《企业会计准则——基本准则》 《企业内部控制应用指引》
文件资料		“成本费用报表” 相关会计凭证、会计账簿
责任部门及责任人		财务部、相关部门 总经理、总会计师、财务部长、主管会计、相关部门负责人

5.8 销售业务控制活动

5.8.1 销售业务控制目标

销售业务的内部控制是指对企业产品销售与劳务提供过程中的一系列业务行为进行的监控。其内部控制目标是：

（1）根据企业的长期发展战略和近期经营目标，科学制订销售计划，保证计划的先进性与合理性。

（2）完善销售业务授权、批准、审查、监督等管理制度，明确各有关部门的职责权限，严格实行责任追究制度，规范销售行为。

（3）准确预测市场发展趋势并采取行之有效的措施，不断提高市场占有率，促进企业销售收入的稳定增长。

（4）健全信用管理制度，准确把握客户的盈利和偿债能力，合理选择销售政策，有效防范销售风险，及时回收销售货款，最大限度地减少坏账损失。

（5）严格执行国家税收政策，按时足额缴纳销售税金。

5.8.2　销售业务潜在风险

（1）市场预测不准确，定价机制不合理，因销售决策失误而导致销售渠道不畅，库存产品积压，生产经营困难。

（2）客户信用管理不到位，结算方式选择不恰当，账款回收措施不得力，导致应收账款数额巨大，坏账损失增加，甚至遭受欺诈。

（3）合同协议签订不规范，不相容职务未做到实质性分离，导致销售过程中发生隐瞒收入、商业贿赂等舞弊行为，致使企业销售成本提高，经营利润减少，经济利益受损，甚至引发法律纠纷。

（4）发货制度不健全，发生错发、少发、多发等现象，导致无效运输、货物损耗、账实不符等，使企业蒙受经济损失和信誉损失。

（5）税收政策把握不准，造成超额纳税或引发税务纠纷，致使企业遭受外部处罚。

5.8.3　销售业务控制基本要求

总体上讲，企业应当建立健全销售业务管理制度，全面梳理销售业务流程，明确规定管理机构和人员的职责权限和审批程序，科学制定销售政策，全面强化产品销售、劳务提供及货款回收等环节的控制措施，不断提高销售管理水平，确保销售目标的实现。并按照国家统一会计准则的规定确认、计量和报告销售业务，加强应收账款管理。基本要求包括：

（一）不相容岗位完全分离

企业应当明确规定合同签订、合同审核、产品发运、劳务提供、款项结算等岗位的职责权限，严格执行责任追究制度。确保办理销售业务的不相容岗位完全分离，以便相互制约和监督。销售业务的不相容岗位至少应当包括：

（1）客户信用管理与销售合同协议的审批、签订。

（2）销售合同协议的审批、签订与发货办理。

（3）销售货款的确认、回收与相关会计记录。

（4）销售退回货品的验收、处置与相关会计记录。

（5）销售业务经办与发票开具、管理。

（6）坏账准备的计提与审批、坏账的核销与审批。

（二）配备合格的销售人员

销售人员应当具备良好的业务知识和专业技能。企业应当定期对销售人员进行相关的业务培训和技能考核，不断提高他们的业务素质和职业道德水平。并根据具体情况对销售业务办理人员进行岗位轮换或者管区、管户调整。

（三）严格授权批准制度

企业应当明确规定审批人对销售业务的授权批准方式、权限、程序、责任和相关控制措施，规定经办人办理销售业务的职责范围和具体工作要求。审批人应当根据销售授权批准制度在授权范围内进行审批，不得超越审批权限。经办人应当在职责范围内，按照审批人的审批意见办理销售业务。

5.8.4 销售业务控制具体要求

（一）销售与发货控制

（1）加强销售预算管理。企业应当建立严格的销售预算管理制度，确立先进、合理的销售目标，对销售业务实施全面预算管理。

（2）完善销售定价机制。企业应当加强市场调查，根据市场变化情况完善定价机制，及时调整营销策略，灵活运用销售折扣、销售折让、信用销售、代销和广告宣传等营销方式，不断提高市场占有率，促进销售目标的实现。

（3）健全客户信用档案。企业应当采用科学的信用管理技术，不断收集客户信用资料，健全客户信用档案或者数据库，加强对客户的跟踪调查工作。对于境外客户和新开发的客户，应当建立严格的信用保证制度，以便采取有效措施，防范信用风险。

有条件的企业可以设立专门的信用管理部门或岗位，负责制定企业信用政策，监督各部门信用政策的执行情况。信用政策应当规定对客户资信情况进行评估的期限，明确不同客户的信用额度、回款期限、折扣标准以及违约情况下应采取的应对措施等。

（4）规范销售和发货业务程序。做到：

①销售谈判。企业在订立销售合同协议之前，应当指定专门人员就销售价格、信用政策、发货及收款方式等具体事项与客户进行谈判。对谈判中涉及的重要事项，应当有完整的书面记录。

②合同协议审批。企业应当建立健全销售合同协议审批制度，明确具体的审批程序及所涉及的部门人员，并根据实际情况界定不同合同协议金额审批的具体权限分配等。审批人员应当对销售合同协议草案中提出的销售价格、信用政策、发货及收款方式等进行严格审查并建立客户信息档案。重要的销售合同协议，应当征询法律顾问或专家的意见。

③合同协议订立。销售合同协议草案经审批同意后，应当授权有关人员按照《中华人民共和国合同法》的规定与客户签订正式的销售合同协议。

④组织销售。销售部门应当按照批准后的销售合同协议编制销售计划，向发货部门下达销售通知单，同时编制销售发票通知单送达财会部门。财会部门应当对客户信用情况及实际出库记录凭证进行详细审查，发现问题，及时提出处理意见并反馈给销售部门。

⑤组织发货。发货部门应当对销售发货单据进行审核，严格按照销售通知单所列示的发货品种、规格、数量、时间、方式以及接货地点组织发货，并建立货物出库、发运等环节的岗位责任制，确保货物的安全发运。

（5）加强销售发票管理。销售部门应当严格按照发票管理规定开具销售发票，并连续编号，严禁开具虚假发票。作废的发票必须按照规定予以保留，不能擅自销毁。

（二）运输及退货控制

（1）加强运输合同管理。运输合同必须明确双方的权利和义务，连续编号，并授权专人保管。审批人员应当对运输合同草案进行严格审核，重要的运输合同，还应当征询法律顾问或专家的意见。有关部门必须按照批准后的运输合同开具相关运输通知，发货和仓储部门必须对运输通知进行审核，并严格按照所列项目组织发货，确保货物的安全发运。货物运达目的地后，应取得对方验收入库的有效证明。

（2）完善销售退回手续。销售退回必须经过销售主管审批后方可执行。销售退回的货物入库时，应当经过质检部门的检验和仓储部门的清点。质检部门应当出具检验证明，仓储部门应当在清点货物、注明退回货物的品种和数量后填制退货接收报告。财务部门应当对检验证明、退货接收报告以及退货方出具的退货凭证等进行详细审核后，再行办理退款事宜。

（3）明确发生退货的责任。企业应当对发生退货的原因进行认真分析并明确有关部门和人员的责任，根据不同情况及时采取措施，妥善处理。凡属个人原因造成的退货，应当追究当事人的责任。

（4）加强销售业务的记录。企业应当做好销售、发货、收款等各个环节的会计记录，填制相应的凭证，详细记录销售客户、销售合同协议、销售通知、发货凭证、运货凭证、销售发票等情况。要严格按照国家会计准则的规定确认和计量销售业务，对发生的每一项销售业务都要及时填制会计凭证，设置和登记销售明细账，并定期与销售部门、仓储部门进行核对，确保会计记录、销售记录与仓储记录核对一致。

企业应当定期抽查、核对销售业务记录、销售收款会计记录、商品出库记录和库存商品实物记录，及时发现并处理销售与收款中存在的问题。同时对库存商品定期进行盘点。

（5）完善客户服务制度。销售部门应当设置销售台账，及时反映各种产品、劳务等的开单、发货、收款情况，并由相关人员对销售合同协议执行情况进行跟踪审阅。销售台账应当附有客户订单、销售合同协议、客户签收回执等相关购货单据，以便开展客户服务和跟踪调查工作，及时掌握客户的需求和建议，不断改进产品质量和服务水平，提升客户的满意度和忠诚度。

（三）货款回收控制

（1）加强赊销业务管理。赊销业务应当遵循规定的销售政策、信用政策及程序。应当指定专人通过函证等方式，定期与客户核对应收账款、应收票据、预收账款等往来款项，保证双方账项的一致，避免发生经济纠纷。如有不符，应当查明原因，及时处理。

（2）规范收款业务的账务处理手续。企业应当将取得的销售收入及时入账，不得账外设账和擅自坐支现金。要采取有效措施避免销售人员直接接触销售现款。对以银行转账方式办理的销售收款，应当通过企业核定的账户进行结算。

（3）建立应收账款账龄分析制度和逾期应收账款催收制度。企业应当按客户设置应收账款台账，对应收账款实行分类管理，及时登记并评估每一客户应收账款余额变动情况和信用额度使用情况。并针对应收款项的性质采取不同的方法和程序。要严格区分收款责任，建立科学、合理的清收奖励制度以及责任追究制度，促使销售部门及时催收应收款项，并妥善保存催收记录。促使财务部门加强监督，及时办理款项回收手续，尽量缩短应收款项周转期限，减少坏账损失。对催收无效的逾期应收账款应通过法律程序予以解决。

（4）关注坏账风险。对于可能成为坏账的应收账款，企业应当按照国家统一会计准则的规定计提坏账准备，并按照权限范围和审批程序进行审批。对已经发生的各项坏账，应当查明原因，明确责任，并在履行规定的审批程序后做出会计处理。对于核销的坏账应当进行备查登记，做到账销案存。已核销的坏账又收回时应当及时入账，防止形成账外资金。

（5）强化商业票据管理。对采用商业票据结算方式的，必须明确商业票据的受理范围，严格审查商业票据的真实性和合法性，密切关注商业票据的取得、贴现和背书。企业应当由专人保管应收票据，对于即将到期的应收票据，应当及时向付款人提示付款。已贴现但仍承担收款风险的票据应当在备查簿中登记，以便日后追踪管理，严防票据欺诈行为。企业应收票据的贴现必须经过保管票据以外的主管人员的书面批准。

5.8.5 销售业务内部控制流程

根据销售业务的内容和运行环节不同，企业销售业务的内部控制流程大致可以分为七个环节：

（1）销售预算控制。

（2）现销业务控制。

（3）赊销业务控制。

（4）销售发票控制。

（5）销售货款回收控制。

（6）销售退回业务控制。

（7）销售收入分析。

为了明确各个环节的内部控制流程，实际工作中，企业可以针对各个环节绘制“内部控制流程图”和“内部控制流程表”，为业务经办部门和人员提供直观明了的执行标准。下面以赊销业务内部控制为例，分别提供“内部控制流程图”（如图5-7所示）和“内部控制流程表”（见表5-7）。

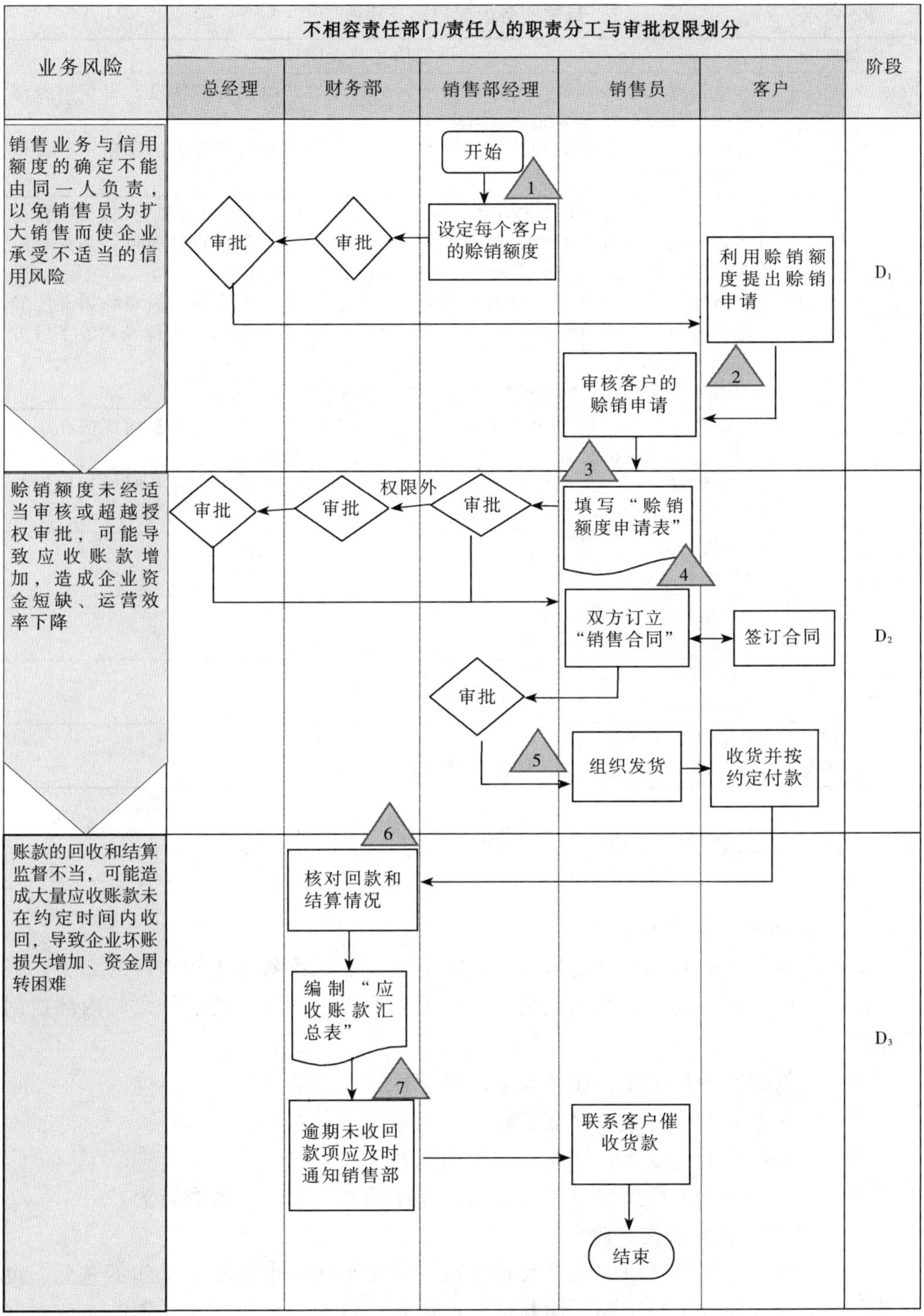

图5-7　赊销业务内部控制流程图

表5-7 赊销业务内部控制流程表

控制事项		详细描述及说明
阶段控制	D_1	1.销售部经理根据客户的信用情况，为每个客户设定赊销额度，提交财务部审核，并经总经理审批后组织执行 2.销售员根据企业的相关规定和客户赊销额度，对客户提出的赊销申请进行严格审核
	D_2	3.对赊销申请符合企业规定的，销售员填写“赊销额度申请表”，提交销售部经理审批。凡在客户赊销额度范围之内的，销售部经理审批即可；如果超过客户赊销额度，应当提交财务部审核，并交总经理审批 4.销售员在签订合同或组织发货时，应当按照客户的信用等级和赊销额度确定销售方式，所有签发赊销的“销售合同”，都必须经过销售部经理签字后方可盖章发出 5.销售员按照合同要求组织发货，并通知客户收货、付款
	D_3	6.财务部按照“信用额度期限表”定期核对应收账款的汇款和结算情况，编制“应收账款汇总表”，严格监督每笔账款的回收和结算 7.应收账款超过信用期限仍未回款，应上报财务部经理，并及时通知销售部经理组织销售员联系客户清收货款
相关规范	应建规范	《销售管理制度》 《赊销业务管理办法》
	参照规范	《企业会计准则第14号——收入》 《企业内部控制应用指引》
文件资料		“赊销额度申请表”“销售合同” “信用额度期限表”“应收账款汇总表”
责任部门及责任人		销售部、财务部 总经理、销售部经理、销售员、财务部经理

5.9 工程项目业务控制活动

5.9.1 工程项目业务控制目标

工程项目业务的内部控制是指对企业建造、安装、维修等工程项目的立项、概算、预算、招投标、施工、监理、决算等一系列业务活动进行的监控。其内部控制目标是：

（1）规范前期准备工作，保证决策的科学性。

（2）合理安排工程进度，保证工程施工质量。

（3）有效控制工程成本，提高资金使用效益。

（4）防止和纠正工程项目业务实施和管理中的各种差错与舞弊行为。

5.9.2 工程项目业务潜在风险

（1）立项缺乏可行性研究或者可行性研究流于形式、前期准备工作不充分、决策程序不科学，导致工程延期、中断或资产闲置，资源浪费等现象，不能充分实现预期效益，甚至造成项目失败。

（2）项目招投标过程缺乏透明度和客观公正性，引发照顾关系、商业贿赂等现象，导致中标价格失实、中标人无力承担或不能如期完成工程项目，使企业蒙受经济损失和信誉损失。

（3）工程造价信息不对称，技术方案不先进，工程概预算脱离实际需要，有意夸大施工难度，预留操纵空间，导致项目投资失控，工程成本加大，建设资金浪费。

（4）工程物资质次价高，工程监理有名无实，施工队伍鱼龙混杂，竣工决算手续不齐备，验收把关不严格，致使工程质量得不到有效保证，交付使用后存在安全隐患。

（5）工程项目违反国家法律法规，未经适当程序审批，导致企业遭受外部处罚，甚至引发法律纠纷。

5.9.3　工程项目业务控制基本要求

总体上讲，企业应当建立健全工程项目管理制度，全面梳理各个环节可能存在的风险，规范工程立项、决策、概预算编制、招标、造价、施工、价款支付、竣工决算、验收等环节的工作流程，明确工程项目管理部门和岗位的职责权限，强化工程立项的可行性研究和工程建设的全过程监控，确保工程项目的质量、进度和资金安全。并按照国家统一会计准则的规定确认、计量和报告工程项目，不断提高工程项目的管理水平。基本要求包括：

（一）不相容岗位完全分离

企业应当明确规定工程项目业务管理部门和岗位的职责权限，确保办理工程项目业务的不相容岗位完全分离，以便相互制约和监督。工程项目业务的不相容岗位至少包括：

（1）项目建议、可行性研究与项目决策。

（2）工程概预算编制与审核。

（3）项目决策与项目实施。

（4）项目实施与价款支付。

（5）项目实施与项目验收。

（6）竣工决算与竣工决算审计。

（二）合理配备业务人员

企业应当根据工程项目的特点，配备业务素质过硬和职业道德良好的业务人员办理工程项目业务，并根据具体情况定期对工程项目业务办理人员进行岗位轮换。办理工程项目业务的人员，必须熟悉国家法律法规及工程项目管理方面的专业知识。

对于重大项目，企业应当聘请具备规定资质和胜任能力的中介机构（如招标代理、工程监理、财务监理等）和专业人士（如工程造价、工程技术、质量控制等专家），协助企业进行工程项目业务的实施和管理，并对所聘请的中介机构和专业人士的工作进行必要的督导。

（三）严格授权审批制度

企业应当建立工程项目授权制度和审核批准制度，明确规定审批人对工程项目业务的授权批准权限、方式、程序、责任和相关控制措施，规定经办人办理工程项目业务的职责范围和具体工作要求。审批人应当根据工程项目授权批准制度在授权范围内进行审批，不得超越审批权限。经办人应当在职责范围内，按照审批人的审批意见办理工程项目有关业务。

5.9.4 工程项目业务控制具体要求

（一）项目决策与立项控制

（1）认真开展可行性研究。企业应当指定专门机构管理工程项目，根据企业发展战略和年度投资计划，提出项目建议书，深入细致地开展可行性研究并形成研究报告。必要时，可以委托具有相应资质的专业机构开展可行性研究。

项目建议书的内容应当包括：项目实施的必要性和依据、产品方案、拟建规模、建设地点、投资估算、资金筹措方式、项目进度安排、经济效果和社会效益的估计、环境影响的初步评价等。

可行性研究报告的内容应当包括：项目概况，项目建设的必要性，市场预测，项目建设选址及建设条件论证，建设规模和建设内容，项目外部配套建设，环境保护，劳动保护与卫生防疫，消防、节能、节水，总投资及资金来源，经济效益和社会效益，项目建设周期及进度安排，招投标法规定的相关内容等。

（2）加强项目评审工作。企业应当组织规划、工程、技术、财会、法律等部门的专家对项目建议书和可行性研究报告的完整性、客观性进行充分论证和评审，出具评审意见，作为项目决策的重要依据。

在项目评审过程中，应当重点关注项目投资方式、投资规模、资金筹措方式、生产规模、投资效益、布局选址、技术、安全、设备、环境保护等内容，核实相关资料的来源和取得途径是否真实、可靠和完整。必要时，企业可以委托具有相应资质的专业机构对可行性研究报告进行评审，使其出具评审意见。但必须强调，从事项目可行性研究的专业机构不得再从事可行性研究报告的评审。

（3）规范项目决策程序。企业应当按照规定的权限和程序对工程项目进行决策，决策过程必须有完整的书面记录。重大工程项目的立项，应当报经董事会或类似权力机构集体审议批准。严禁任何个人单独决策工程项目或者擅自改变集体决策意见。总会计师或分管财会工作的负责人应当全过程参与项目决策，确保项目决策的科学性和合理性。

（4）实行责任追究制度。企业应当建立工程项目决策责任追究制度，责成有关部门定期不定期地开展检查，针对发现的问题追究相关部门及人员的责任，促使其尽职尽责。

（5）择优选择建设方式。企业应当根据国家有关规定和自身情况，合理确定工程项目的建设方式。对需要委托其他单位承担的工程项目，应当根据不同的发包方式（如包工包料、包工不包料等），制定相应的控制程序。

（6）做好施工前的准备工作。工程项目立项后，企业应当在正式施工前，依法取得建设用地、城市规划、环境保护、安全、施工等方面的许可权，严防违法违规施工现象。

（二）工程项目招标控制

（1）公开发布招标公告。企业应当按照国家招投标法的规定，遵循公开、公正、平等竞争原则，发布招标公告，提供载有招标工程的主要技术要求、主要合同条款、评标标准和方法，以及开标、评标、定标程序等内容的招标文件。企业可以根据项目特点决定是否编制标底，需要编制标底的，标底编制的过程和标底必须严格保密。

（2）组建评标委员会。企业应当依法组建由企业代表和有关技术、经济方面的专家组成的评标委员会。评标委员会应当客观、公正地履行职责，遵守职业道德，对所提出的评审意见承担责任。评标委员会应当按照招标文件确定的标准和方法，对投标文件进行评审和比较，择优选择中标候选人。

评标委员会成员和参与评标的有关工作人员不得透露投标文件的评审和比较、中标候选人的推荐情况以及与评标有关的其他情况，不得私下接触投标人，不得收受投标人的财物或其他好处。工程招标的开标、评标和定标，应当接受有关部门的全程监督。

（3）择优选择承包单位和监理单位。在选择承包单位时，企业可以将工程的勘察、设计、施工、设备采购一并发包给一个项目总承包单位，也可以将其中的一项或多项发包给一个工程总承包单位，但不得违背工程施工组织设计和招标设计计划，将应由一个承包单位完成的工程分解为若干部分发包给几个承包单位。同时，应当选择具有相应资质且社会声誉好、业务能力强的监理单位从事工程项目的监理工作。

（4）加强合同管理。企业应当按照规定的权限和程序从中标候选人中确定中标人，及时向中标人发出中标通知书，在规定的期限内与中标人订立书面合同，明确双方的权利、义务和违约责任。在确定中标人之前，企业不得与投标人就投标价格、投标方案等实质性内容进行谈判。合同签订后，企业和中标人不得再行订立背离合同实质性内容的其他协议。

（三）概预算设计控制

（1）加强概预算编制。企业应当明确规定初步设计概算和施工图预算的编制方法，并按照规定权限和程序进行审核批准，确保概预算的科学合理性。初步设计应当在技术、经济交流的基础上，采用先进的设计和管理技术，进行多方案比较和选择。施工图设计深度及图纸交付进度应当符合项目要求，防止因设计缺陷而造成施工组织困难、工期延误、质量下降、投资失控以及生产运行成本过高等方面的问题。必要时，企业可以委托具备相应资质的中介机构开展工程造价咨询工作。

（2）严格概预算审批。企业应当组织工程、技术、财会等部门的相关专业人员或委托具有相应资质的中介机构对编制的概预算进行审核，重点审查编制依据是否充分，工程量的估计、定额、参数、模型等的采用是否合理，项目内容是否完整，计算是否准确等。审核人员应当出具书面审核意见，并签章确认。必须明白，负责工程造价咨询工作的中介机构不得审核工程概预算。

（3）建立设计变更管理制度。企业应当向中标单位提供详细的设计要求和基础资料，开展有效的技术、经济交流。设计单位应当提供全面、及时的现场服务。设计完成后一般不得变动，确需变动时应当按照规定的权限和程序进行审批。因过失造成设计变更的，应当追究有关部门或人员的责任。

（四）工程建设与价款支付控制

（1）健全工程建设监控制度。企业应当根据概预算提出的要求对工程建设过程进行实时监控，督促施工单位切实做到及时备料、科学施工、保证质量、落实责任，确保工程项目达到设计要求。

（2）充分发挥监理单位的作用。企业应当委托经过招标确定的监理单位，依照国家法律法规及相关技术标准、设计文件和工程承包合同，对承包单位的施工质量、工期、进度、安全和资金使用等实施严格监督。

工程监理人员应当具备良好的职业操守，客观公正地执行监理任务，发现工程施工不符合设计要求、施工技术标准和合同约定的，应当要求承包单位改正；发现工程设计不符合建筑工程质量标准或者合同约定的质量要求的，应当报告企业要求设计单位改正。未经工程监理人员签字，工程物资不得在工程上使用或者安装，不得进行下一道工序施工，不得拨付工程价款，不得进行竣工验收。

（3）严格控制项目变更。工程项目一经确定，不能随意变更。必要的项目变更应当经过相关部门或工程监理等中介机构的审核；重大的项目变更应比照项目决策和概预算控制的有关程序和要求重新履行审批手续。

（4）完善价款支付手续，做到：

①明确规定价款支付的条件、方式以及会计核算程序。

②财务部门应当加强与承包单位的沟通，准确掌握工程进度，根据合同约定，按照规定的审批权限和程序办理工程价款结算，不得无故拖欠。

③会计人员应当对工程合同协议约定的价款支付方式、有关部门提交的价款支付申请及凭证、审批人的批准意见等进行审查和复核。复核无误后，再行办理价款支付手续。

④工程进度款的支付必须按照工程项目的施工进度或者合同协议约定进行，不得随意提前支付。

⑤会计人员在办理价款支付业务过程中，如果发现计划支付的价款与合同协议约定的价款支付方式及金额不符，或与工程实际完工进度不符等异常情况，应当及时报告有关部门。

⑥因工程变更等原因造成价款支付方式及金额变动时，财会部门应当根据工程变更的相关文件资料，对工程变更所涉及的价款进行审查和核对，不得冒然支付价款。

（5）加强会计核算工作。企业应当加强工程项目的资金筹集与运用、物资采购与使用、财产清理与变现等业务的会计核算工作，真实、完整地反映工程项目成本费用的发生情况、资金流入流出情况以及财产物资的增减变动情况。同时，加强在建工程项目减值情况的定期检查，严格按照国家统一会计准则的规定标准和审批程序计提减值准备。

此外，对于自行建造的工程项目和以包工不包料方式委托其他单位承担的工程项目，企业应当建立针对材料采购、收发、保管和记录的控制程序。工程物资的采购，应当严格按照采购业务内部控制的有关规定进行，确保工程物资采购符合设计标准和合同要求，严禁不合格物资投入工程项目建设。对于重大设备和大宗材料的采购，必须执行有关招标采购的规定。

（五）竣工决算与验收控制

（1）建立竣工清理制度。明确规定竣工清理的范围、内容和方法，如实填写并妥善保管竣工清理清单。

（2）加强剩余物资管理。企业应当明确规定工程剩余物资的处置权限和审批程序，指定专门机构及时处置剩余物资，防止资源浪费，财会部门应当按照规定及时核算处置收入。

（3）及时编制竣工决算。企业收到承包单位的工程竣工报告后，应当依据国家法律法规及时编制竣工决算，并组织有关部门和人员对竣工决算进行审核，重点审查决算依据是否完备，相关文件资料是否齐全，竣工清理是否完成，决算编制是否正确。

（4）加强竣工决算审计。企业应当建立竣工决算审计制度，及时组织竣工决算审计。未实施竣工决算审计的工程项目，原则上不得办理竣工验收手续。因生产经营急需开展竣工验收的，应同时组织开展竣工决算审计。

（5）完善竣工验收程序，做到：

①及时组织设计、施工、监理等有关单位验收竣工项目。

②交付竣工验收的工程项目，应当符合规定的质量标准，有完整的工程技术经济资料，并具备国家规定的其他竣工条件。

③对竣工验收进行审核，重点审查验收人员、验收范围、验收依据、验收程序等是否符合有关规定。必要时，可聘请专业人士或中介机构协助验收。

④验收合格的工程项目，应当及时编制财产清单，办理资产交付使用手续，并加强对资产的管理。

⑤按照国家有关档案管理的规定，及时收集、整理工程建设各环节的文件资料，建立完整的工程项目档案。

（6）建立项目后评估制度。企业应当建立工程项目后评估制度，对完工工程项目的经济性与项目建议书和可行性研究报告提出的预期经济目标进行对比分析，并作为绩效考核和责任追究的基本依据。

5.9.5　工程项目业务内部控制流程

根据工程项目业务的内容和运行环节不同，企业工程项目业务的内部控制流程大致可以分为七个环节：

（1）工程项目决策与立项控制。

（2）工程项目招投标控制。

（3）工程项目概预算设计控制。

（4）工程项目施工控制。

（5）工程价款结算与款项支付控制。

（6）工程项目竣工验收控制。

（7）工程项目竣工决算审计控制。

为了明确各个环节的内部控制流程，实际工作中，企业可以针对各个环节绘制

“内部控制流程图”和“内部控制流程表”，为业务经办部门和人员提供直观明了的执行标准。下面以工程项目竣工验收控制为例，分别提供“内部控制流程图”（如图5-8所示）和“内部控制流程表”（见表5-8）。

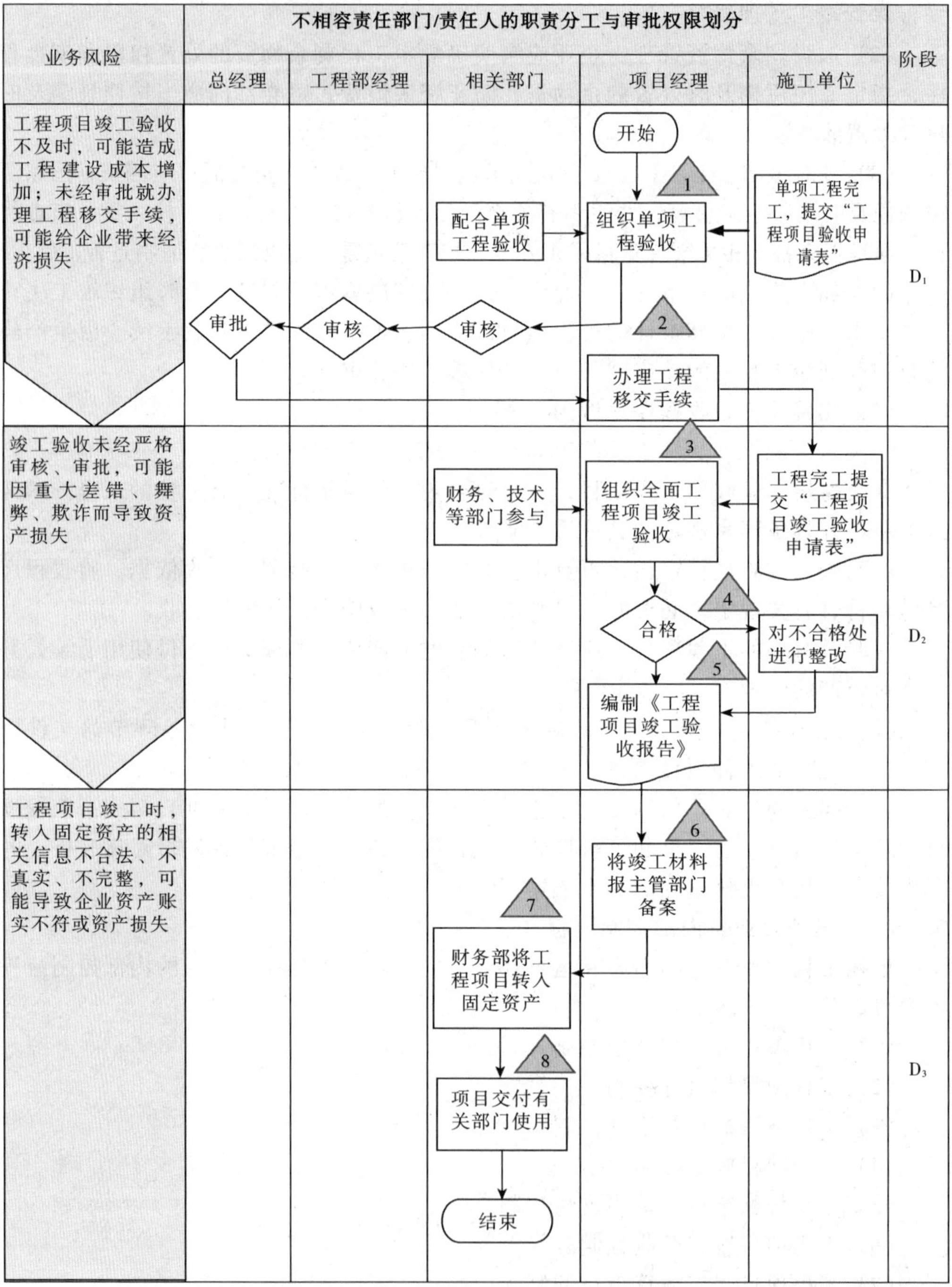

图5-8 工程项目竣工验收内部控制流程图

表 5-8　**工程项目竣工验收内部控制流程表**

<table>
<tr><th colspan="2">控制事项</th><th>详细描述及说明</th></tr>
<tr><td rowspan="3">阶段控制</td><td>D_1</td><td>1.项目部接到施工单位提出的“工程项目验收申请表”后，根据建筑工程项目质量检验的相关规定对单项工程项目进行验收，相关部门配合验收
2.经工程部经理、总经理审批的合格项目，由项目经理代表企业同施工单位办理工程移交手续</td></tr>
<tr><td>D_2</td><td>3.项目经理经总经理授权，组织企业内部相关部门和人员与外部勘察单位、设计单位、施工单位、监理单位等相关人员实施全面的工程竣工验收工作
4.如果工程项目检验不合格，要求施工单位针对存在的问题进行整改
5.如果工程项目经过验收，符合设计及质量要求，由项目经理组织成立的验收小组编制《工程项目竣工验收报告》，并要求相关各方在验收报告上签字</td></tr>
<tr><td>D_3</td><td>6.项目部备齐竣工图表、工程总结及其他相关资料文件，根据有关规定，报政府主管部门审批
7.项目得到政府主管部门审批后，办理固定资产移交手续，财务部将工程项目转入固定资产进行核算
8.转入固定资产的项目交付使用</td></tr>
<tr><td rowspan="2">相关规范</td><td>应建规范</td><td>《工程竣工验收细则》
《竣工决算审计制度》</td></tr>
<tr><td>参照规范</td><td>《企业会计准则第 4 号——固定资产》
《企业内部控制应用指引》
政府部门对安装工程竣工验收工作的相关规定</td></tr>
<tr><td colspan="2">文件资料</td><td>“工程项目验收申请表”“工程项目竣工验收申请表”
《工程项目竣工验收报告》</td></tr>
<tr><td colspan="2">责任部门及责任人</td><td>工程部、财务部、相关部门
总经理、项目经理、工程部经理、相关部门负责人</td></tr>
</table>

5.10　投资业务控制活动

5.10.1　投资业务控制目标

投资业务的控制是指对企业以货币资金和其他资产形式开展的各种投资活动进行的监控。其内部控制目标是：

（1）根据国家的有关法规政策和企业发展战略，科学制定投资规划，确保投资活动的合法性。

（2）建立健全投资决策机制，完善投资业务授权、批准、审查、监督和责任追究等管理制度，明确界定各有关部门的职责权限。

（3）建立科学合理的风险预警机制，有效防范和控制投资风险，确保对外投资的安全和有效进行。

（4）合理把握投资项目、投资时机和投资规模，准确预判投资的经济效益和社会效益，保证投资目标的实现。

5.10.2 投资业务潜在风险

（1）投资决策程序不科学，可行性论证不充分，造成低效或无效投资，导致企业遭受经济损失，甚至陷入财务困境。

（2）投资行为违反国家法律法规，法定手续不齐备，未经适当审批或超越授权审批，使企业遭受外部处罚，造成经济损失和信誉损失。

（3）对被投资企业的资信和经营状况缺乏足够的了解，警惕性差，引发资金挪用、转移、抽逃等上当受骗事件。

（4）对被投资企业的后续管理不到位，缺乏有效的跟踪监督工作，导致被投资企业失去控制、投资目标无法实现。

（5）会计核算不规范，未按照国家统一会计准则的规定确认、计量和报告投资项目和投资收益，随意调节股权投资差额的摊销期限，导致企业的资产和损益信息不真实。

5.10.3 投资业务控制基本要求

总体上讲，企业应当根据投资目标和规划，充分考虑投资国家或地区的政治、经济、法律、市场等环境因素的影响，建立健全投资业务管理制度，科学确定投资项目，详细制订投资方案，合理安排投资结构，重点关注投资项目的收益和风险，全面梳理各个环节可能存在的风险点，明确投资业务管理部门和岗位的职责权限。并按照国家统一会计准则的规定确认、计量和报告投资业务，确保投资效益最大化。基本要求：

（一）不相容岗位完全分离

企业应当明确规定与投资业务相关的部门和人员的职责权限，确保办理投资业务的不相容岗位完全分离，以便相互制约和监督。投资业务的不相容岗位至少包括：

（1）投资项目的可行性研究与评估。

（2）投资的决策与执行。

（3）投资处置的审批与执行。

（4）投资绩效评估与执行。

（5）投资收益的核算与审计。

（二）合理配备业务人员

企业应当根据投资业务的特点，配备具有金融、投资、财会、法律等方面专业知识和良好职业道德的人员办理对外投资业务，并根据具体情况对办理投资业务的人员定期进行岗位轮换。

（三）严格授权审批制度

企业应当建立投资授权制度和审核批准制度，明确规定审批人对投资业务的授权批准权限、方式、程序、责任和相关控制措施，规定经办人办理投资业务的职责范围和具体工作要求。审批人应当根据投资授权批准制度在授权范围内进行审批，不得超越审批权限。经办人应当在职责范围内，按照审批人的审批意见办理投资业务。

5.10.4　投资业务控制具体要求

（一）可行性研究与评估控制

（1）加强投资可行性研究，做到：

①编制投资项目建议书，由相关部门或人员对投资项目进行分析与论证，对被投资企业的资信情况进行调查或实地考察，重点关注被投资企业管理层或实际控制人的经营管理能力、合作精神、诚信度等情况。投资项目如果有其他投资者，也应当对其他投资者的资信情况进行了解或调查。

②编制可行性研究报告，重点对投资项目所属行业或产业的发展趋势、投资目的、投资规模、投资时机、投资方式、资金来源、预期收益、投资风险及应对措施等作出评价，确保投资方案的可行性。必要时，可以委托具备相应资质的专业机构对投资项目进行可行性研究，提供独立的可行性研究报告。

③企业如果在原投资基础上追加投资，仍应履行上述程序。

④投资项目建议书和可行性研究报告的内容必须真实可靠，支持投资建议和可行性研究报告的理由应当充分、恰当。

（2）对可行性研究报告进行评估。企业应当组织相关部门或人员对可行性研究报告进行认真分析和评价，并形成独立的评估报告。对于重大投资项目，必须委托具有相应资质的专业机构对可行性研究报告进行独立评估。但必须明确，承担可行性研究的专业机构不能从事评估工作。

（3）设立投资审查委员会。企业应当设立投资审查委员会或者类似机构，对达到一定标准的投资项目进行初审。初审通过后提交投资项目决策机构。初审内容主要包括：

①拟投资项目是否符合国家有关法律法规和相关产业政策，是否符合企业的主业发展方向和投资规划，是否有利于企业的持续稳定发展。

②拟订的投资方案是否可行，投资风险是否识别清楚，是否在企业的容忍度之内，是否提出了相应的防范措施。

③企业是否拥有充足的投资资金，投资完成后是否影响企业正常经营活动，企业对所投资的项目能否进行有效监管。

④拟投资项目的预计经营目标、收益目标等是否能够实现，企业的投资利益能否保证，所投入的资金能否按时收回。

（二）投资决策控制

（1）规范决策审批程序，做到：

①根据股东大会（或企业章程规定的类似权力机构）批准的年度投资计划，按照职责分工和审批权限，对投资项目进行决策审批。

②重大投资项目，应当按照规定权限和程序实行集体决策或联签制度。

③投资方案需经上级有关管理部门批准时，应当履行相应的报批程序。

④投资方案如果发生重大变更，应当重新开展可行性研究和评估工作，并履行相应的审批程序。

⑤对下属企业的投资项目进行审批时，应当采取总额控制等措施，防止所属企业分拆投资项目、逃避授权审批的行为。

（2）严格控制投资风险。企业应当谨慎从事股票投资或衍生金融产品等高风险投资项目。采用并购方式投资时，应当重点关注并购对象的隐性债务、承诺事项、可持续发展能力、员工状况及与本企业治理层及管理层的关联关系，合理确定支付对价，尽量规避并购风险，确保并购目标的实现。

（3）建立投资责任追究制度。对于到期无法收回的投资，应当针对具体情况，追究有关人员的经济责任，以便提高决策者的责任意识，减少和避免企业的投资损失。

（三）投资执行控制

（1）制订投资实施方案。投资实施方案应当明确出资时间、出资数额、出资方式以及责任人员等内容。投资实施方案发生变更时，应当重新履行审批程序。

（2）加强投资合同管理。企业应当根据批准的投资方案，与被投资方签订投资合同或协议，明确双方的权利、义务和违约责任等内容，并按规定的权限和程序履行投资合同或协议。投资合同或协议的签订应当遵循合同协议内部控制的有关规定，必要时征求法律顾问的意见。

（3）加强投资项目跟踪管理。企业应当指定专门机构或人员对投资项目进行全程跟踪管理，并建立被投资方管理信息系统。及时收集被投资方经过审计后的财务报告等相关资料，定期组织投资效益分析，详细了解被投资方的财务状况、经营成果、现金流量以及投资合同履行情况。一旦发现异常情况，应当及时报告投资管理机构，以便采取措施妥善处理。必要时，企业可以向被投资企业派出董事、监事、财务等管理人员，并对派驻人员建立适时报告、业绩考评与轮岗制度。

（4）加强投资权益证书的管理。企业应当指定专门部门或人员保管权益证书，建立详细的记录。未经授权人员不得接触权益证书。财务部门应当定期不定期地与投资管理部门和人员清点、核对有关权益证书。当被投资企业股权结构发生变化时，企业应当取得被投资企业的相关文件，及时办理相关产权变更手续，反映股权变更对本企业的影响。

（5）加强备忘记录和账目核对工作。企业应当设置投资备查登记簿，详细记载被投资单位的基本情况、动态信息、取得投资时被投资单位各项资产和负债的公允价值信息、与被投资单位发生的关联交易情况、发放股票股利情况等。定期不定期地与被投资企业核对投资账目，保证投资的安全、完整。

（6）加强投资收益的控制。企业应当根据对被投资方的影响程度，合理确定投资会计政策，正确认定投资收益并采用相应的投资收益核算办法。对被投资单位以股票形式发放的股利，应及时更新账面股份数量。对投资项目减值情况应当定期检查，当被投资方财务状况恶化时，企业财会部门应当根据国家统一会计准则的规定，合理计提减值准备、确认减值损失。

（四）投资处置控制

（1）明确规定投资处置审批权限。企业应当对投资收回、转让、核销等的决策和授权批准程序作出明确规定。做到：

①对应收回的投资资产，要及时足额收取。

②转让投资时，应当由相关机构或人员合理确定转让价格，并报授权批准部门批准。必要时，可委托具有相应资质的专门机构进行评估。

③核销投资时，应当取得因被投资企业破产等原因不能收回投资的法律文书和证明文件。

④认真审核与投资处置有关的审批文件、会议记录、资产回收清单等资料，确保资产处置的合法性和真实性。

（2）加强投资项目的跟踪评价。企业应当建立投资项目后续跟踪评价管理制度，对企业的重要投资项目和所属企业超过一定标准的投资项目，有重点地开展后续跟踪评价工作，并作为进行投资奖励和责任追究的基本依据。

5.10.5 投资业务内部控制流程

根据投资业务的内容和运行环节不同，企业投资业务的内部控制流程大致可以分为五个环节：

（1）投资的可行性研究与评估控制。

（2）投资决策控制。

（3）投资执行控制。

（4）投资收益核算。

（5）投资处置控制。

为了明确各个环节的内部控制流程，实际工作中，企业可以针对各个环节绘制“内部控制流程图”和“内部控制流程表”，为业务经办部门和人员提供直观明了的执行标准。下面以投资执行控制为例，分别提供“内部控制流程图”（如图5-9所示）和“内部控制流程表”（见表5-9）。

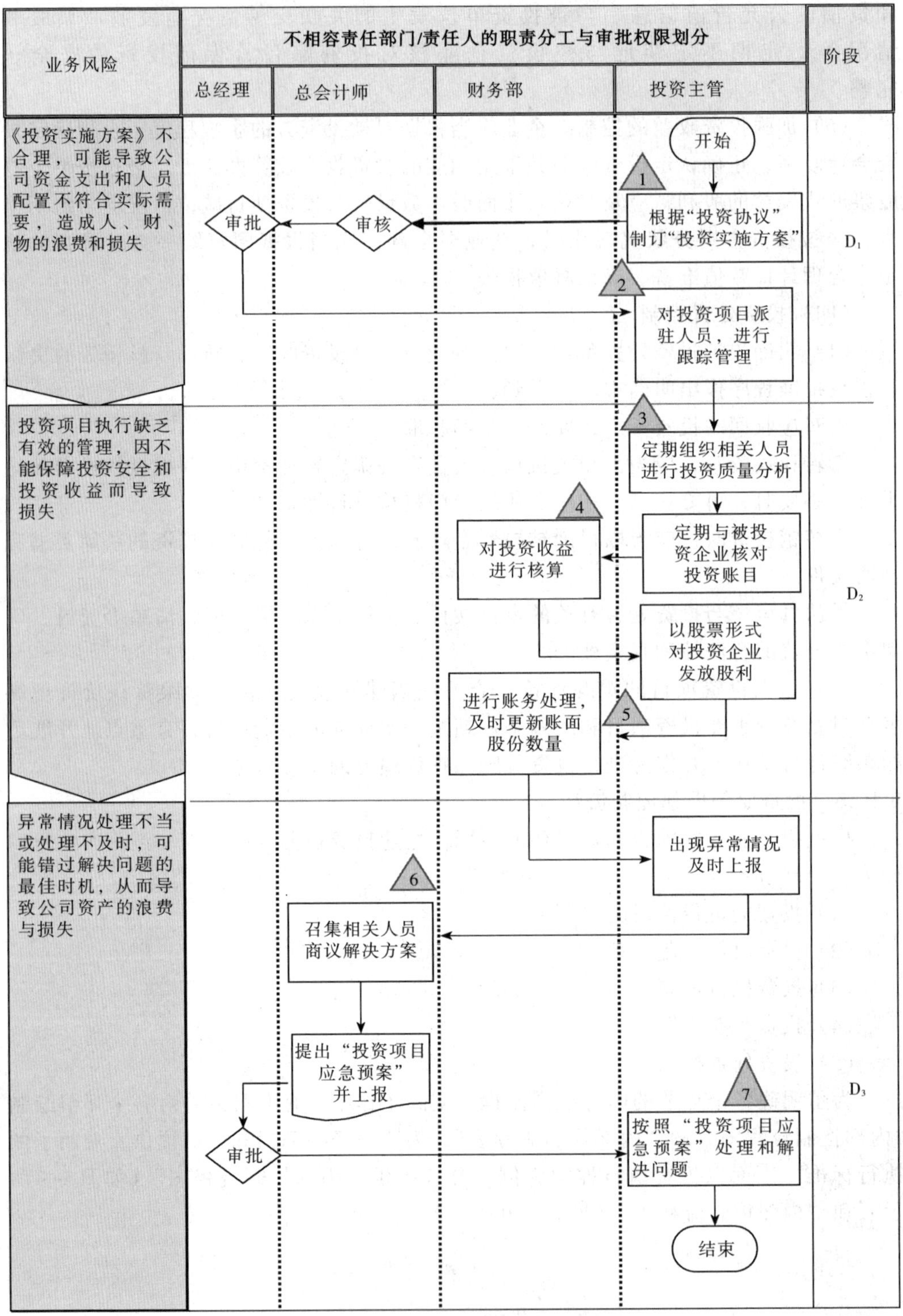

图 5-9 投资执行内部控制流程图

表 5-9　　**投资执行内部控制流程表**

控制事项		详细描述及说明
阶段控制	D_1	1. 由投资主管根据“投资协议”的内容制订详细具体的“投资实施方案”，明确出资时间、出资金额、出资方式及责任人员等内容，上报总会计师、总经理审核、审批 2. 公司根据有关法规制度和企业的实际情况，向被投资企业派出董事、监事、财务负责人或其他管理人员，进行跟踪管理
	D_2	3. 投资主管和财务部定期组织相关人员进行投资质量分析，准确了解投资效益，及时掌控投资风险。发现异常情况时向有关部门和人员报告 4. 会计人员定期与被投资企业核对账目，并按照国家统一会计准则的规定对投资收益进行核算 5. 如果被投资单位以股票形式向投资企业发放股利，会计人员应当及时进行账务处理，更新账面股份数量
	D_3	6. 投资主管和财务部将发现的异常情况及时上报，由总会计师组织相关人员商议并提出“投资项目应急预案”，上报总经理审批 7. 投资主管和财务部根据批准的“投资项目应急预案”处理和解决相关问题，尽力排除异常现象，保证投资收益
相关规范	应建规范	《投资管理制度》 《投资收益核算办法》
	参照规范	《企业会计准则第 2 号——长期股权投资》 《企业内部控制应用指引》
文件资料		“投资协议”“投资实施方案” “投资项目应急预案”
责任部门及责任人		财务部、投资管理部门 总经理、总会计师、财务部长、投资主管、会计

5.11　税务业务控制活动

5.11.1　税务业务控制目标

税务业务的控制是指对企业各种税收的计算、申报、交纳等一系列活动进行的监控。其内部控制目标是：

（1）按照国家税收法律法规要求进行纳税申报并及时缴纳税款，严防违法违规行为，确保企业依法履行纳税义务。避免因没有遵循税法可能遭受的外部处罚、财务损失或声誉损害。

（2）建立健全税务风险管理制度，结合企业的自身情况和税务风险特征，准确预判、有效防范税务风险。

（3）科学合理地进行纳税筹划，在经营决策和日常经营活动中充分考虑税收因素的影响，确保企业的合法权益。

（4）保证税务登记、账簿凭证管理、税务档案管理等涉税事项符合相关法律法规，税务事项的会计处理符合统一会计准则的规定。

5.11.2 税务业务潜在风险

（1）税务管理不严密导致计税数额错误、缴税时间滞后，进而导致遭受税务部门的经济处罚，造成企业的资金损失和声誉损失。

（2）税务风险识别和评估机制不科学，应对措施不得力，信息沟通不到位，会加大企业的税务风险损失。

（3）对税收政策理解不深刻，没有充分利用税收优惠政策，造成企业超额纳税、资金外流。

（4）税务事项的会计处理不符合有关税法和统一会计准则的要求，引发税务纠纷，导致企业承担不必要的经济损失。

5.11.3 税务业务控制基本要求

总体上讲，企业应当建立健全税务业务管理制度，全面梳理税务业务流程，加强税务工作的组织领导，明确税务管理机构和人员的职责权限、授权批准程序和工作协调机制，按照国家税收法律法规要求认真履行纳税义务，科学进行税务筹划，有效防范税务违法行为，全面控制税务风险。并根据国家统一会计准则的规定确认、计量和报告税务事项。基本要求包括：

（一）设置专门机构，明确岗位职责

企业应当结合生产经营特点和税务风险管理要求，设立税务管理专门机构或专职岗位，明确规定税务管理机构或税务管理岗位的工作职责，做到：

（1）制定和完善企业涉税业务的规章制度。

（2）及时搜集企业日常经营活动中的涉税信息。

（3）建立税务风险管理的信息与沟通机制，及时提供税务风险管理建议。

（4）完善企业税务风险评估机制，监测日常税务风险，采取应对措施，减少和避免税务风险损失。

（5）指导和监督企业有关职能部门以及下属企业开展税务风险管理工作，检查税务计划执行情况，提供税务方面的咨询。

（6）参与企业战略规划和重大经营决策的税务分析，科学合理地开展税务筹划，保护和争取企业的正当权益。

（7）承担或协助相关职能部门开展纳税申报、税款缴纳、账簿凭证和其他涉税资料的准备和保管工作。

（二）不相容岗位完全分离

企业应当建立科学有效的职责分工和制衡机制，确保税务管理业务的不相容岗位完全分离，以便相互制约和监督。税务管理业务的不相容岗位至少包括：

（1）税务规划的起草与审批。

（2）税务资料的准备与审查。

（3）纳税申报表的填报与审批。

（4）税款缴纳划拨凭证的填报与审批。

（5）发票购买、保管与财务印章保管。

（6）税务风险事项的处置与事后检查。

（三）合理配备税务管理人员

企业应当配备具有良好专业素质和职业道德品质，能严格遵守国家法规制度的人员管理涉税业务，并定期对业务管理人员进行培训，不断提高他们的业务素质和职业道德水平。

5.11.4　税务业务控制具体要求

（一）税务风险识别与评估

（1）有效识别税务风险。企业应当结合自己的税务风险管理机制和实际经营情况，有效识别内部和外部的各种税务风险因素。

企业内部的税务风险因素主要包括：企业经营理念与发展战略；企业董事会、监事会等治理层以及管理层的税收遵从意识和对待税务风险的态度；企业组织架构、经营模式或业务流程；税务管理部门设置和人员配备情况，以及涉税员工的职业操守和专业胜任能力；部门之间的权责划分和制衡机制；财务状况、经营成果及现金流情况；对管理层的业绩考核指标；监督机制的有效性；等等。

企业的外部税务风险因素主要包括：经济形势和产业政策；市场竞争和融资环境；适用的法律法规和监管要求；税收法规或地方性法规的完整性和适用性；上级或股东的越权或违规行为；行业惯例；灾害性因素；等等。

（2）定期评估税务风险。企业税务管理部门应当协同相关职能部门，定期对企业税务风险管理机制的有效性进行评估，不断改进和优化税务风险管理制度和流程。必要时，可以聘请具有相关资质和专业能力的中介机构协助实施税务风险评估，并向税务机关出具评估报告。

（3）强化动态管理。企业应当对税务风险实行动态管理，及时识别和评估原有风险的变化情况以及新产生的税务风险，分析和描述风险发生的可能性和条件，正确评价风险对企业实现税务管理目标的影响程度，从而确定风险管理的优先顺序和策略。

（二）税务风险应对策略

（1）强化税务风险管理意识。企业应当倡导遵纪守法、诚信纳税的税务管理理念，将依法纳税、防范税务风险作为企业经营的重要内容和企业文化建设的重要组成部分，增强全体员工的税务风险防范意识。

（2）健全税务风险控制机制。企业应当根据风险产生的原因和条件，从组织机构、职权分配、业务流程、信息沟通和监督考核等各个方面建立税务风险控制制度，制定税务风险应对策略。根据风险的不同特征采取相应的人工控制机制或自动化控制机制，根据风险发生的规律和重大程度建立预防性控制和发现性控制机制。

（3）针对不同风险合理设计税务管理的流程及控制方法。对于重大税务风险所涉及的管理职责和业务流程，应当制定覆盖各个环节的全流程控制措施；对于其他风险所涉及的业务流程，应当合理设置关键控制环节，采取相应的控制措施，全面控制税务风险。

企业内部组织架构、经营模式或外部环境发生重大变化，以及受行业惯例和监管约束而产生重大税务风险时，应当及时向税务机关报告，以寻求税务机关的指导和帮助。

（4）加强税务风险的跟踪监控。企业税务管理部门应当积极参与企业战略规划和重大对外投资、并购或重组、经营模式的改变以及重要合同或协议的签订等重大经营决策的制定，并跟踪监控相关的税务风险。对于关联交易价格制定、跨行业经营策略制定等重要经营活动，也应当跟踪监控相关税务风险。

（5）关注日常经营活动中的税务风险。企业税务管理部门应当协同相关职能部门，加强日常经营活动中的税务风险管理工作，做到：

①参与制定或审核企业日常经营业务中涉税事项的政策和规范。

②制定各项涉税会计事务的处理流程，明确各自的职责和权限，保证税务事项的会计处理符合相关法律法规。

③完善纳税申报表编制、复核、审批以及税款缴纳的程序，明确相关的职责权限，保证纳税申报和税款缴纳符合税法规定。

④按照税法有关规定，充分准备和妥善保存有关涉税业务的资料，并按相关规定进行报备。

⑤对发生频率较高的税务风险建立监控机制，评估其累计影响，并采取有效的应对措施。

（6）完善激励和约束机制。企业应当通过有效的激励和约束机制，将税务风险管理的工作成效与相关人员的业绩考核结合起来，提高税务风险管理成效。

（三）信息与沟通

（1）健全信息与沟通制度。企业应当健全税务管理的信息与沟通制度，明确相关税务信息的收集、处理和传递程序，确保企业税务管理部门内部、税务管理部门与其他部门、税务管理部门与企业管理当局的沟通，及时收集和反馈相关信息，发现问题及时报告并采取应对措施。

（2）完善法律法规收集和更新系统。企业应当及时汇编适用的税收法规并定期更新，确保企业财务会计系统的设置和更改与税收法规的要求同步，使会计信息的输出能够反映税收法规的最新变化。

（3）建立风险管理信息系统。企业应当根据业务特点和成本效益原则，将信息技术运用于税务风险管理的各项工作，建立涵盖风险管理基本流程和内部控制系统各环节的风险管理信息系统，做到：

①利用计算机系统和网络技术，对具有重复性、规律性的涉税事项实施自动控制。

②将税务申报纳入计算机系统管理，利用有关报表软件提高税务申报的准确性和及时性。

③建立年度税务日历，自动提醒相关责任人完成涉税业务，并跟踪和监控工作完成情况。

④建立税务文档管理数据库，采用合理的流程和技术对涉税信息资料进行安全存储。

⑤利用信息管理系统，提高法律法规的收集、处理及传递的效率和效果，动态监控法律法规的执行。

需要指出，税务风险管理信息系统数据的记录、收集、处理、传递和保存必须符合税收法规和税务风险控制的要求。

5.11.5　税务业务内部控制流程

根据税务业务的内容和运行环节不同，企业税务业务的内部控制流程大致可以分为六个环节：

（1）税务票据控制。

（2）纳税申报控制。

（3）增值税计算与缴纳控制。

（4）所得税计算与缴纳控制。

（5）其他税种计算与缴纳控制。

（6）退税业务控制。

为了明确各个环节的内部控制流程，实际工作中，企业可以针对各个环节自行绘制“内部控制流程图”和“内部控制流程表”，为业务经办部门和人员提供直观明了的执行标准，也可以参照税务管理部门的有关要求组织内部控制。

5.12　子公司业务的控制活动

5.12.1　子公司业务控制目标

对子公司的控制是指站在母公司角度，通过治理结构和人事制度安排、授权审批、内部审计监督等手段，对全资子公司和控股子公司的生产经营管理活动进行的监控。其内部控制目标是：

（1）依法参与子公司治理架构的建立，选派代表股东利益的董事、经理及总会计师等高级管理人员，确定子公司章程的主要条款，保证子公司治理结构和人事安排的科学合理，实现母公司的投资目标。

（2）通过建立经营管理政策和办法，对子公司有关业务活动和财务事项实施控制，确保子公司的经营活动合法、合理、高效。

（3）督促子公司如实披露财务会计信息，防范关联交易导致的信息披露违规现象，保证母公司合并财务报表的真实可靠。

5.12.2 子公司业务潜在风险

（1）子公司治理结构不完善，母公司选派的人员不能胜任工作，造成企业经营决策失误、管理效率低下，导致母公司投资发生损失甚至完全失败。

（2）子公司超越经营范围或审批权限从事业务活动和交易事项，甚至出现违法违纪现象而使母公司承担连带法律责任。

（3）会计处理不符合会计准则有关规定，甚至故意弄虚作假，导致母公司合并财务报表信息失真，误导信息使用者的决策行为，进而引发法律诉讼，受到相关监管机构的处罚。

5.12.3 子公司业务控制要求

（一）对子公司组织机构的控制

（1）实行委派董事制度。母公司应当对设有董事会（或者由企业章程规定的经理、厂长办公会等类似的决策、治理机构，以下简称董事会）的子公司派出董事，通过子公司董事会行使出资者权力。委派董事应当定期向母公司报告子公司经营管理的有关事项。对于重大风险事项或重大决策信息，委派董事应当及时上报母公司董事会。

（2）掌控子公司经理任免权。母公司可以根据公司章程规定，向子公司董事会提名子公司的经理人选。子公司经理未能履行职责并对企业集团利益造成重大损害的，母公司有权向子公司董事会提出罢免建议。

（3）实行总会计师委派制。母公司可以根据实际需要实行总会计师（或财务总监、分管财会工作的负责人，以下简称总会计师）委派制，并定期进行岗位轮换。委派的总会计师应当定期向母公司报告子公司的经营活动和财务状况。必要时，母公司还可以对子公司委派财务人员和其他关键岗位员工。

（4）设置专门管理机构。母公司可以根据需要设置专门机构或岗位，专门负责子公司的股权管理工作，行使出资人的各项权力。其主要职责包括：

①参与子公司高级管理人员的聘用及管理工作。

②参与制订子公司资产置换和重组等资本运作方案。

③制订子公司的改制方案并参与实施等。

（5）强化子公司财务控制。母公司财务部门应当根据公司章程规定或董事会授权，对子公司相关的财务活动实施监控。具体要求包括：

①统一母、子公司的会计政策和会计期间。

②负责编制母公司合并财务报表。

③参与子公司财务预算的编制与审查。

④参与子公司总会计师或其他会计人员的委派与管理工作。

⑤参与子公司的资金控制与资产管理工作。

⑥参与内部转移价格的制定与管理。

（6）完善绩效考核与薪酬激励制度。母公司应当建立健全对子公司委派董事、选任经理、委派总会计师等人员的绩效考核与薪酬激励制度，加强委派人员的离职管理，保证人事委派制度的有效实施，充分发挥他们的积极性，维护整个企业集团的利益。

（二）对子公司业务活动的控制

（1）完善授权审批制度，做到：

①在子公司章程中明确规定子公司的业务范围和审批权限。

②子公司不得从事业务范围或审批权限之外的交易或事项。对于超越业务范围或审批权限的交易或事项，子公司必须提交母公司董事会或股东大会审议批准后方可实施。

③对子公司发生的可能对企业集团利益产生重大影响的交易或事项，如子公司发展规划及预算、重大筹资和投资活动、重要合同协议、重大资产收购、资产出售及处置、对外担保和互保、对外捐赠，关联交易等，应当严格限制其业务开展范围和权限，并通过类似项目合并审查、总额控制等措施，防范子公司采用分拆项目的方式绕过授权。

④重大交易或事项经子公司董事会审议通过后，须提交母公司董事会或股东大会审核。对符合条件的重大交易或事项应当对外披露，并按照信息披露内部控制的有关规定对外披露。

⑤督促子公司加强预算管理、财务分析和银行账号管理。

（2）强化对外投资控制。具体要求：

①金额较大或风险较高的投资项目应当由子公司进行可行性研究，并经过子公司董事会审批同意形成决议后，提交母公司董事会或股东大会审核。

②母公司应当对子公司重大投资项目的进展情况实施全过程监督。

③母公司应当会同子公司有关人员对投资项目进行评估，重点关注投资收益是否合理、是否存在违规操作行为、子公司是否涉嫌越权等问题。

④对子公司的重大合同协议、重大资产收购、资产出售及处置等事项，母公司也应按照上述要求进行控制。

（3）加强负债筹资控制。母公司应当采用单笔负债额度控制、负债总额控制、资产负债比率控制以及资产负债比率与企业绩效挂钩控制等方式对子公司的负债筹资活动进行控制。具体要求包括：

①子公司只能自行决定短期负债筹资活动。

②子公司的长期负债筹资活动，应当由子公司提出方案并经董事会批准后，提交母公司董事会或股东大会审议通过后方可实施。

③凡是引起注册资本增减变动的筹资活动，子公司应当提出方案，经子公司董事会批准后，提交母公司董事会或股东大会审议通过后方可实施。

(4) 严格对外担保与捐赠控制。具体要求包括：

①未经母公司董事会或经理批准，子公司不得对外提供担保或互保。对于已经批准的担保事项，子公司应当建立备查账簿，详细登记贷款企业、贷款银行、担保金额、担保方式、截止时间、经办和批准人员等信息。母公司应当指定专人负责，定期检查子公司的担保情况。

②子公司对外捐赠资金或资产超出一定限额的，应当经母公司董事会或总经理批准。对于已经批准的对外捐赠事项，子公司应当建立备查账簿，详细登记捐赠对象、捐赠资产、捐赠金额、时间、经办人、批准人等信息，母公司应当指定专人负责，定期检查子公司的捐赠情况。

(5) 强化关联交易控制。母公司应当按照国家法律法规、监管规则和关联交易内部控制的有关规定，统一制定关联交易政策和程序，有效实施控制。

(6) 做好内部审计工作。母公司应当根据子公司业务特征及所在地有关法律法规的特殊要求，督促子公司建立健全内部审计制度，明确内部审计的目标、范围、母子公司内部审计部门的职责分工等，并要求子公司及时将内部审计报告提交母公司审阅。

(7) 强化子公司利润控制。母公司应当参照子公司的历年盈利水平，结合当前实际经营状况以及在一定期间所能达到的业绩水平，合理测算投资回报率，核定子公司的利润指标，督促子公司实现资产的保值增值。并按照公司章程约定，严格审核子公司利润分配或亏损弥补方案。审核时应当考虑以下因素：

①母公司利益分配要求和子公司未来发展需要。

②子公司盈余和现金是否充足。

③出资人的出资比例。

④国家有关法律法规和统一会计准则要求的法定程序。

(三) 合并财务报表的控制

(1) 统一会计政策、会计期间和会计核算方法。具体要求包括：

①财务部门应当制订合并财务报表编制方案，对内部整合、外部并购、股份划转等单位内部文件进行判断，确定纳入合并财务报表的合并范围，并提交财务部门负责人审核、总会计师审批。

②统一所属子公司采用的会计政策和会计期间，保证子公司采用的会计政策和会计期间与母公司一致。如果出现海外上市子公司确实难以保持一致的情形，应当经由母公司董事会及其审计委员会审议批准。

③对于需要进行专业判断的重大会计事项，母公司财务部门应当统一制定合法、合理的会计核算办法，经财务部门负责人审核，总会计师审批后下达子公司执行。

④定期审核纳入合并范围的子公司之间的内部交易及往来会计科目，确保内部交易和往来业务会计处理的正确性和完整性。

（2）核查子公司会计报表。具体要求包括：

①定期审核纳入合并范围的子公司的会计报表，发现差错时应当及时通知相关人员按照规定程序进行纠正。有条件的母公司，可以借助计算机信息系统对子公司的会计报表进行自动检查。

②及时汇总合并范围内全部子公司的会计报表。子公司上报的会计报表须经母公司财会负责人审核、总会计师复核、经理签章，确保其符合编报要求。

（3）编制合并报表。具体要求包括：

①及时归集和整理合并抵销的事项和数据，编制合并抵销分录，并根据母公司与纳入合并范围子公司之间的内部交易及往来对账结果，审核抵销分录的准确性，完整保留书面记录。

②依据纳入合并范围的子公司的会计报表及相关资料，对子公司的股权投资项目和其他项目的准确性进行审核。

③采用计算机信息技术的母公司，可以将合并财务报表抵销分录工作底稿的数据与财务会计信息系统中的数据逐项核对，保证二者的一致性。

④根据合并范围内的子公司的会计报表、合并抵销分录以及有关调整事项等资料，按照国家统一会计准则的规定，编制合并财务报表。

⑤合并财务报表需要进行审计并对外披露时，应当按照财务报告编制与信息披露的内部控制要求进行。

5.12.4　子公司业务内部控制流程

根据子公司业务的内容和运行环节不同，企业对子公司业务实施内部控制的流程大致可以分为六个环节：

（1）子公司组织架构及人事安排控制。

（2）子公司对外投资业务控制。

（3）子公司筹资业务控制

（4）子公司关联交易控制。

（5）子公司利润控制。

（6）合并财务报表控制。

为了明确各个环节的内部控制流程，实际工作中，企业可以针对各个环节分别绘制“内部控制流程图”和“内部控制流程表”，为业务经办部门和人员提供直观明了的执行标准。下面以合并财务报表编制控制为例，分别提供“内部控制流程图”（如图5-10所示）和“内部控制流程表”（见表5-10）。

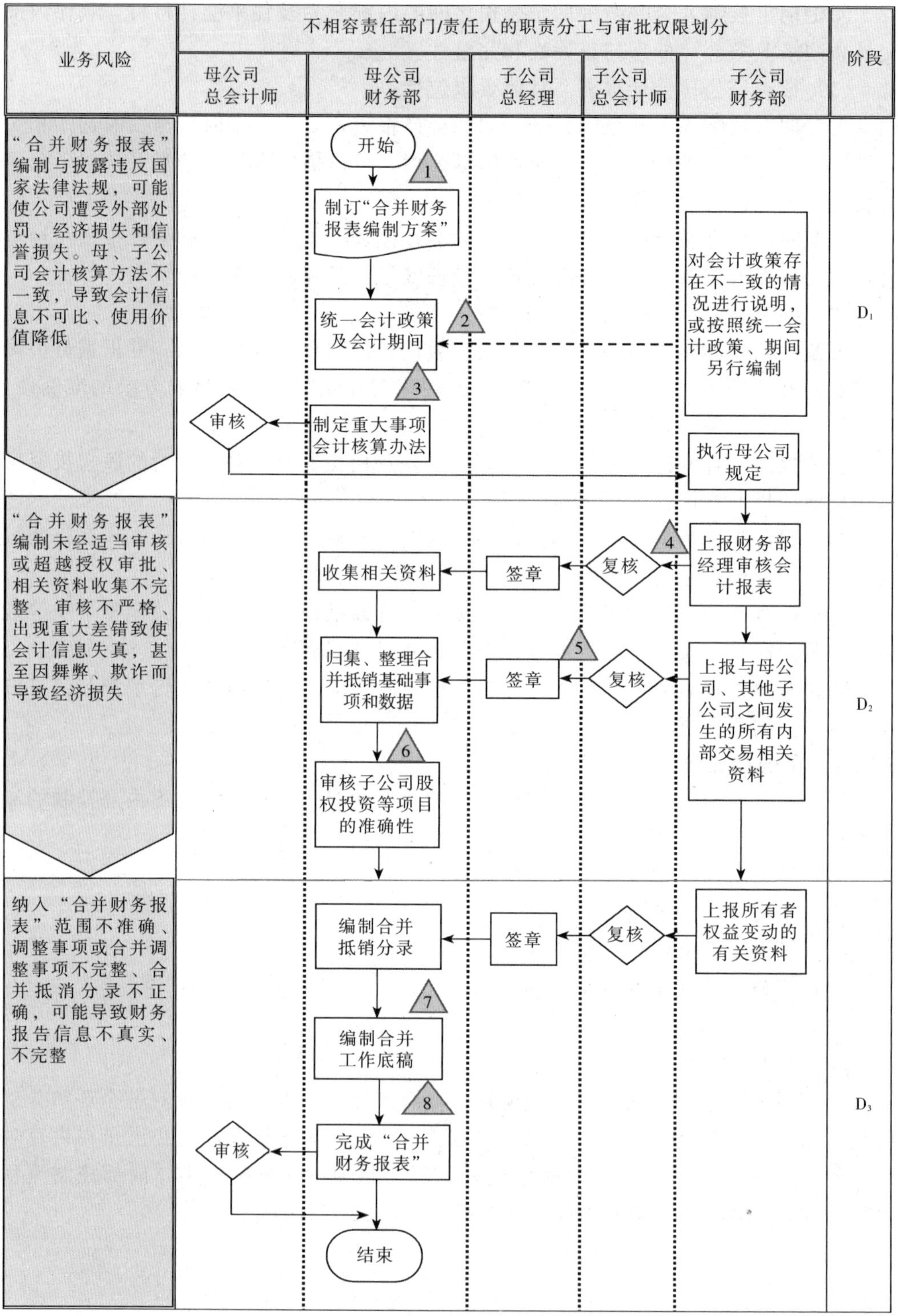

图5-10 "合并财务报表"编制内部控制流程图

表5-10　**“合并财务报表”编制内部控制流程表**

控制事项		详细描述及说明
阶段控制	D_1	1.母公司财务部按照有关规定制订“合并财务报表编制方案”，对内部整合、外部并购、股份划转等交易事项进行分析判断，确定纳入“合并财务报表”的合并范围 2.凡纳入合并范围的子公司所采用的会计政策和会计期间应当与母公司所采用的会计政策和会计期间保持一致，对不一致的现象予以说明 3.母公司财务部门对重大事项统一制定合法、合理的会计核算办法，经财务部长审核、总会计师审批后下发至各相关子公司执行，保证会计确认、计量和报告的一致性
	D_2	4.子公司财务部编制会计报表，同时汇总上报与母公司、其他子公司发生的所有内部交易资料 5.子公司报送母公司的会计报表及相关内部交易资料，由子公司财务部负责人审核、总会计师复核、总经理签章，确保其完整、准确 6.母公司财务部对子公司上报的会计报表及相关资料、对纳入合并范围的子公司的股权投资项目和其他项目进行审核，保证其准确性
	D_3	7.母公司财务部根据审核结果，编制合并抵消分录，调整有关事项，形成工作底稿 8.母公司财务部按照国家统一会计准则的规定编制“合并财务报表”，并报母公司总会计师审核
相关规范	应建规范	《财务报告编制与披露岗位责任制度》 《母子公司合并财务报表编制规范》 《子公司重大事项会计核算办法》
	参照规范	《企业会计准则第33号——合并财务报表》 《企业内部控制应用指引》
文件资料		“合并财务报表编制方案” “合并财务报表”
责任部门及责任人		母公司财务部、子公司财务部 母公司总会计师、财务部经理；子公司总经理、总会计师、财务部经理

5.13　关联交易业务控制活动

5.13.1　关联交易业务控制目标

关联方是指在特定时间范围内的财务和经营决策中，直接或间接控制其他企业，或受其他企业或个人的直接、间接以及共同控制，且通过控制或施加重大影响能够阻止对方完全追求自身利益的两个或多个企业。[①]关联交易业务是指关联方之间转移资源、劳务或义务的行为。关联交易业务的控制是指对关联方关系的界定、关联交易的过程和结果、相关信息的披露等一系列行为进行的监控。其内部控制目标是：

① 李端生.关联方关系概念探析[J].会计之友，2005（8）.

（1）健全关联方交易管理制度，准确界定关联方关系，全面规范关联方交易行为，确保关联交易事项的合法合规性。

（2）有效防范利用关联交易业务进行利润操纵和财务造假的行为，保证会计信息的披露质量。

（3）防止和纠正关联交易业务中的各种差错和舞弊，保护投资者、债权人等利益相关者特别是中小股东的合法权益。

（4）充分利用公允性关联交易手段，降低交易费用，加速资金周转，提高企业经济效益。

5.13.2 关联交易业务潜在风险

（1）关联方关系界定不准确，误将关联交易业务当作非关联交易业务处理或者相反，致使会计信息失真，误导会计信息使用者的决策。

（2）交易行为违反国家法律法规，未经适当审批或超越权限审批，出现重大差错、舞弊甚至欺诈行为，致使企业蒙受经济损失和信誉损失。

（3）关联交易定价不符合客观、公允原则，甚至人为操纵交易价格，导致企业资产损失或中小股东权益受损。

（4）未能合理利用关联方关系开展正当的关联交易活动，加快企业资金周转，导致企业经营活动效率和经济效益下降。

5.13.3 关联交易业务控制要求

总体上讲，企业应当建立健全关联交易业务的各项管理制度，全面梳理关联交易业务的控制流程，明确关联交易业务管理部门和岗位的职责权限，合理界定关联方，完善关联交易价格执行机制，采用有效措施防范关联方占用或转移企业资源。并按照国家统一会计准则的规定确认、计量和报告关联交易业务，确保关联交易行为的合法化和规范化。

（一）关联方关系的控制

（1）及时声明关联方关系。重要股东、债权人、客户以及董事、监事、高级管理人员和关键岗位的管理人员至少应当在每个会计年度末，按照有关规定提交关联方声明书，说明与企业的关联方关系及交易行为。

（2）准确编制关联方名单。企业财务部门应当根据关联方声明书和企业股权结构等资料，编制关联方名单，提交企业分管财会工作的负责人审阅。并将关联方名单发送到企业管理层和各业务部门使其共同掌握。关联方名单至少每季度更新一次，更新后的关联方名单应当提交分管领导审核后备案。

（3）有效防范隐瞒关联关系的现象。企业应当在交易行为发生前对交易对象的背景进行详细调查，核实其是否属于关联方，以便采取措施防范关联方隐瞒关联关系，或通过非公允关联交易占用或转移企业资产和资源等现象。

（二）关联方交易的控制

（1）完善关联交易授权审批制度。企业应当建立和完善关联交易授权审批制度，严禁越权审批。应当指定内部审计部门定期查阅企业与关联方之间的交易情况，尤其应对重大关联交易事项进行专门审查。发现异常情况时，立即提请有关部门采取相应措施，并将有关情况上报主管部门和监管机构。必要时，可以聘请外部审计机构出具专门报告，以此为据判断是否属于关联交易。

（2）建立独立董事事前确认制度。凡设置独立董事的企业，应当将关联交易事项提交独立董事进行事前认可，详细说明交易事项的发生缘由、具体交易内容、定价机制、对双方利益的影响等。独立董事应当对关联交易事项的性质进行认真审查，客观分析和判断预期结果，在此基础上发表事前认可意见。

（3）建立关联交易事项回避制度。企业董事会和股东大会审议关联交易事项时，关联董事和关联股东应当按照有关规定回避表决。

（4）加强合同协议管理。经审议通过的关联交易，应当签订书面合同协议，明确关联交易的定价原则和价格水平。合同协议的订立和履行应当遵循合同协议内部控制的有关规定。合同协议一经确定，各有关部门应当严格按照合同协议规定开展交易活动。关联交易执行过程中，任何人不得自行更改交易条件，如因实际情况变化确需更改，必须履行相应的审批程序。

（5）确保关联交易定价公允。企业应当建立关联交易询价制度，明确规定询价程序，按照以下原则确定关联交易价格，保证关联交易定价的公允性：

①交易事项实行政府定价的，交易价格直接采用政府定价。

②交易事项实行政府指导价的，在指导价范围内确定交易价格。

③除上述两种情况外，如果交易事项有可比的、独立的第三方市场价格或收费标准，优先参考该价格或标准确定交易价格。

④无可比而必须采用独立的第三方市场价格时，交易价格可参考关联方与独立于关联方的交易价格确定。

⑤既无独立的第三方市场价格，又无独立的非关联交易价格可供参考时，应当以合理成本费用加合理利润作为定价依据。

（6）建立关联交易档案和台账。企业应当定期与关联方有关人员核对关联交易账目，及时、准确地填报关联交易会计报表，并于期末交给关联交易双方总会计师签字确认。同时，应当定期组织有关人员对关联交易会计报表和价格执行情况进行审核和分析，发现问题，及时提出改进意见和建议。

（7）编制关联交易明细表。企业应当根据审核后的关联交易会计报表和价格执行情况编制关联交易明细表。关联交易明细表至少每季度编制一次，并报送总会计师审核。企业财务部门应当定期将关联交易明细表提交审计部门审阅。审计部门对重大关联交易存在异议时，应当上报企业管理当局审议。

（三）关联交易信息披露控制

（1）及时披露关联交易信息。负有关联交易信息披露义务的企业，应当指定专人按照国家法律法规、监管规则以及财务报告编制与披露内部控制的有关规定，及时准确地披露关联交易信息。

（2）加强审计监督。审计部门应当对包含关联交易情况的财务报告进行认真审阅，发现异常情况，及时提出意见和建议，并报告企业管理当局审议。

5.13.4 关联交易业务内部控制流程

根据关联交易业务的内容和运行环节不同，企业关联交易业务的内部控制流程大致可以分为五个环节：

（1）关联方关系控制。

（2）关联交易的合同订立与审批控制。

（3）关联交易的定价控制。

（4）关联交易的记录审查控制。

（5）关联交易的报告及披露控制。

为了明确各个环节的内部控制流程，实际工作中，企业可以针对各个环节分别绘制“内部控制流程图”和“内部控制流程表”，为业务经办部门和人员提供直观明了的执行标准。下面以关联交易的记录审查为例，分别提供“内部控制流程图”（如图5-11所示）和“内部控制流程表”（见表5-11）。

表5-11 **关联交易记录审查内部控制流程表**

控制事项		详细描述及说明
阶段控制	D_1	1. 交易人员根据《关联交易管理制度》与对方签订“关联交易合同”后，按照合同规定进行关联交易 2.交易人员对关联交易过程和结果进行详细记录，并妥善保存记录资料 3.会计人员根据交易记录进行账务处理，定期编制关联交易会计报表和关联交易明细表
	D_2	4.审计委员会借助关联交易会计报表和关联交易明细表对关联交易记录进行定期审查 5.审计委员会对审查通过的关联交易记录进一步提出完善建议，对存在问题的关联交易上报董事会 6.董事会对存在问题的关联交易进行原因分析，根据原因制订相应的解决方案，上报股东大会审批
	D_3	7.交易人员根据股东大会批准的解决方案以及审计委员会的完善建议进行关联交易活动 8.审计委员会对关联交易的相关资料进行存档管理
相关规范	应建规范	《关联交易管理制度》
	参照规范	《企业内部控制基本规范》 《企业内部控制应用指引》 《中华人民共和国合同法》
文件资料		“关联交易合同”“关联交易明细表” 相关会计报表
责任部门及责任人		董事会、审计委员会、财务部、相关部门 总经理、审计委员会主任、主管会计、交易人员

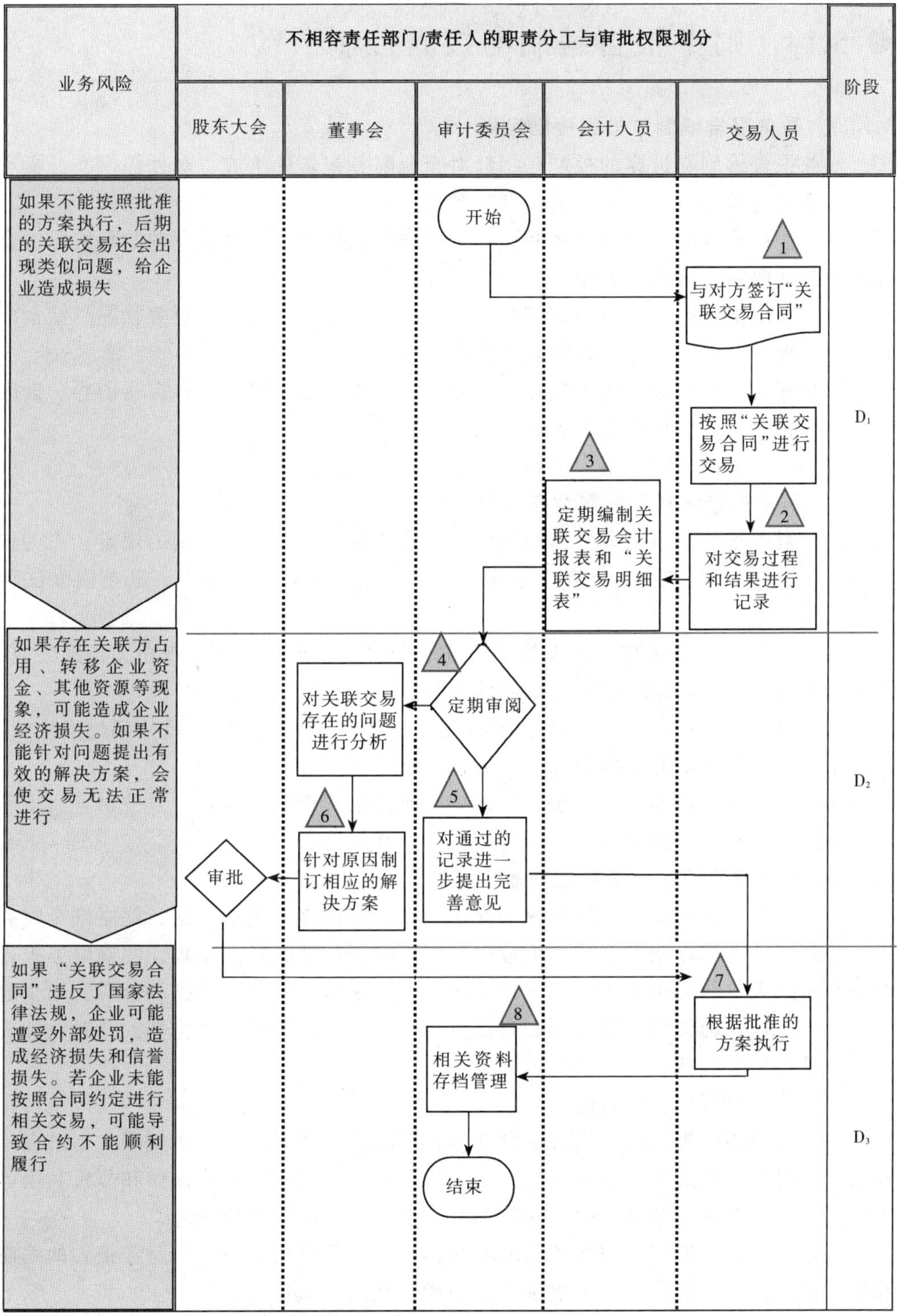

图5-11　关联交易记录审查内部控制流程图

● 5.14 财务报告编制与披露控制活动

5.14.1 财务报告编制与披露控制目标

财务报告编制与披露的控制是指针对企业财务报告的生成、对外提供、分析利用等一系列活动进行的监控。其内部控制目标是：

（1）根据国家有关法律法规和统一会计准则的规定，结合企业的实际情况，合理选择会计政策，保证财务报告的合法性和合规性。

（2）规范企业财务报告的编制程序和方法，如实反映企业的财务状况、经营成果和现金流量，保证财务报告的真实性和完整性。

（3）规范企业财务报告的披露程序和手续，准确把握财务报告披露内容、披露时间和报送对象，保证财务报告的时效性和实用性。

（4）防止和纠正财务报告编制和披露过程中的错误和弊端。

5.14.2 财务报告编制与披露潜在风险

（1）财务报告的编制和披露违反国家法律法规和统一会计准则的规定，人为提供虚假财务报告，导致企业遭受外部处罚，造成经济和声誉损失，甚至引发法律纠纷。

（2）财务报告编制和审查人员业务技术不熟练，导致财务报告相关信息失真，使用价值降低，进而误导信息使用者的决策。

（3）财务报告的编制和报送手续不完善、审批程序不合理，致使问题发生时，难以划清责任并采取有效措施加以改进。

（4）不能通过财务报告分析及时发现企业经营管理中的漏洞，致使财务风险和经营风险得不到有效控制，影响经营活动的正常运行。

5.14.3 财务报告编制与披露控制基本要求

总体上讲，企业应当按照国家法律法规和统一会计准则的规定，建立健全财务报告编制和披露管理制度，全面梳理财务报告编制和披露业务流程，明确财务报告编制和披露人员的岗位职责，强化财务报告数据整理、编制、披露和分析利用全过程的管理工作，确保财务报告编制和披露的合法性、真实性、完整性、及时性和有用性。基本要求包括：

（一）健全岗位责任制度

企业应当明确规定财务报告编制和披露部门及具体岗位的职责权限，由总会计师或分管财会工作的领导负责，组织实施财务报告的编制、对外提供和分析利用等工作，并由企业主要领导对财务报告的真实性、完整性最终负责。

办理财务报告编制和披露业务的不相容岗位应当分离，特别是财务报告的编制和审批权限，绝不能集于一人之手，以便相互制约和监督。

（二）合理配备业务人员

企业应当高度认识财务报告编制和披露工作的重要性，配备具有良好业务素质和职业道德的人员办理财务报告编制和披露业务，并根据自身情况对办理人员定期进行岗位轮换和业务培训，不断提高他们的综合素质。

（三）严格授权审批制度

企业应当建立财务报告编制和披露授权制度和审核批准制度，明确规定审批人的授权批准方式、权限、程序、责任和相关控制措施。未经企业管理当局审批的财务报告，不得对外提供。

5.14.4　财务报告编制与披露控制具体要求

（一）财务报告编制的控制

（1）关于财务报告。企业应当按照国家统一会计准则的规定，根据登记完整、核对无误的会计账簿记录和其他相关资料编制财务报告，不得错报、漏报或者随意取舍。做到内容完整、数字真实、计算准确、编报及时。具体要求包括：

①编制年度财务报告之前，应当进行必要的资产清查、减值测试和债权债务核对，保证账实相符。

②不得随意变更资产计价方法，如果存在减值现象，应当合理计提减值准备，严禁虚增或虚减资产。

③各项负债应当反映企业的现时义务，不得提前、推迟或不确认负债，严禁虚增或虚减负债。

④所有者权益由实收资本、资本公积、留存收益等构成。企业应当反映资产扣除负债后由所有者享有的剩余权益，并做好所有者权益的保值增值工作，严禁虚假出资、抽逃出资、资本不实等现象的发生。

⑤各项收入的确认应当遵循规定的标准，不得虚列或者隐瞒收入，也不得推迟或提前确认收入。

⑥各项费用、成本的确认应当符合规定，不得随意改变费用、成本的确认标准或计量方法，不得虚列、多列、不列或者少列费用和成本。

⑦利润由收入减去费用后的净额、直接计入当期利润的利得和损失等内容构成。不得随意调整利润的计算和分配方法，编造虚假利润。

⑧现金流量由经营活动、投资活动和筹资活动的现金流量构成，企业应当按照规定划清各类交易和事项的现金流量界限。

⑨重点关注会计政策变更和会计估计，对会对财务报告产生重大影响的交易和事项的处理应当按照规定的权限和程序进行。

（2）关于附注。财务报告附注作为财务报告的重要组成部分，对反映企业财务状况、经营成果和现金流量的会计报表具有重要的补充说明作用，企业应当按照国家统一会计准则的规定编制财务报告附注。

（3）关于合并财务报表。企业集团应当编制合并财务报表，明确合并财务报表的合并范围和方法，如实反映企业集团的财务状况、经营成果和现金流量。

需要指出，无论财务报告、附注还是合并财务报表的编制，企业都应当充分利用信息技术，提高工作效率和工作质量，减少或避免编制差错和人为调整因素。

（二）财务报告披露的控制

（1）规范披露前的手续。财务报告编制完成后，有关部门应当将其装订成册，加盖公章，由企业负责人、总会计师或分管会计工作的负责人、财务部门负责人签名或盖章后再行对外披露。

（2）做好财务报告审计。财务报告须经注册会计师审计的，注册会计师及其所在的事务所出具的审计报告，应当随同财务报告一并对外提供。

（3）加强财务报告档案管理。企业对外提供的财务报告应当及时整理归档，并按财政部颁布的《会计档案管理办法》的有关规定妥善保存。

（三）财务报告分析利用的控制

（1）重视财务报告分析工作。企业应当高度重视财务报告分析工作，定期召开财务分析会议，充分利用财务报告反映的综合信息，全面、系统分析企业的财务状况和经营情况，发现问题，及时予以解决。财务分析会议应当吸收相关部门的负责人参加，并充分发挥总会计师或分管会计工作的负责人在财务分析和利用工作中的主导作用。

（2）关注重点分析内容，做到：

①通过资产负债率、流动比率、资产周转率等指标分析企业的偿债能力和营运能力；分析企业净资产的增减变化情况，了解和掌握企业资产分布、负债水平和所有者权益结构及其变化过程。

②通过净资产收益率、每股收益等指标，分析企业的盈利能力和持续发展能力，了解和掌握当期各项收入、费用的构成情况以及利润增减变化的原因和未来发展趋势。

③通过对经营活动、投资活动、筹资活动现金流量情况的分析，了解和掌握现金流量能否保证企业生产经营过程的正常运行，防止现金短缺或闲置。

（3）编写财务分析报告。企业应当根据分析结果认真编写财务分析报告，并作为内部报告的组成部分，及时向企业管理当局、相关业务管理部门传递，以便他们总结工作经验，发现管理中存在的问题，有针对性地采取解决措施，充分发挥财务报告在企业生产经营管理中的作用。

5.14.5 财务报告编制与披露内部控制流程

根据财务报告编制与披露的内容和运行环节不同，企业财务报告编制与披露业务的内部控制流程大致可以分为六个环节：

（1）账项核对、结账与账项调整控制。

（2）财务报告编制方案控制。

（3）财务报告编制控制。

（4）财务报告披露控制。

（5）财务报告分析与利用控制。

（6）会计档案控制。

为了明确各个环节的内部控制流程，实际工作中，企业可以针对各个环节绘制“内部控制流程图”和“内部控制流程表”，为业务经办部门和人员提供直观明了的执行标准。下面以年度财务报告编制控制为例，分别提供“内部控制流程图”（如图5-12所示）和“内部控制流程表”（见表5-12）。

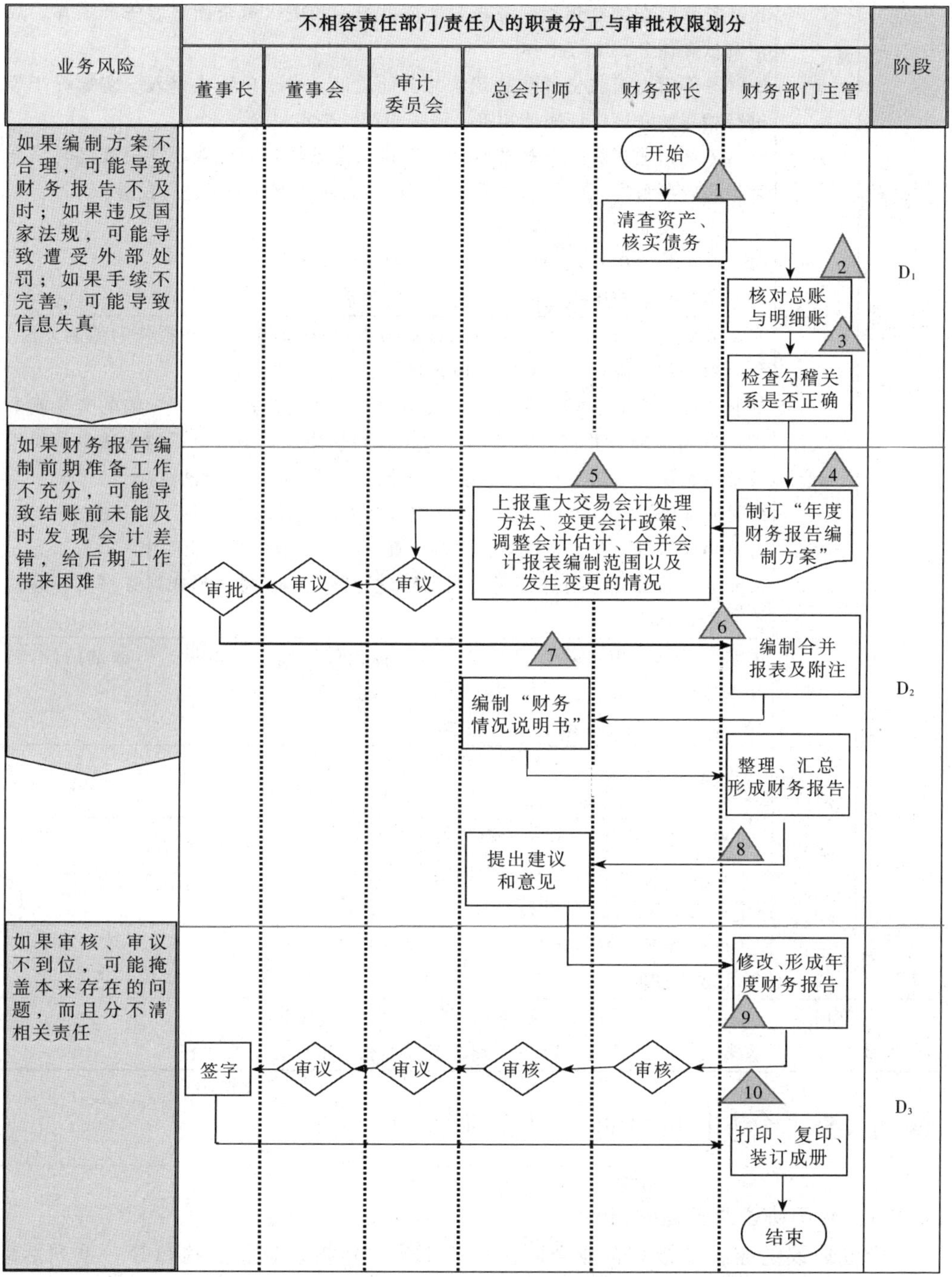

图5-12 年度财务报告编制内部控制流程图

表5-12　　年度财务报告编制内部控制流程表

控制事项		详细描述及说明
阶段控制	D_1	1.财务部门在编制年度财务报告之前，组织相关人员全面开展资产清查、减值测试和债务核实等工作 2.财务部门人员将会计账簿记录与会计凭证、往来单位或个人、实物资产等进行相互核对，保证账证相符、账账相符、账实相符 3.财务部门通过人工分析或利用计算机信息系统自动检查会计报表之间、会计报表各项目之间的勾稽关系是否正确，重点对下列项目进行校验： （1）会计报表内有关项目的对应关系 （2）会计报表中本期与上期有关数字的衔接关系 （3）会计报表与附表之间的平衡及勾稽关系
	D_2	4.财务部门制订“年度财务报告编制方案”，明确年度财务报告的编制方法、年度财务报告会计调整政策、披露政策以及时间要求等 5.财务部门在总会计师指导下制定对会计报表可能产生重大影响的交易或事项的判断标准，并将会计处理方法、合并会计报表编制范围的方法以及发生变更的情况及时提交审计委员会、董事会审议，董事长审批 6.财务部门根据审批意见编制合并报表及附注，并报送总会计师审核 7.总会计师对合并报表及附注进行审查，编制“财务情况说明书” 8.财务主管根据“财务情况说明书”进行整理、汇总，形成财务报告，并提交总会计师审查
	D_3	9.总会计师对财务报告进一步审查，提出修改建议和意见，财务部门修改、完善年度财务报表，并提交有关人员审核、审议、签字 10.财务主管打印、装订财务报告
相关规范	应建规范	《财务报告编报制度》
	参照规范	《企业会计准则第30号——财务报表列报》 《企业会计准则第32号——中期财务报告》 《企业内部控制应用指引》
文件资料		“年度财务报告编制方案”“财务情况说明书” 年度财务报告
责任部门及责任人		董事会、审计委员会、财务部门 董事长、总会计师、财务部长、财务主管、审计委员会主任

● 5.15　合同协议业务控制活动

5.15.1　合同协议业务控制目标

合同协议的控制是指对企业合同协议的拟定、审批、签订、执行等一系列活动进行的监控。其内部控制目标是：

（1）严格执行《中华人民共和国合同法》的规定，确保合同协议的合法性。

（2）强化对合同协议拟定、审批、签订、执行等环节的监督和控制，确保合同协议的合规性。

（3）建立健全分级授权、归口管理的合同协议管理制度，加强上下级之间的信息沟通，随时掌握合同协议的执行情况，发现问题及时解决。

（4）防止和纠正合同协议履行过程中的错误和弊端，有效防范合同协议风险，切实维护企业的合法权益。

5.15.2　合同协议业务潜在风险

（1）合同协议行为违反国家有关法律法规，因重大差错、舞弊、欺诈等现象造成企业经济损失和信誉损失。

（2）未按照规定签订书面合同协议，或合同协议未经适当审批，内容不完整，权利义务不明确，对合同对方的资格审查不到位，造成企业经济损失。

（3）未恰当履行合同协议规定的条款或监控不当而承担违约损失。

（4）未采取安全措施有效保护合同协议信息，造成商业秘密泄露，导致企业合法权益受到侵害。

（5）合同协议纠纷处理不当、诉讼失败，导致企业遭受外部处罚，企业经济利益、市场信誉和社会形象受损。

5.15.3　合同协议业务控制基本要求

总体上讲，企业应当建立健全合同协议管理制度，实行分级授权、归口管理，明确规定合同协议管理部门的职责权限，规范合同协议拟定、审批、签订、执行等环节的程序和要求，严格监控合同协议的履行、变更或解除，有效识别和应对合同协议的违约风险，定期检查和评价合同管理中的薄弱环节，并采取相应的控制措施加以解决，保证合同协议的合法、合规性。基本要求包括：

（一）不相容岗位完全分离

企业应当明确规定合同协议管理部门和岗位的职责权限，确保合同协议管理的不相容岗位完全分离，以便相互制约和监督。合同协议管理的不相容岗位至少包括：

（1）合同协议的拟定与审批。

（2）合同协议的审批与签订。

（3）合同协议的签订与执行。

（4）合同协议的执行与检查。

（二）建立分级管理制度

企业应当根据本单位的业务性质、机构设置和管理层级，建立合同协议分级管理制度。属于上级合同协议管理单位权限的合同协议，下级单位不得签订。如果下级单位认为确有需要签订超越权限的合同协议，应当提出申请，经上级合同协议管理单位批准后，方可授权或委托签订。授权委托时，必须明确授权范围、授权期间、授权条件等。

企业对外签订合同协议应当由法定代表人或其授权的人签章，同时加盖单位印章或合同协议专用章。采用授权方式签章的，应当签署授权委托书，授权对象必须符合法律法规及企业政策对被授权人资质条件的要求。被授权人应当在授权委托的范围内签订合同协议。除非授权委托书明确允许，否则被授权人不得转移委托。

下级合同协议归口管理部门应当定期对合同协议进行统计、归集，并编制合同协议报表，报上级合同协议归口管理部门，以便上级对下级合同协议的订立和履约情况进行检查和指导。

（三）实行归口管理

企业可以根据合同协议管理需要和部门职责范围，指定专门的合同协议管理机构，对所有的合同协议实施统一管理。合同协议管理机构可以设立法律事务岗位，配备具有法律专业资格的人员。

5.15.4 合同协议业务控制具体要求

（一）合同协议编制与审核控制

企业应当建立健全合同协议的相关制度，规范合同协议正式订立前的资格审查、内容谈判、文本拟定等流程，确保合同协议的签订符合国家及行业有关规定和企业自身的利益，防范合同协议签订过程中的舞弊、欺诈等风险。

（1）合理选择合同协议对方。企业应当根据合同协议内容对标的物的生产商、价格及变化趋势、质量、供货期和市场分布等方面进行综合分析论证，掌握市场情况，合理选择合同协议对方。

（2）查证合同协议对方资质。企业应当深入了解、详细审查合同协议对方的民事主体资格、注册资本、资金运营情况、技术和质量指标保证能力、市场信誉、产品质量等，以确定其是否具有履约合同协议的能力和独立承担民事责任的能力，并查证对方签约人的合法身份和法律资格。

（3）做好合同协议谈判工作。对于影响重大、专业技术较强、法律关系复杂的合同，企业应当组织法律、技术、财会等专业人员参与谈判，必要时可以聘请外部专家参与相关工作。谈判过程中的重要事项和参与谈判人员的主要意见，应当完整记录并妥善保存。

（4）加强合同协议文本管理。企业应当根据协商、谈判的结果，拟定合同协议文本，按照自愿、公平原则，明确双方的权利义务和违约责任，做到条款清晰、内容完整、表述严谨、手续齐备，避免出现重大疏漏。具体要求包括：

①指定专人负责拟定合同协议文本。合同协议文本一般应由业务承办部门起草，企业管理部门审核。重大合同或法律关系复杂的特殊合同应当由企业管理部门参与起草。必要时，可以聘请外部专家参与起草。

②由对方起草的合同协议，企业管理部门应当认真审查，确保合同协议内容准确反映企业诉求。

③国家或行业有示范合同协议文本的，企业可以优先选用。但对涉及权利义务关系的条款应当进行认真审查，并根据企业的实际需要进行修改。

④合同协议文本需要报经上级主管部门审查或备案的，应当履行相应程序。

（5）建立合同协议会审制度。对影响重大或法律关系复杂的合同协议文本，企业应当组织相关部门进行审核，相关部门应当认真履行职责。对提出的不同意见，应当认真分析研究、慎重对待，并准确无误地加以记录。必要时，可对合同协议的条款作出修改。会同审核的主要内容包括：

①合法性。合同协议的主体、内容和形式合法；合同协议订立程序合规，会审意见齐备；资金来源、使用及结算方式合法，资产动用的审批手续齐备。

②可行性。签约对方资信可靠，有履约能力，具备签约资格；资金来源合法，担保方式可靠，担保资产权属关系明确。

③经济性。合同协议内容必须符合企业的经济利益。

④严密性。合同协议条款完整齐备，文字表述准确，附加条件适当；合同协议约定的权利和义务清晰，数量、价款、金额等列示准确；合同协议有关附件齐备，手续完备。

（二）合同协议订立控制

（1）建立合同协议专用章专人保管和收回制度。合同协议应当统一编号、严格审批，并经过企业法定代表人或其授权的代理人签署后，方可加盖合同专用章。印章管理部门（或岗位）不得对未经编号或缺少合同协议审核、报批文件以及授权委托书的合同协议盖章。合同协议盖章后，应当及时收回合同协议专用章并妥善保管。

（2）规范合同协议签订手续，做到：

①重要的合同协议，原则上应当与合同协议对方当事人当面签订。

②确需企业先行签字并盖章，然后寄送对方签字并盖章的，应当在合同协议各页码之间加盖骑缝章、使用防伪印记等，加强合同协议文书的控制。

③正式订立的合同协议，一般应当采用书面形式，包括合同协议书、补充协议、公文信件、数据电文等。因情况紧急或条件限制等原因未能及时签订书面形式合同协议的，应当在事后采取相关补签手续。

④经审核同意签订的合同协议，应由印章管理部门统一分类、连续编号。

⑤合同协议订立后，合同协议副本及相关审核资料应交由档案管理部门归档，合同协议正本由合同协议归口管理部门负责保管和履行。

⑥国家有关法律、行政法规要求办理批准、登记等手续后方可生效的合同协议，企业应当及时按规定办理批准、登记等手续。

（3）加强合同协议登记工作。企业应当充分利用信息化手段，定期对合同协议进行统计、分类和归档，详细登记合同协议的订立、履行和变更等情况，实行合同的全过程封闭管理。

（4）做好信息保密工作。企业应当按照信息安全有关要求做好合同协议保密工作。任何人不得以任何形式泄露合同协议在订立和履行过程中涉及的商业秘密和技术秘密。

（三）合同协议履行控制

（1）建立合同协议履行结果验收制度。企业应当成立或指定独立的合同协议验收部门，检查督促合同协议有效履行。对于生效的合同协议，如果发现与合同协议对方没有约定或者约定不明确的内容，企业可以协商补充；不能达成补充协议的，按照国家相关法律法规、合同有关条款或者交易习惯确定。

（2）加强合同协议变更或解除管理，要求：

①在合同履行过程中发现有失公平、条款有误或对方有欺诈行为等情形，或因政策调整、市场变化等因素已经或可能导致企业利益受损时，合同协议管理部门应当及时向企业有关负责人报告，并采取合法有效措施，制止危害行为的发生或扩大。经双方协商一致后，按照规定权限和程序办理合同变更或解除事宜。必要时可以请求仲裁机构或法院对原合同协议予以变更或解除。

②变更或解除合同协议应当由合同协议双方达成。

③变更或解除合同协议的审核程序与合同协议订立前的审核程序相同，但解除合同协议时，应当报有关部门办理注销手续。

④合同协议到期时，应当及时与对方办理手续，了结权利义务关系。

（3）严格付款手续。企业财务部门应当根据合同协议条款审核后办理结算业务。凡未按合同协议条款履约的，或应签订书面合同协议而未签订的，或验收未通过的业务，财务部门有权拒绝付款，并及时向企业有关负责人报告。

（4）建立合同协议违约处理制度。合同协议履行过程中，无论对方发生违约、不能履约、延迟履约等行为，还是企业自身无法履行或延迟履行合同协议，都应当及时采取应对措施，并向企业有关负责人汇报。如果对方违约，应当按照合同协议条款的约定收取违约金，违约金不足以弥补企业损失时，应当要求对方赔偿损失；企业违约时，应当由合同协议承办部门以书面形式报告企业有关负责人，经批准后履行相应赔偿责任。

（5）建立合同协议纠纷处理制度，要求：

①合同协议在履行过程中发生纠纷的，应当依据国家相关法律法规，在规定时效内与对方协商谈判并向企业有关负责人报告。

②合同纠纷经协商达成一致意见的，应当签订书面协议，由双方法定代表人或其授权人签章并加盖单位印章后生效。

③合同协议纠纷经协商无法解决的，应向企业有关负责人报告，并根据合同协议约定选择仲裁或诉讼方式解决。企业管理部门会同有关部门研究仲裁或诉讼方案，报企业负责人批准后实施。

④企业内部授权处理合同纠纷的，应当签署授权委托书。纠纷处理过程中，任何单位或个人未经授权，不得向合同协议对方作出实质性答复或承诺。

（6）建立合同协议履行情况评估制度。企业至少应当在每年年末对合同协议履行的总体情况和重大合同协议履行的具体情况进行分析评估，在分析评估中如果发现合同协议的履行存在不足，应当及时加以改进。

（7）建立合同协议责任追究制度。对合同协议履行过程中出现的违法违规行为，应当追究有关机构或人员的责任。

5.15.5　合同协议业务内部控制流程

根据合同协议业务的内容和运行环节不同，企业合同协议业务的内部控制流程大致可以分为六个环节：

（1）合同协议拟定与审批控制。

（2）合同协议订立控制。

（3）合同协议印章控制。

（4）合同协议文档管理。

（5）合同协议履行控制。

（6）合同协议信息控制。

为了明确各个环节的内部控制流程，实际工作中，企业可以针对各个环节分别绘制“内部控制流程图”和“内部控制流程表”，为业务经办部门和人员提供直观明了的执行标准。也可以参照下面提供的“合同协议业务内部控制流程图”（如图5-13所示）和“合同协议业务内部控制流程表”（见表5-13）。

表5-13　　合同协议业务内部控制流程图

控制事项		详细描述及说明
阶段控制	D_1	1.发生合同协议业务时，承办部门根据合同协议归口管理部门下发的合同协议管理制度中的有关规定与合同协议对方进行业务谈判 2.承办部门根据谈判结果起草合同协议，并提交相关部门对合同协议的合法性、可行性、经济性、严密性等进行审核，确保合同协议条款能够反映企业的诉求，维护企业合法权益 3.对影响重大或法律关系复杂的合同协议文本，承办部门必须提请法律顾问进行审查，以有效规避法律风险，同时由合同协议归口管理部门审核后上报总经理审批 4.合同协议经有关人员审批后，承办部门按照规定程序与对方（外部单位）签订“合同协议”
	D_2	5.承办部门根据备案后的合同协议，认真履行相关约定，同时报归口管理部门进行“合同协议”备案 6.承办部门将履约过程中发现的问题上报归口管理部门，由归口管理部门确认问题重要程度，提出解决问题的参考意见 7.承办部门根据合同协议归口管理部门的意见与对方协商解决问题
	D_3	8.承办部门对所有的合同协议资料文件进行归类和汇总，并提交归口管理部门妥善保存 9.合同协议归口管理部门定期统计、归集各种合同协议，并对合同协议加强后续管理，进行定期不定期的检查
相关规范	应建规范	《合同协议管理制度》
	参照规范	《企业会计准则》相关内容 《企业内部控制应用指引》
文件资料		“合同协议”
责任部门及责任人		归口管理部门、承办部门、相关部门 总经理、法律顾问、管理部门负责人、承办部门负责人

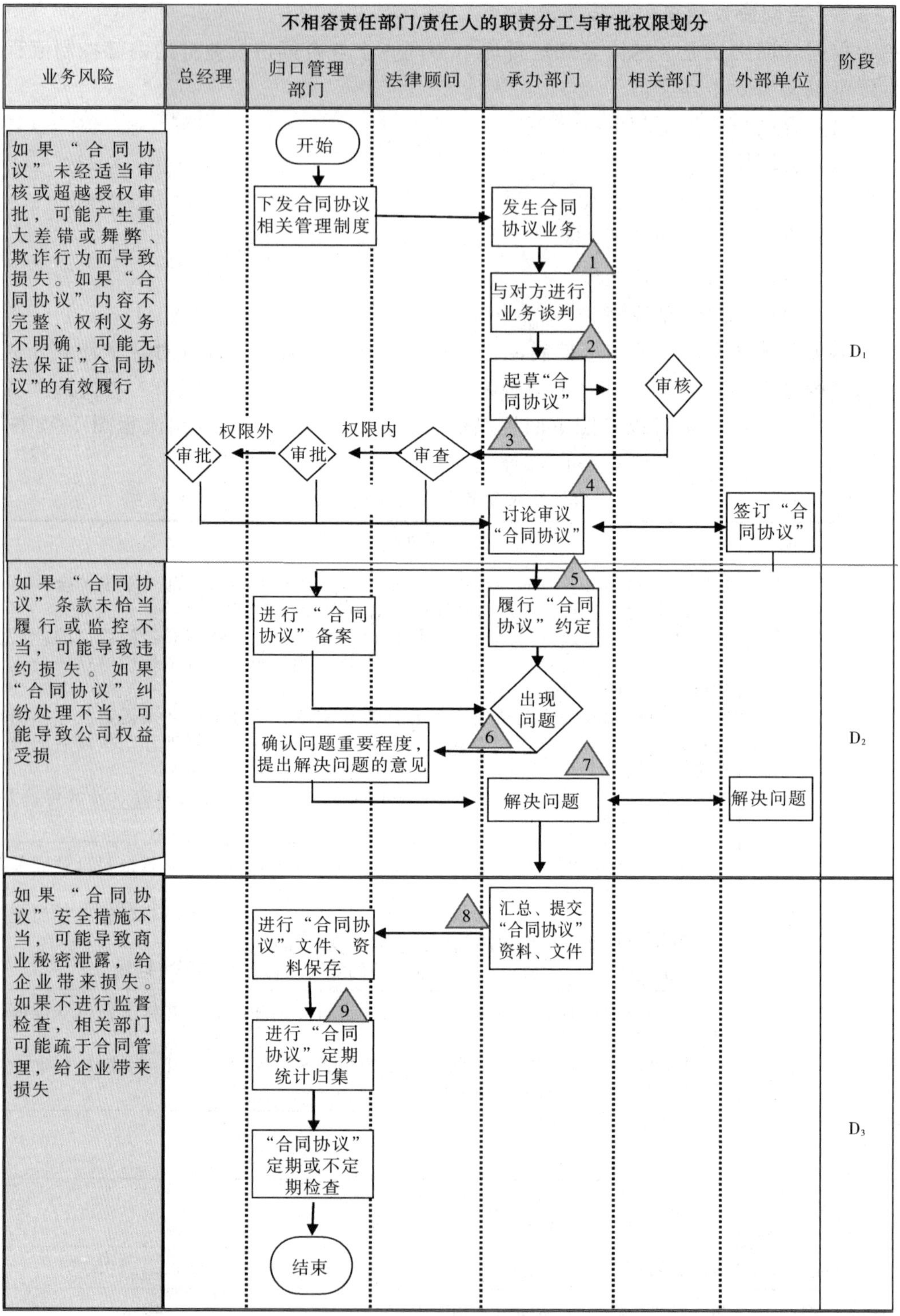

图5-13合同协议业务内部控制流程图

5.16 预算业务控制活动

5.16.1 预算业务控制目标

预算是指企业结合整体目标及资源调配能力，经过合理预测、综合计算和全面平衡，对当年或者超过一个年度的生产经营和财务事项进行计划和安排的过程。企业预算一般包括经营预算、资本预算和财务预算，分别针对企业的经营活动、投资活动和财务活动做出计划和安排。预算业务的内部控制就是对企业预算的编制、审批、执行、调整、分析、考核等一系列活动进行的监控。其内部控制目标是：

（1）建立健全预算管理体系，充分发挥全面预算管理的作用，促进企业发展战略目标的实现。

（2）规范预算编制、审批、执行、调整、分析与考核的程序和方法，保证预算管理的科学性和先进性，提高预算管理的效果。

（3）针对预算执行情况，实施奖惩制度，保证预算管理的权威性和严肃性。

（4）防止和纠正预算管理中的错误和弊端。

5.16.2 预算业务潜在风险

（1）未按有关法规制度编制预算，职责分工不明，预算审批不当，导致预算出现重大差错甚至舞弊现象，使企业蒙受经济损失和信誉损失。

（2）预算目标不明确，预算项目不完整，预算标准不合理，预算编制不规范，预算分解不具体，预算调整不及时，没有形成科学、先进的预算管理体系，导致预算管理效率低下，资源浪费严重。

（3）预算缺乏刚性，执行不力，考核不严，奖惩不公，失去预算应有的权威性和严肃性，挫伤执行主体的积极性，导致预算管理流于形式。

（4）预算方法和手段落后，不能满足全面预算管理的要求。

5.16.3 预算业务控制基本要求

总体上讲，企业应当建立健全预算管理体系，全面梳理预算业务流程，加强预算工作的组织领导，明确预算管理体制以及各预算执行单位的职责权限、授权批准程序和工作协调机制，详细规定预算编制、审批、调整、执行、分析与考核等方面的具体要求，建立健全相应的记录体系，如实记载各个环节工作的开展情况，确保预算工作全过程得到有效控制。基本要求包括：

（一）完善预算工作组织

企业应当设置预算管理委员会、预算领导小组等机构负责预算管理工作。不具备设立条件的企业，可以指定财务部门负责预算管理工作。预算管理委员会应当由企业总经理或总会计师领导，由相关部门负责人组成。主要职责包括：

（1）拟定预算目标和预算政策，制定预算管理的具体措施和办法。

（2）组织有关部门编制预算草案，并对各种预算草案进行平衡。

（3）分解下达批准后的预算，将各种预算指标落实到相关的责任主体。

(4) 协调解决预算执行中遇到的问题，根据实际情况进行预算调整。

(5) 分析和考核预算执行情况，督促责任主体完成预算目标。

根据企业的实际情况，预算管理委员会可以设置专门的工作机构，履行日常的管理职责。预算管理工作机构一般设在财务部门。

(二) 不相容岗位分离

企业应当明确规定预算管理部门和具体岗位的职责权限，确保预算业务中的不相容岗位完全分离，以便相互制约和监督。预算业务的不相容岗位至少包括：

(1) 预算编制、调整与预算审批。

(2) 预算审批与预算执行。

(3) 预算执行与预算考核。

(三) 配备合格工作人员

企业应当高度重视预算管理工作，配备具有良好业务素质和丰富实践经验的人员从事预算的编制、调整、分析和考核等工作，并根据自身情况对他们加强业务培训，不断提高他们的综合素质。要充分发挥总会计师在企业预算管理工作中的核心作用，加强总会计师对预算工作人员的业务指导。

5.16.4 预算业务控制具体要求

(一) 预算编制控制

(1) 明确预算编制程序。企业应当对预算目标的制定与分解、预算草案编报的流程与方法、预算汇总平衡的原则与要求、预算审批的步骤以及预算下达执行的方式等作出具体规定。确保预算编制依据合理、程序适当、方法科学。

(2) 科学编制预算方案，做到：

①根据企业发展战略，以上一会计期间的实际数据为基础，结合预算期内的业务发展情况，综合考虑国家产业政策、市场行情、竞争对手等外部环境因素以及内部环境变化对企业经营活动可能造成的影响，编制预算草案。

②年度预算草案应当在预算年度开始前编制完毕，上报企业预算管理委员会审查。

③企业预算管理委员会应当对预算草案进行充分论证，从企业发展全局角度考虑并提出完善建议，形成预算方案，经企业决策机构批准后，以书面文件形式下达执行。

④年度预算方案应当符合本企业发展战略、整体目标和其他有关重大决议，反映本企业预算期内的经济活动规模、成本费用水平和绩效目标，满足控制经济活动、考评经营管理业绩的需要。

⑤预算方案应当做到内容完整、指标清晰、责任明确、要求具体。

⑥预算编制工作应当实行全员参与、上下结合、分级编制、逐级汇总、综合平衡，保证预算方案的科学性和可行性。

(3) 合理选择编制方法。预算编制可以选择或综合运用固定预算、弹性预算、零基预算、滚动预算、概率预算等方法。但不论采用何种预算编制方法，都应当遵循经济活动规律，并使之符合企业的经济业务特点、生产经营周期和管理需要。

(4) 发挥预算管理委员会的作用。企业预算管理委员会应当加强对企业内部预算执行单位（职能部门、下属公司等）预算编制的指导、监督和服务功能。企业内部预算执行单位应当在企业预算管理委员会的领导下，负责本部门、本公司的预算编制、执行、控制、分析等工作，接受预算管理委员会的检查和考核。同时，要积极配合预算管理委员会做好企业总预算的综合平衡、控制、分析、考核等工作。

（二）预算执行控制

（1）合理分解预算指标。企业应当采取科学合理的方法，将预算指标层层分解，从横向和纵向落实到企业各部门、各环节和各岗位。为了保证年度预算目标的实现，企业可以将年度预算细分为季度、月度等时间进度预算，通过实施分期预算控制的办法实现年度预算目标。各预算执行单位必须认真组织实施批准下达的预算任务。

（2）建立预算执行责任制度。企业应当对照已确定的责任指标，定期不定期地对相关部门及人员完成责任指标的情况进行检查，实施考评。

对于工程项目、对外投融资等重大预算项目应当予以特别关注，密切跟踪其实施进度和完成情况，实行严格监控。

（3）加强货币资金收支业务的预算控制。企业应当及时确认预算资金的收入，严格控制预算资金的支付，调节并保证资金收付平衡，有效控制支付风险。对于采购、工程项目、对外投资、成本费用、固定资产、存货、筹资等涉及资金收支业务的办理，应当严格执行预算标准。对超出预算的资金支付，必须履行严格的审批制度。

（4）强化内部报告制度。企业应当建立健全预算执行情况内部报告制度，运用财务报告和其他有关资料监控预算执行情况，及时向企业决策机构和各预算执行单位报告或反馈预算执行进度、执行差异及其对企业预算总目标的影响。以便他们及时掌握预算执行过程及结果，采取相应对策促进企业完成预算目标。

（5）建立预算执行情况预警机制。应科学选择预警指标，合理确定预警范围，及时发出预警信号，积极采取应对措施。有条件的企业，应当大力推动预算管理的信息化，利用信息技术手段控制预算执行情况，提高预警水平。

（6）建立预算执行结果质询制度。各预算责任部门应当加强与企业有关部门的沟通和联系，确保相关业务预算的执行情况能够相互监督、核对一致。预算执行单位对预算指标与实际结果之间的重大差异应当作出解释，并采取相应措施。

（三）预算调整控制

（1）规范预算调整程序。企业正式下达执行的预算，不得随意调整。但在预算执行过程中，可能因为市场环境、经营条件、国家法规政策等发生重大变化，或出现不可抗拒的重大自然灾害、公共紧急事件等，致使预算的编制基础不成立，或者将导致预算执行结果产生重大差异。企业遇到这些情况，应当对预算进行调整并报经原预算审批机构批准。一般程序是：

①由预算执行单位逐级向原预算审批机构提出书面报告，阐述预算执行的具体情况、客观因素变化情况及其对预算执行造成的影响程度，提出预算的调整幅度。

②预算管理委员会应当对预算执行单位提交的预算调整报告进行审核分析，在此基础上，集中编制企业年度预算调整方案，并提交原预算审批机构审议批准后下达执行。

（2）明确预算调整要求。企业预算调整方案应当符合下列要求：

①预算调整事项必须符合企业发展战略和现实生产经营状况。

②预算调整重点应当放在预算执行中出现的重要或非正常的关键性差异上。

③预算调整依据必须充分，调整方案必须具备客观性和合理性。对于不符合要求的预算调整方案，企业预算审批机构应当予以否决。

（四）预算分析与考核控制

（1）建立预算执行情况分析制度。企业预算管理部门和各预算执行单位应当充分收集有关财务、业务、市场、技术、政策、法律等方面的信息资料，根据不同情况分别采用比率分析、比较分析、因素分析等方法，从定量与定性两个层面充分反映预算执行单位的现状、发展趋势及存在的潜力。并通过召开预算执行分析会议，及时通报预算执行情况。对于预算执行中的差异，应当客观分析产生原因，提出解决措施或建议，提交企业决策机构研究决定。

（2）建立预算执行情况审计制度。企业应当对预算执行情况定期或不定期地实施审计，及时发现和纠正预算执行中存在的问题。

（3）完善预算执行情况考核制度，做到：

①预算管理委员会应当定期组织预算执行情况的考核。有条件的企业，也可设立专门机构负责考核工作。

②预算执行情况的考核，应当按照预算执行单位上报预算执行报告、预算管理部门审查核实、企业决策机构批准的程序进行。预算执行单位上报的预算执行报告，必须经本单位负责人签章确认。

③预算执行情况的考核，应以企业正式下达的预算方案为标准，或以有关部门审定的预算执行报告为依据。

④预算执行情况的考核，必须坚持公开、公平、公正的原则，对考核结果应当形成完整的记录，以备后续管理参考。

（4）建立和完善预算执行情况奖惩制度。明确奖惩办法，落实奖惩措施，确保预算管理的长期效应。

5.16.5 预算业务内部控制流程

根据预算业务的内容和运行环节不同，企业预算业务的内部控制流程大致可以分为以下五个环节：

（1）预算编制和审批控制。

（2）预算分解和下达控制。

（3）预算执行控制。

（4）预算调整控制。

（5）预算分析、考核控制。

为了明确各个环节的内部控制流程，实际工作中，企业可以针对各个环节分别绘制“内部控制流程图”和“内部控制流程表”，为业务经办部门和人员提供直观明了的执行标准。下面以预算编制和审批控制为例，分别提供“内部控制流程图”（如图5-14所示）和“内部控制流程表”（见表5-14）。

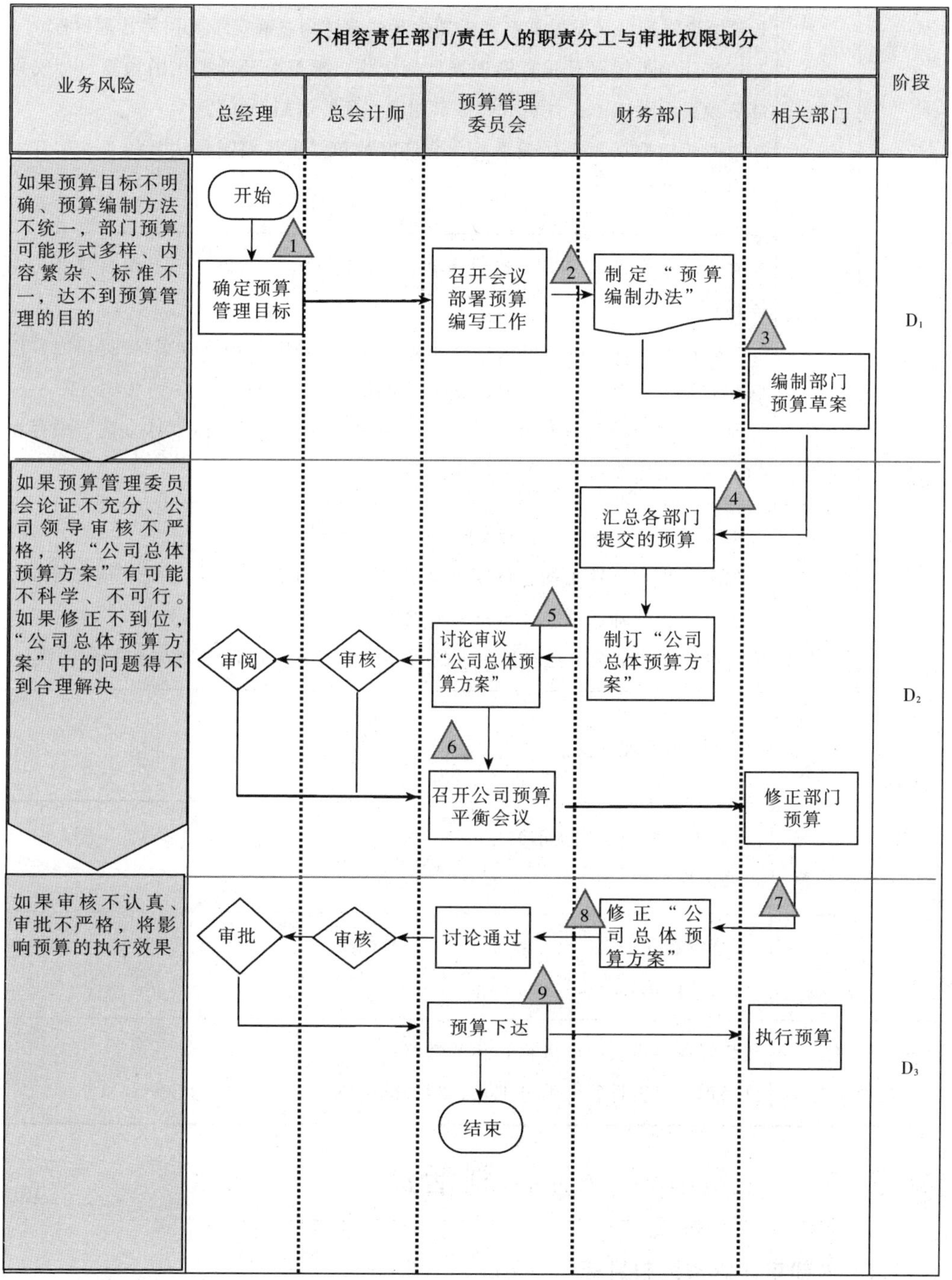

图5-14　预算编制和审批内部控制流程图

表 5-14　　预算编制和审批内部控制流程图

控制事项		详细描述及说明
阶段控制	D_1	1. 总经理根据公司发展战略和近期生产经营计划，确定年度预算管理目标 2. 总会计师组织召开预算管理委员会会议，根据总经理提出的预算目标安排部署预算编写工作，并责成财务部制定“预算编制办法” 3. 相关部门根据预算管理委员会会议精神和“预算编制办法”的要求编写本部门预算草案
	D_2	4. 财务部审查各部门提交的预算草案并进行汇总，在此基础上编制“公司总体预算方案” 5. 预算管理委员会讨论审议财务部提交的“公司总体预算方案”，提出完善建议和意见，并上报总会计师、总经理审阅 6. 预算管理委员会召开公司预算平衡会议，就“公司总体预算方案”中存在的问题提出修改意见，下达各有关部门
	D_3	7. 相关部门根据预算平衡会议要求修正部门预算 8. 财务部根据预算平衡会议要求修正“公司总体预算方案”，提交预算管理委员会、总会计师、总经理审核、审批 9. 预算管理委员会下达经过审批的《公司总体预算方案》，通知相关部门执行
相关规范	应建规范	《全面预算管理制度》
	参照规范	《企业内部控制应用指引》 相关预算法规
文件资料		“预算编制办法” “公司总体预算方案”
责任部门及责任人		预算管理委员会、财务部、相关部门 总经理、总会计师、财务部长、相关部门负责人

● 5.17　内部审计业务控制活动

5.17.1　内部审计业务控制目标

内部审计业务的控制是指对内部审计任务的确立、内部审计范围和内容的界定、内部审计程序和方法的选择、内部审计意见和建议的提出等一系列活动进行的监控，其内部控制目标是：

（1）明确内部审计的职责权限，强化内部审计机制，充分发挥审计工作的“免疫系统”作用。

（2）审查和评价企业经营活动的合法性和有效性，提出合理化建议，促进企业完善工作制度、规范经营管理活动、提高运行效率和效果、实现企业发展目标。

（3）利用审计的再监督作用，进一步强化企业内部控制体系。

（4）防止和纠正内部审计工作中的错误和弊端，保证内部审计的独立性和客观性，不断提高内部审计质量。

5.17.2　内部审计业务潜在风险

（1）内部审计机构不健全、组织架构不合理、职责分工不明确，导致内部审计缺乏独立性和客观性。

（2）内部审计违反国家政策法规要求，或未经适当授权而得不到管理当局的支持，导致内部审计失败。

（3）内部审计人员的综合素质差、审计手段和方法落后，导致内部审计成本过高，内部审计效率和质量低下。

（4）审计人员不遵守内部审计准则和职业道德规范，影响审计的客观公正性，导致道德风险。

5.17.3　内部审计业务控制基本要求

总体上讲，企业应当建立健全内部审计体系，全面梳理内部审计业务流程，加强内部审计工作的组织领导，明确内部审计机构和人员的职责权限、授权批准程序和工作协调机制。内部审计机构和人员应当遵守审计职业道德规范，保持应有的客观性、独立性和职业谨慎，按照有关法律法规和企业经营管理的要求，制定内部审计工作手册，规范内部审计程序和方法，保证审计工作质量，确实发挥“免疫系统”的功能。基本要求包括：

（一）设置内部审计机构

企业应当根据自己的性质、规模、内部治理结构以及相关规定，设置能够独立开展工作的内部审计机构。内部审计机构应当做到：

（1）定期向企业管理当局递交工作报告，汇报内部审计活动的开展情况，说明审计工作中的重要问题，包括重大风险披露、重大控制缺陷与改进事项、发现的舞弊情况以及企业管理当局要求的其他事项。

（2）审计项目实施后，应当以法律、法规和企业战略、计划、经营和业务标准为依据，出具审计意见书，作出审计决定。

（3）办理审计事项的审计人员应当具备相应技术资格和业务能力，明确他们的职责和权限，建立健全审计质量控制制度，保证审计质量。

（二）配备内部审计人员

企业应当配备一定数量且具有执业资格的内部审计人员，并对内部审计人员定期进行岗位轮换。承办审计业务的人员应当具备下列条件：

（1）了解国家的有关法律法规、企业的战略规划、预算方案及业务流程。

（2）熟悉审计、财务会计、内部控制及公司治理等方面的知识，了解本企业的经营活动过程。

（3）具有与所执行审计业务相匹配的专业技能和实践经验。

（4）具有调查研究、综合分析、职业判断以及良好的文字表述能力。

（5）具有较强的人际交往能力，能恰当有效地与他人进行沟通。

（三）规范审计机构和人员行为，做到：

（1）在审计过程中，内部审计机构和人员必须严格遵守有关廉政纪律的规定和内部审计职业道德规范。

（2）审计人员应当保持严谨的职业态度，保守其在执行业务过程中知悉的商业秘密。

（3）审计人员应当避免对自已提供咨询的事项实施审计行为。

（4）当内部审计人员缺乏全部或部分审计事项应具备的知识或技能时，审计机构可以聘请没有利益冲突、具有胜任能力的外部专家。

（5）建立和实施后续教育制度，保证和提升内部审计人员专业能力。

5.17.4 内部审计业务控制具体要求

（一）内部审计内容与程序控制

（1）明确内部审计工作内容。内部审计机构应当在企业管理当局的授权下开展内部审计工作，工作内容主要包括：

①开展合规性审计，对经营过程中遵守相关法规、政策、流程、计划、预算、程序、合同协议等规定的情况进行审查和评价。

②开展风险审计，对内部控制中的风险管理状况进行审查和评价。

③开展绩效审计，对企业及所属单位的管理效率和效果进行审查和评价。

④开展任期经济责任审计，对内设机构及所属单位领导人员的任期经济责任进行审查和评价。

⑤开展其他专门审计，包括建设项目审计、物资采购审计等。

⑥办理法规制度规定的和企业主要负责人要求办理的其他审计事项。

（2）规范内部审计工作程序，做到：

①内部审计人员应当在考虑组织风险、管理需要及审计资源的基础上，制订审计计划，对审计工作做出合理安排。审计计划至少每年制订一次。

②在审计过程中，应当充分考虑重要性与审计风险。因为重要性是指被审计对象内部控制中存在偏离特定目标的差异或缺陷的严重程度，它在特定环境下可能影响管理层的判断或决策以及组织目标的实现。

③内部审计人员在实施审计前，应向被审计单位送达内部审计通知书，并做好必要的审计准备工作。

④内部审计人员应当调查了解被审计单位的情况，采用抽样审计等方法，对其

经营活动及内部控制的适当性、合法性和有效性进行测试。

⑤内部审计人员应当运用审核、观察、监盘、询问、函证、计算和分析性复核等方法，获取充分、相关、可靠的审计证据，以支持审计结论和建议。

⑥内部审计人员应当积极利用计算机进行辅助审计。在计算机信息系统下进行审计，不应改变审计计划确定的目标和范围。

⑦在审计工作底稿中完整记录审计执行过程及收集和评价的审计证据。

⑧内部审计人员应在实施必要的审计程序后出具审计报告，审计报告的编制应当以经过核实的审计证据为依据，做到客观、完整、清晰、及时。

⑨审计报告应当说明审计的目的、范围以及被审计单位的反馈意见。提出的结论和建议应当具有建设性，并体现重要性原则。

（3）完善后续审计工作，做到：

①对内部审计中发现的问题所采取的纠正措施及其效果加强后续审计工作，在规定期限或与被审计单位约定的期限内执行审计，确保被审计单位管理层采取及时、合理、有效的纠正措施。

②被审计单位如果基于成本或其他考虑，决定对内部审计中发现的问题不采取纠正措施，应当做出书面承诺。

③内部审计人员应当根据后续审计的执行过程和结果，向被审计单位及有关管理部门提交后续审计报告。

④内部审计机构负责人应当将审计结果以及被审计单位不采取纠正措施的书面承诺情况向管理层报告。

（二）舞弊行为的控制

（1）合理组织舞弊检查人员。舞弊检查工作通常由内部审计人员、舞弊调查专业人员、法律顾问及其他专家共同实施，以协助企业管理当局检查和防范舞弊行为。内部审计人员应当按照下列要求进行舞弊检查：

①评估舞弊涉及的范围及复杂程度，避免对可能涉及舞弊的人员提供信息或被其所提供的信息误导。

②对参与舞弊检查人员的资格、技能和独立性进行评估。

③合理设计检查程序，准确界定舞弊者、舞弊程度、舞弊手段及舞弊原因。

④在舞弊检查过程中应当与有关的管理层、舞弊调查专业人员、法律顾问及其他专家保持必要的沟通。

（2）保持应有的职业谨慎。内部审计机构和人员应当保持应有的职业谨慎，避免损害相关组织或人员的合法权益，做到：

①增强预防、识别、检查舞弊的知识和技能，执行审计项目时高度警惕相关方面可能存在的舞弊风险。

②根据被审计事项的重要性、复杂性以及审计的成本效益性，关注和检查可能存在的舞弊行为。

③合理运用审计职业判断，确定审计范围和程序，检查和发现舞弊行为。

④发现舞弊迹象时，及时向有关部门报告，并提出进一步检查的建议。

（3）加强内部控制审查与评价。内部审计人员在审查和评价内部控制时，应当充分关注下列主要内容，以协助企业管理当局预防舞弊：

①组织目标的可行性。

②控制意识和态度的科学性。

③员工行为规范的合理性和有效性。

④经营活动授权制度的适当性。

⑤风险管理机制的有效性。

⑥信息系统的有效性。

（4）及时报告检查结果。在舞弊检查过程中，出现下列情况时，内部审计人员应当及时向有关管理部门汇报：

①可以合理确信舞弊已经发生，并需深入调查。

②舞弊行为已导致对外披露的财务报表严重失实。

③发现犯罪线索，并获得应当移送司法机关处理的证据。

（5）明确相关人员责任。企业管理当局应当对重大舞弊行为的发生承担责任。内部审计如果秉持职业谨慎原则执行了必要的审计程序，则应免除其无法发现所有舞弊行为的责任。

（三）内部审计质量控制

（1）加强内部审计督导工作。内部审计质量控制一般包括内部审计督导、内部自我质量控制与外部评价三个方面。内部审计机构负责人应当对督导工作负主要责任，审计项目负责人应当负责审计现场的督导工作，督导工作应当贯穿审计项目的全过程。

（2）严格执行内部审计准则。内部审计项目应当按照中国内部审计准则的有关规定实施，并在审计报告中声明，以保证内部审计质量。如果存在未遵循准则的情况，应当在审计报告中作出解释和说明。

（3）加强内部审计机构自我质量控制。内部审计机构自我质量控制是为了合理保证所有内部审计活动符合内部审计准则的要求而制定的控制政策和程序。自我质量控制的主要内容包括：

①遵守职业道德规范。

②保持并不断提升内部审计人员的专业胜任能力。

③合理分派内部审计业务。

④依据内部审计准则制定操作规程。

⑤适当运用咨询手段。

⑥进行审计质量的内部考核与评价。

⑦评估审计报告的使用效果。

⑧监控内部审计机构质量控制政策与程序的执行。

（4）加强内部审计项目自我质量控制。内部审计项目自我质量控制是为了合理保证审计项目的实施符合内部审计准则的要求而制定的控制程序与方法。其控制内容主要包括：

①指导内部审计人员执行审计计划。

②监督内部审计过程。

③复核审计工作底稿和审计报告。

（5）建立外部评价制度。外部评价是由企业外部独立的、合格的机构和人员对内部审计质量所进行的考核与评价。企业应当建立外部评价制度，至少每五年对内部审计机构实施一次评价。外部评价人员在对内部审计质量作出评价后，应当出具外部评价报告，并提交企业管理当局。内部审计机构应当对外部评价报告所提出的重大问题及时拟订改进方案，改善内部审计质量。外部评价的内容主要包括：

①内部审计机构组织结构的合理程度。

②内部审计人员履行内部审计准则的情况。

③内部审计人员的专业胜任能力。

④内部审计目标的实现程度。

⑤内部自我质量控制的适当性和有效性。

（6）加强审计质量的考评。内部审计机构应当将内部自我质量控制政策与程序列入审计工作手册，并以适当方式传达给每一位内部审计人员，以便他们贯彻执行。内部审计机构应当通过定期和不定期的检查，对内部审计质量进行考核和评价。

5.17.5　内部审计业务内部控制流程

根据内部审计业务的内容和运行环节不同，企业内部审计业务的内部控制流程大致可以分为四个环节：

（1）内部审计计划的编制与审批。

（2）内部审计工作的实施。

（3）内部审计质量控制。

（4）内部审计的检查与评价。

为了明确各个环节的内部控制流程，实际工作中，企业可以针对各个环节分别绘制“内部控制流程图”和“内部控制流程表”，为业务经办部门和人员提供直观明了的执行标准。下面分别提供“内部审计业务内部控制流程图”（如图5-15所示）和“内部审计业务内部控制流程表”（见表5-15）。

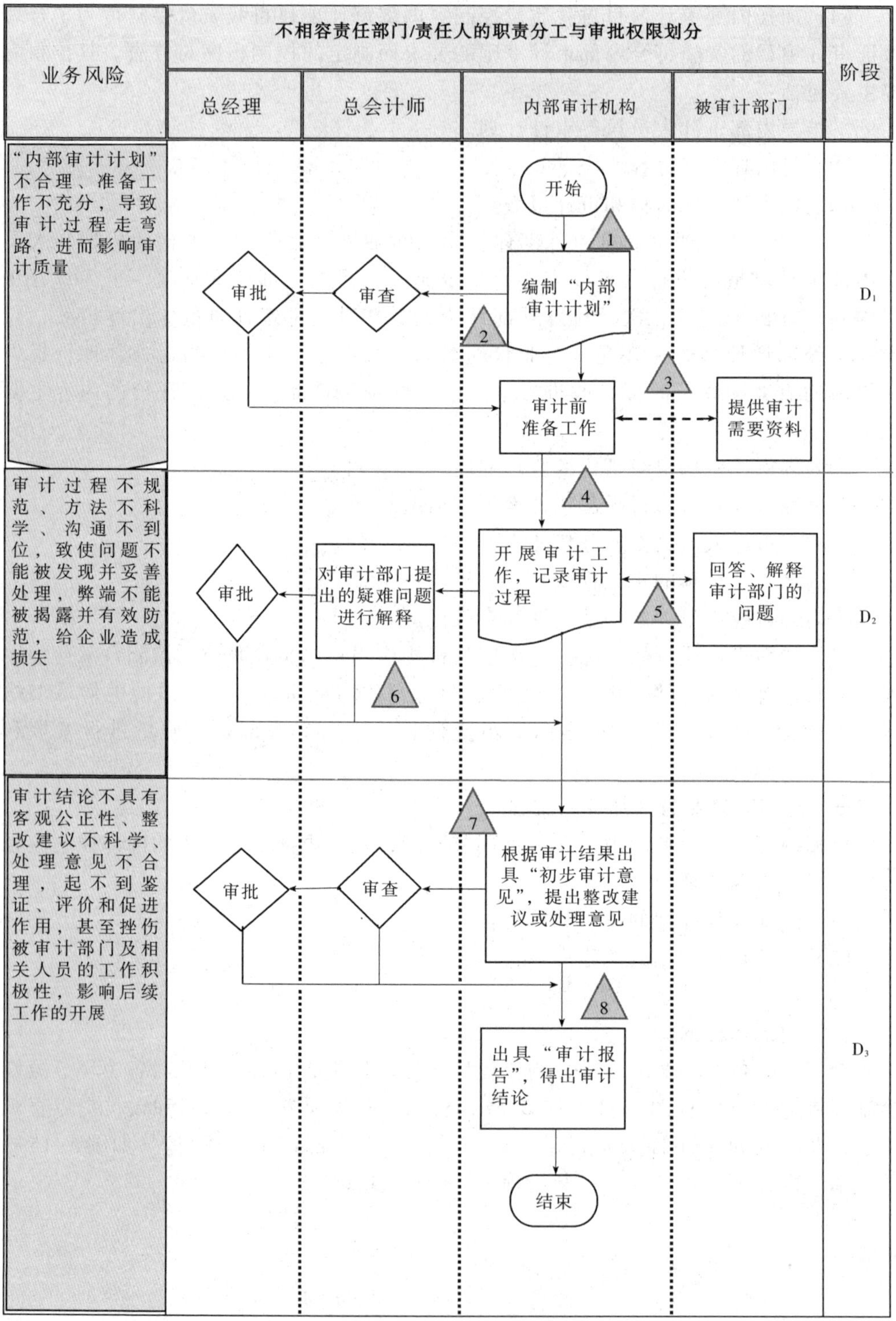

图 5-15　内部审计业务内部控制流程图

表 5-15　　**内部审计业务内部控制流程表**

控制事项		详细描述及说明
阶段控制	D_1	1.内部审计机构根据相关法规制度和企业要求编制“内部审计计划”，详细说明开展内部审计的目的、审计范围和内容、时间进度、人员安排、预期效果等情况 2.内部审计机构将“内部审计计划”上报总会计师审查，总会计师审查合格后提交总经理审批 3.内部审计机构根据审批后的“内部审计计划”做好相关的准备工作，并通知被审计部门提供所需资料
	D_2	4.内部审计机构按照“内部审计计划”开展审计工作，并对审计过程予以详细记录 5.与被审计部门保持随时沟通，要求被审计部门回答、解释审计工作中发现的问题，出现疑难问题时上报总会计师 6.总会计师对内部审计部门上报的问题进行分析、解释和说明，并提出解决问题的意见。必要时，请示总经理
	D_3	7.内部审计机构根据审计结果出具“初步审计意见”，对被审计部门的一般问题提出整改建议，对原则问题提出处理意见。上报总会计师、总经理审批 8.内部审计机构根据批准的“初步审计意见”出具正式的《审计报告》，得出审计结论，对被审计部门做出客观公正的评价
相关规范	应建规范	《内部审计工作手册》
	参照规范	《中国内部审计准则》 《企业内部控制应用指引》
文件资料		“内部审计计划”“初步审计意见” 《审计报告》
责任部门及责任人		内部审计机构、被审计部门 总经理、总会计师、审计机构负责人、被审计部门负责人

【关键词】

控制活动　控制目标　潜在风险　基本要求　具体要求　内部控制流程

【小结】

本章主要针对企业的筹资、货币资金收支、采购、存货、固定资产、无形资产、成本费用、销售、工程项目、投资、税务、关联交易、财务报告编制与披露、预算、合同协议、内部审计等业务，从控制目标、潜在风险、基本控制要求、具体控制要求等四个方面进行了详细讨论，并分别选择每种业务的一个控制环节，编制了内部控制流程图和内部控制流程表，形成了较为系统的业务活动控制方案。

【复习思考题】

1.为什么说控制活动是内部控制体系的核心？

2.筹资业务可能发生的风险是什么？应当重点关注哪些控制环节？

3.销售业务的控制目标是什么？应当重点防范哪些风险？

4.工程项目可能发生的风险是什么？应当重点关注哪些控制环节？

5.关联方交易可能发生的风险是什么？应当重点关注哪些控制环节？

6.合同协议的控制目标是什么？应当重点防范哪些风险？

7.财务报告编制与披露的控制目标是什么？应当重点防范哪些风险？

8.为X企业绘制合同订立与审核的内部控制流程图和内部控制流程表。

9.为X企业绘制纳税申报的内部控制流程图和内部控制流程表。

10.为X企业绘制投资可行性研究与评估的内部控制流程图和内部控制流程表。

11.为X企业绘制关联交易合同订立与审批的内部控制流程图和内部控制流程表。

12.为X企业绘制预算分析与考核的内部控制流程图和内部控制流程表。

第6章

内部控制的纽带——信息与沟通

【学习目标】

通过本章学习，充分认识信息与沟通在内部控制体系中的纽带作用；明确内部控制体系中信息的内涵与种类，了解内部控制体系中沟通的组成要素、基本类型、主要障碍和高效沟通的策略；掌握信息与沟通的强化措施，包括：高度重视信息与沟通的功能、有效避免信息不对称现象、大力提升企业信息化水平、全面防范信息系统的风险和建立健全反舞弊机制和投诉制度。

6.1 信息与沟通在内部控制体系中的作用

健全和完善内部控制体系，既需要充分发挥控制环境、风险评估、控制活动、信息与沟通、内部监督等各个要素的独立功能，又必须最大限度地整合五个要素之间的联动效应，而信息与沟通在整合过程中具有“桥梁和纽带”作用。因为在企业内部控制制度建立后，要想使五个要素之间有效地联动起来，达到最佳控制效果，实现内部控制的既定目标，必须首先疏通信息与沟通的渠道，保持企业内部与外部、纵向与横向、高层与基层以及业务处理各个环节之间信息传递与交流的畅通无阻。

如前所述，内部控制是一个由全体员工共同实施的管理系统，关系到企业财产物资的安全完整、财务信息的真实可靠、经营活动的合法合理、各种风险的防范和战略目标的实现。因此，从一定意义上讲，企业只有建立全员性、全方位、立体化、动态型的信息系统和沟通平台，形成畅通无阻的信息与沟通渠道，才能及时准确地收集、捕获、整理、加工、传递与内部控制各个要素、各个环节相关的信息，也才能在内部控制体系中发挥以下作用：

第一，帮助企业管理当局合理安排制度。科学的制度安排离不开准确无误的信息资料和各个层面的有效沟通，高质量的信息与高效率的沟通能够促使管理当局及时了解和系统掌握来自企业内部和企业外部的各种信息，并据此全面、客观地分析和判断制度安排所面临的形势，充分利用有利因素，有效避免不利因素，提高制度设计水平，做好基础工作，建立切实可行的内部控制体系。

第二，保证内部控制各个要素的协调联动。无论控制环境的优化、风险评估的开展、控制活动的实施，还是监督机制的运行，都离不开相关信息的支持。高质量的信息与高效率的沟通能够使内部控制诸多要素形成一个有机统一的整体，有助于准确判断内部控制覆盖的范围是否全面、包含的内容是否完整、授予的权力是否合理、划分的责任是否明确、各个控制环节之间的衔接是否严密、采取的控制手段和措施是否可行、固有的控制缺陷能否被及时发现并有效防范、预先设定的控制效果能否达到。进而推动各个要素最大限度地发挥功能，确保内部控制体系的协调联动、健康运转。

第三，提高企业内部控制的执行效果。良好的信息与沟通能够形成自上而下和自下而上的传递机制，促使企业每一个成员在适当的时候，采用适当的方法，将适当的信息传递给适当的人员。既可以保证下级及时准确地收到和领会上级指令并按照指令贯彻执行内部控制制度，又可以保证上级实时监控下级执行内部控制的具体情况，掌握下级执行指令的结果和建议，及时发现指令执行中的偏差，并根据偏差产生原因提出纠正措施。同时，还有助于增强基层员工的责任心和工作热情，培养员工的主人翁意识，密切人际关系，减少和避免因信息不对称、沟通不及时在上下级之间产生矛盾的现象。

● 6.2 内部控制体系中的信息

6.2.1 信息的含义

信息，原指通信系统传输和处理的对象。1984年和1989年，美国数学家申农先后发表的“通信的数学原理” 和“噪声中通信”两篇论文中，详细论述了信息在通信系统中的应用，奠定了信息理论的基础。之后，维纳把信息概念引入控制理论，将二者有机地联系在一起进行交叉研究，逐步形成了信息控制理论。信息控制理论的产生，使信息的应用范围迅速延伸到人类生产、生活的各个领域，并成为各个组织机构控制自身活动过程的基本依据和管理系统各层级之间相互沟通的重要纽带。

企业作为各种契约的组合和社会经济体系的组成细胞，与投资人、债权人、经理人、员工、供应商、客户、政府、社区、中介机构等存在千丝万缕的联系，企业与他们之间的工作交流和利益关系处理，必须借助企业生产经营活动中生成的各种信息。而作为规范和控制企业生产经营活动，并使其按照预定方案运行的内部控制制度，必然要求企业通过信息系统识别、获取、处理和报告与生产经营活动有关的全部信息，为管理和控制生产经营活动提供支持。因此，可以说内部控制体系中的信息，主要指围绕内部控制活动生成的、反映内部控制制度设计和运行状况的数据资料。

6.2.2 信息的种类

与内部控制活动有关的信息，种类繁多，形式多样。可以按照不同的标准进行分类。

（一）按照信息的来源渠道分类

按照信息的来源渠道不同，内部控制信息可以分为内部信息和外部信息。其中，内部信息包括企业制定的各项管理制度、中长期战略规划、年度工作计划、全面预算方案、财务会计资料、统计数据等，一般借助企业的内部报告、工作总结、情况反映、内部刊物、办公网络等渠道获取。内部信息的取得具有便捷性、强制性和相对固定性等特点。外部信息包括政府制定的法规制度和监管要求、产业政策变化态势、企业面临的特定市场供求情况、同行业先进水平的相关数据、竞争对手的市场份额和产品研发状况、供应商与客户的经营和财务情况、中介机构对企业的评价、社会公众对企业的认同度等。一般通过政府监管部门、行业协会、中介组织、业务往来企业、市场调研、专家访谈、来信来访、网络媒体等渠道获取。与内部信息相比，外部信息的取得相对困难，需要企业设置专门的机构或配备专职人员从事采集、捕获、开发、加工等工作。

需要指出，来自不同渠道的信息大多为零散性的、碎片化的和非系统的，因此无论内部信息还是外部信息，都必须经过必要的筛选、整理和加工，才能成为真正有用的信息，供有关部门使用。

（二）按照信息反映的内容分类

按照信息反映的具体内容不同，内部控制信息可以分为财务信息和业务信息。其中，财务信息主要用来反映企业生产经营活动过程中的财务状况和经营情况，具体包括：

（1）反映企业财务状况、经营成果和现金流量的信息。其中，反映财务状况的信息主要通过“资产负债表”和“所有者权益变动表”提供；反映经营成果的信息主要通过“利润表”提供；反映现金流量的信息主要通过“现金流量表”提供。由于企业必须定期对外发布这些信息，因此，该类信息的识别、获取、处理和报告必须严格执行国家相关的法律法规和统一会计准则的要求。

（2）反映企业成本、费用情况的信息。此类信息一般不需要对外公布，企业应当按照国家的有关规定和自身经营管理的需要，借助内部报告、情况通报、专题讨论会等方式获取相关信息。

（3）反映企业财务状况、经营成果和现金流量等指标分析情况的信息。其中，财务状况指标分析信息主要反映企业资产、负债项目对财务状况的影响程度；经营成果指标分析信息主要反映企业报告期经营成果构成项目的变化情况及原因；现金流量指标分析信息主要反映企业报告期现金流量构成项目的变化情况及原因。该类信息基本属于对内报告信息，企业应当根据自身管理要求，结合对外报告资料整理分析后获取。

需要指出，财务信息按照其涵盖的主体范围不同，可以分为基层财务信息和汇总财务信息。基层财务信息是指反映基层单位（子、分公司）财务状况、经营成果和现金流量的信息；汇总财务信息是指反映主管单位（总公司）财务状况、经营成果和现金流量的信息。从信息获取的角度讲，基层财务信息是关键，因为汇总财务信息只是对基层财务信息的总体合并和部分调整。

与财务信息相比，业务信息反映的内容更加宽泛，提供的方式也更加多样化。一般来说，凡是不能通过财务报告手段反映和提供的信息，都可以划归到业务信息的范畴，包括：企业的组织架构、经营发展战略、人力资源政策、员工综合素质、企业文化建设、业绩考评体系、业务规范流程、授权审批程序、社会责任履行情况、产品和劳务质量、安全生产、环境保护、资源节约、促进就业、员工权益保护、投资者关系、债权人关系、供应商关系、客户满意度、设备利用效率、产品研发水平、企业信息化水平、事故统计数据等。业务信息的获取可以通过企业管理制度、例行会议、专题报告、跟踪调查、内部刊物、网络媒体、资料检索、举报系统、培训考试、档案查阅与分析以及走访相关部门等方式。但必须指出，为了保证业务信息的可靠性和实用性，企业最好指定专门机构对采集的各类信息进行筛选、鉴别、过滤、分析和汇总。

（三）按照信息的计量单位分类

按照信息的计量单位不同，内部控制信息可以分为货币性信息和非货币性信息。其中，货币性信息是指能够采用货币计量手段加以量化的信息，非货币性信息则指无法进行货币计量的信息。一般地讲，财务信息大多属于货币性信息，业务信息大多属于非货币性信息。

尽管信息的具体来源渠道、反映内容和表现形式不同，但内部控制体系中的信息都能够从一个侧面揭示企业内部控制的实施情况，或反映企业内部控制设计和运行中存在的问题和缺陷，帮助企业采取改进措施，进一步加强内部控制建设，提高经营管理水平，实现内部控制目标。因此，企业应当建立适合不同类型信息的识别、获取、处理和报告的信息系统，保证信息获取及时、内容完整、数据准确、具有使用价值。根据企业的信息化建设水平不同，信息系统可以采用传统的手工信息系统，也可以利用先进的信息和通信技术建立现代化信息系统，还可以采用手工和信息技术相结合的信息系统。但无论采用何种信息系统，都必须将信息系统的规划、设计和执行与企业的整体发展战略进行有机整合，使信息系统完全适应信息需求的时机和深度，能够覆盖企业的各项生产经营活动，接收与企业经营活动相关的各种信息，以便对生产经营活动实施有效控制。信息系统的处理对象既应当包括企业生产经营活动生成的内部信息，也必须包括与生产经营活动相关的外部信息；既要识别和获取管理当局经营决策所需要的财务信息，还必须识别和获取管理当局经营决策所需要的业务信息，以帮助企业管理当局全面了解和掌握内部控制的运行情况，科学合理地进行经营决策。

6.3　内部控制体系中的沟通

内部控制体系中的信息与沟通相互联系，相互依赖。其中，信息是沟通的对象和内容，沟通是信息的传递手段和方法，只有加强二者之间的结合，处理好二者之间的关系，才能充分发挥其在内部控制中的作用。

6.3.1　沟通的组成要素

沟通是信息系统所固有的功能，一般由输出者、接受者、信息和渠道四个要素组成。其中：

（1）输出者是信息的来源。输出者要想顺利地完成信息输出工作，必须充分了解接受者的具体情况，包括需求、偏好、接受能力等，以便选择合适的沟通渠道，帮助接受者理解和接受。因此，要求输出者了解编码（Encoding）和译码（Decoding）两个概念。其中，编码是为了帮助输出者将自己的想法、认识或感觉转化为信息，译码则是为了帮助接受者将信息转换为自己的想法、认识或感觉。就输出者来讲，应当特别关注编码的基本要求：一是相关性，即信息必须与接受者的所知范围、需知要求相互关联，对接受者具有一定的了解意义或参考价值；二是集中性，即信息重点应当集中，突出关键内容，有利于接受者把握要害，减轻信息转换的负担；三是简明性，即信息应当简明扼要、条理清楚，有助于接受者理解、记忆和接受；四是可靠性，即信息必须真实可靠、准确无误，有助于接受者正确认识和判断。

（2）接受者是获取信息的主体。接受者要想将信息转化为自己所能了解的想法、认识和感受，必须认真做好信息解码工作。解码工作既受到接受者的综合素质，包括文化知识、经历经验、思维方式、解读能力等的影响，也与接受者对输出者的期望和要求直接相关。

（3）信息是沟通的核心内容，是输出者借助各种方式传递给接受者的有用消息。由于输出者在输出信息以及接受者在接受信息时，不可避免地会添加个人的认知和判断甚至情感和偏好，因此，二者对于同样的信息可能产生不同的理解，甚至存在明显的差异，但丝毫不影响信息在沟通过程中的核心地位。

（4）渠道是信息得以沟通的载体。根据沟通的范围、对象、内容和手段不同，沟通渠道可以分为正式或非正式沟通渠道，口语和非口语沟通渠道，自上而下和自下而上沟通渠道，平层之间的沟通渠道等。

6.3.2　沟通的基本类型

（一）内部沟通

内部沟通是指与内部控制设计和运行情况相关的信息在企业内部各管理层级、各责任单位和各业务环节之间，借助内部报告形式进行的传递和交流。内部沟通一般包括纵向沟通和横向沟通两种形式。其中：

纵向沟通是指内部控制信息在业务部门与其上级主管部门和人员之间，以及业务部门内部上下级之间的沟通。基本要求是保证企业上下级之间能够实时、快捷地传递和交流信息。有效的纵向沟通，既有助于正确处理企业各级领导与一般员工的关系，增强团队意识和责任意识，形成和谐的企业文化，又可以充分发挥管理者和执行者各自的职能，提高经营决策的科学性和可行性，促进内部控制体系的不断完善。

横向沟通是指内部控制信息在企业各相关业务部门和管理机构之间的沟通，以及信息在管理层与企业董事会及其委员会之间的沟通。其基本要求是保证企业层次相当的业务部门或业务人员之间，能够实时、快捷地传递和交流信息。有效的横向沟通，既有助于培养企业员工的合作意识，又可以利用各职能部门之间相互影响、相互制约的特征达到内部控制的效果。

因此，企业应当建立健全内部沟通机制。一方面要完善信息向下传递机制，使企业内部参与经营活动的各个方面和全体人员详细了解企业内部控制方面的信息，明确自己的职责权限及其在内部控制体系中的地位和作用，清楚自身活动与其他员工活动之间的关系；另一方面要完善信息向上传递机制，确保员工能够及时将其在生产经营活动中发现的问题、掌握的情况以及举报、意见和建议等向有关部门传递。建立内部沟通机制时应当注意以下要求：

（1）要求全体员工了解和掌握企业中自上而下、自下而上传递和交流信息的渠道，真正形成开放式、常态化、透明化的沟通机制。

（2）明确每一位员工的内部控制责任，特别是那些在重要经营或财务管理岗位上的人员，必须详细了解自己在内部控制体系中的职责权限，明确自己与相关业务人员之间的关系，以及对内部控制系统可能产生的影响。

（3）要求每一位员工在履行职责时，既要关注发生的事项，也要关注事项发生的原因，以便形成严密、实时的沟通关系，通过沟通来识别和发现内部控制系统中的潜在漏洞，采取有效措施加以防范。

（4）特别关注管理层与董事会及其委员会之间的沟通。任何情况下，企业管理层与董事会及其委员会之间的沟通都非常重要，因此，必须建立无障碍沟通渠道，使管理层能够在第一时间告知董事会及其委员会企业最新的经营业绩、发展趋势、潜在风险、主要行动以及其他相关的事项，避免和减少信息不对称现象，以便董事会进行科学决策，并监督和帮助管理层做好决策的执行工作。

内部沟通的具体方式可以根据沟通目的、沟通主体、沟通范围和内容不同合理选择。一般包括培训、宣传、发放文件、会议记录纪要、检查、布告、简报、调研报告、会计资料及内部网络等。其中，由于内部网络具有快捷性、大众化等特点，其已经或正在成为企业内部沟通的主要方式。

（二）外部沟通

外部沟通，是指与内部控制设计和运行情况相关的信息在企业与企业外部有关利害关系人以及监管机构之间的传递和交流。对于任何一个企业来讲，外部沟通具有与内部沟通同等重要的作用。良好的外部沟通机制，有助于高管人员及时了解市场对企业产品或服务方面的需求变化、监管机构对企业的要求、投资者和证券机构对企业的评价、顾客的满意度、供应商的情况、客户的需求等方面的信息，为降低企业经营和财务风险，扩大企业影响力，提高企业知名度创造条件。同时，还可以借助企业外部利害关系人以及监管机构的反馈意见，了解企业内部控制体系中存在的问题，掌握外部人士的合理化建议和意见，针对性地采取措施，加以改进。

因此，企业应当建立健全外部沟通机制，加强与投资者、客户、供应商、监管部门、注册会计师、律师等方面的沟通。具体地讲，应做到：

（1）加强与投资者之间的沟通。企业应当根据有关法律、行政法规和企业章程，建立企业的信息披露政策与程序，及时、公平地向投资者披露企业的战略规划、经营成果、投融资计划、年度预算、重大担保事项、合并分立、资产重组、财务状况、经营成果、利润分配方案等方面的信息，广泛听取投资者的意见和要求，妥善处理企业与投资者之间的关系，增强投资人对企业的信心。

（2）加强与客户的沟通。企业应当通过座谈会、走访、调查问卷等形式，采集客户对企业的销售政策、产品质量、售后服务、货款结算等方面的意见和建议，全面了解和有效应对不断变化的客户需求和消费偏好，形成良好的客户关系，增强客户对企业的信任度和依赖感。同时，通过沟通及时发现销售业务内部控制中存在的缺陷，妥善解决可能存在的销售控制不当问题。

（3）加强与供应商的沟通。企业应当通过供需见面会、订货会、业务洽谈会等形式，与供应商就供货渠道、产品质量、技术性能、交易价格、信用政策、结算方式等问题进行沟通，形成良好的供应商关系。及时发现采购业务内部控制中存在的缺陷，妥善解决可能存在的采购控制不当问题。

（4）加强与监管机构的沟通。企业应当及时了解政府有关部门的监管政策和监管要求及其变化趋势，发现控制漏洞和缺陷，完善自己的管理制度，并根据自己的实际情况，积极反映诉求和建议。

（5）加强与注册会计师等中介机构人员的沟通。企业应当认真听取注册会计师关于财务报表审计、内部控制审计等方面的意见和建议，获取企业内部控制是否存在设计和实施缺陷等信息，保证内部控制的有效运行以及双方工作的协调。

（6）加强与律师（或法律顾问）和财务分析师等方面的沟通。企业应当认真听取法律、财务等专业人士的意见和建议，全面了解企业可能隐藏的法律风险和财务风险，以便采取控制措施。

外部沟通的具体方式包括市场调查、客户座谈会、来信来访、网络媒体、传真、电话、互联网络、电子邮件、布告、文件等。企业可以根据自己的条件设置专职信息开发机构或开发人员，利用现代通信技术获取、筛选、整理、加工相关的外部信息，并通过文件、信息快报、例行会议、专题报告、调查研究、员工手册、教育培训、内部刊物等方式将之传递给企业有关的职能管理部门。

需要指出，无论是内部沟通还是外部沟通，相关部门和人员都必须关注其中可能存在的风险。因为信息内容的不完整、信息传递的不及时、信息保密的不到位、沟通手段的不得力，都可能产生风险或放大风险，导致企业决策失误，执行乏力，影响企业生产经营活动的有序运行和内部控制的实施效果。

6.3.3 沟通的主要障碍

沟通障碍是指在信息输出和接受过程中，受人为、技术、文化等各种因素的影响而出现的梗阻现象。沟通障碍的大量出现，会造成信息"孤岛"现象，导致或加重信息不对称，使信息完全或部分丧失共享性、扩展性、时间性和经济性，降低信息的使用价值。常见的沟通障碍有：

（一）人为障碍

人为障碍是指沟通主体不愿意主动沟通或采取的沟通方式不合理，影响正常沟通的障碍。主要包括：

（1）居高临下。人为拉大职务、权力方面的差距，导致下属对上司毕恭毕敬甚至敬而远之，在上司面前唯唯诺诺，说话不敢有个人见解，做事不敢越雷池半步，严重影响上下级之间的情感交流和信息沟通。美国加利福尼亚州立大学的学者通过研究发现，来自领导层的信息只有20%～30%被下级所知并予以正确理解，自下而上反馈的信息不超过10%被上级知晓并予以正确理解，而平级之间交流的效率则可以达到90%以上。他们把这种现象称为沟通中的"位差损耗效应"。现实工作中，位差损耗效应客观上已经存在，如果再采取居高临下的态度，人为地拉大职务、权力方面的差距，其负面效应无疑会继续扩大。

（2）自以为是。过分相信自己的能力，不能以宽广的胸怀、谦虚的态度对待他人的建议。自己一旦对问题形成想法和主张，不再愿意接受别人的意见，关上自己心门的同时，堵死了沟通渠道。

（3）先入为主。把以往工作中产生的成见甚至是偏见嵌入现实的沟通过程，事先将对方置于怀疑行列甚至排斥在外，即使对方提出了很好的意见和建议，也不屑一顾，直接阻断了沟通桥梁。

（4）不善倾听。缺乏倾听所需要的良好心态和基本技巧，不能认真听取并慎重思考讲话者的观点和主张。或左顾右盼，心不在焉；或打断对方，高谈阔论；或抓耳挠腮，急不可耐；或刨根问底，推己及人。严重挫伤讲话者的自尊，干扰讲话者的思维，阻断沟通路径，影响甚至破坏沟通双方之间的关系。

（5）本位主义。有关部门为了满足自身利益需要，对企业组织结构、考核评价制度、利益分配机制等不能正确对待，甚至抱有偏见，遇事缺乏全局观念，多从局部考虑，一叶障目不见泰山，短期行为、利己行为、排他行为时有发生，严重干扰甚至破坏正常的沟通程序和方式。

（6）缺乏诚意。沟通各方不能以诚相待，没有形成良好的理解和信任基础，对对方持有怀疑态度甚至恐惧心理，遇事往往严于律人、宽以待己，所提要求苛刻，难以建立顺畅的沟通机制。

（7）草率评判。沟通一方在没有完全理解对方意图的情况下，就急于做出评判结论，草率发表自己的看法，否定对方的建议和意见，致使对方处于非常尴尬的境地，主动或被迫放弃沟通。

（二）技术障碍

技术障碍是指因沟通技术不到位或沟通技术运用不恰当，影响正常沟通的障碍。主要包括：

（1）编码与解码所采用的信息代码存在差异，阻碍当事人理解和交流。

（2）信息传递媒介存在物理性障碍，失去基本的交流平台。

（3）编码环节语意不明、语言表述模棱两可、字迹书写模糊不清，导致信息接受者理解困难。

（4）信息处理技术落后，导致信息质量不高，甚至明显失真，使信息使用者拒绝接受或接受后遭受损失。

（5）不能恰当运用反馈这一检验沟通效果的手段，难以保证沟通的有效性。

（三）其他障碍

其他障碍是指主观因素和技术因素之外的、影响正常沟通的障碍。主要包括：

（1）所处的文化背景不同，致使沟通双方的价值观、伦理观、道德观等存在明显差异，阻碍正常沟通。

（2）身份、地位等方面存在较大差异，导致心理落差和沟通距离。

（3）身体不佳、心态不好、情绪不稳，影响沟通效果。

（4）交流环境、交流方式、交流时间等选择不当，难以进行有效沟通。

（5）输出者和接受者在沟通技能及所需要的知识方面存在明显差异，找不到共同语言，不易达成共识。

6.3.4　高效沟通的策略

完整的沟通过程包括三个环节：一是信息输出者及时发送信息；二是信息接收者认真倾听信息；三是信息接收者在倾听信息的过程当中或过程结束后，及时回应信息输出者，澄清或矫正信息发送和倾听过程中可能发生的失真和误解。因此，高效沟通的过程包括及时发送、认真倾听和积极反馈。

（一）及时发送

（1）准确把握发送时间。信息的时效性特点决定了信息的发送必须把握好时机，滞后的信息不仅会降低和失去其使用价值，而且可能给信息接受者带来负面影响。

（2）认真筛选发送内容。信息内容是沟通的核心和关键，因此信息输出者在发送信息之前，应当对信息的内容进行整理和加工，尽量做到去伪存真、去粗取精，保证信息内容的可靠性和有用性。要尽量采用清晰简洁、准确无误、通俗易懂的语言将信息传递给接收者，避免模糊不清或容易引起误解的表述。晦涩难懂的专业术语应当在确认对方基本能够理解的情况下再行使用。

（3）充分了解发送对象。信息输出者在发送信息之前，应当充分考虑信息接收者的价值理念、思维方式、需求特点和信息解读能力，确保所传递的信息满足对方的需要，能够帮助其做出正确的决断。

（4）择优选择发送方式。不同的信息发送方式可能产生不同的沟通效果。如果只是为了说明情况，采用信件、电话、邮件等沟通方式即可；如果需要通过沟通交流思想、增进感情和增加信任，则应当选择合适的时间和地点进行面谈，借助天时和地利，达到人和的目的。

（5）合理确定发送地点。不同的信息发送场所会产生不同的沟通效果，如通过组织正式的会议，可以宣读企业的发展规划、管理制度等，但与客户之间的前期洽谈，选择休闲茶社、咖啡厅等场所，效果可能会更好。因此，信息输出者应当根据信息的沟通内容和沟通目的不同确定适宜的地点，合理选择正式场合或非正式场合，以便实现最佳的沟通效果。

（二）认真倾听

认真倾听是促使对方畅所欲言，忠诚袒露个人见解，掌握别人内心世界，全面了解信息内容的重要一环。作为信息接收者，要想让信息输出者毫无保留地给自己传递信息，获得良好的沟通效果，必须认真倾听对方的陈述，并通过面部表情、肢体语言和话语回应等方式，将自己的态度和情感传递给对方。具体地讲，认真倾听需要符合以下要求：

（1）态度诚恳。信息输出者往往会根据信息接收者的态度不同决定信息的传递内容和方式。如果信息接收者显示出无所谓的态度，甚至给人以居高临下、不屑一顾、吹毛求疵的感觉，信息输出者往往会采取自我保护的办法，削减或中断信息输出，使沟通陷入僵局。因此，信息接收者必须严以律己、宽以待人，以忠诚的态度倾听对方的陈述。即使自己属于交流话题方面的专家，也应尊重对方的劳动，鼓励对方畅所欲言。

（2）聚精会神。任何东张西望、抓耳挠腮、左顾右盼等心不在焉的举动，都可能冲淡对方的谈话兴趣，中断信息的传递，降低沟通的效果。因此，必须放弃一心多用的陋习，培养专心致志的习惯，始终保持与对方视线的接触，让信息输出者始终感觉你在充满兴趣、全神贯注地倾听他的陈述。

（3）尊重对方。倾听别人说话是一种礼貌和修养，倾听会让对方感觉到你对他的尊重，有助于形成和谐的氛围，密切双方之间的关系，促进交换意见，提高沟通效果。因此，应当站在对方立场，仔细倾听对方所说的每一句话，不要轻易用自己的价值观去指责或评判对方的想法。即使对方的看法存在偏颇甚至谬误，也应当抱着理解和尊重的态度，采取对方愿意接纳的方式予以指出。

（4）恰当回应。恰当、良好的回应可以激发信息输出者的谈话欲望，使其完整、清晰地陈述自己的思想和见解，使信息接收者得到更多有意义、有价值的信息。因此，要学会采用肢体语言如点头、微笑等，让对方感觉到你对他的认同和接纳。同时在适当的时候，根据对方的谈话要点和自己的接收情况，发表意见、建议或提出疑问，响应对方的说法，产生“乒乓效应”。但切忌随意打断别人的谈话或武断做出结论等不尊重对方的现象。

（5）梳理重点，得出结论。良好的沟通氛围，可以促使信息输出者畅所欲言。

但并不能保证所有的信息对接收者都有价值。因此，信息接收者应当根据自己的倾听目的和对方的谈话内容，理顺思路，删去无关紧要的细节，整理出自己感兴趣的部分，得出对自己有用的结论，实现沟通目的。

（三）积极反馈

要想调动信息输出者的激情，接收和掌握更多的信息，必须在倾听的基础上给对方以积极的反馈。反馈包括正面反馈和建设性反馈两种类型。正面反馈是就对方的谈话内容和传递的信息予以鼓励和支持，建设性反馈是就对方传递信息过程中存在的不足提出改进意见和建议。前者一般采用表扬方式，但后者一般不采用批评手段。积极的反馈应当符合以下要求：

（1）针对信息输出者关注的内容或存在的疑惑做出反馈。要充分考虑对方的需求，尽量满足对方的需要。如推销员向销售部经理汇报完工作后，迫切需要听到领导对自己以往工作状况的评价以及后期工作的指导意见，如果销售部经理采取敷衍了事或避重就轻的做法，不能做出积极的反馈，无疑会挫伤推销员的工作积极性，进而影响以后的工作安排和信息沟通。

（2）正面反馈应当态度明确、语意清晰。切忌持有模棱两可的态度和采用晦涩不清的语言，以免信息输出者听完以后将信将疑，甚至一头雾水，不能准确判断信息接收者是否理解和掌握自己传递的信息内容，是否赞同自己的想法和做法。长此以往，势必影响双方之间的正常沟通。

（3）建设性反馈应当态度诚恳、语意亲切。要切忌采用武断的态度和藐视的语气，尤其不能伤及别人的面子和尊严，特别是领导对下属提出反馈意见和建议时更要注意自己的态度和表述口气，坚持对事不对人的准则；否则，必然挫伤对方主动沟通的积极性，加深双方之间的对抗情绪，甚至产生不应有的矛盾，影响日后的工作关系和信息沟通。即使是必须提出批评意见时，只要不属于原则问题，也应当把握好时间、地点和方式，确保对方能够愉快接受并采取改进措施。

需要指出，积极反馈能否收到理想的效果，除信息接收者做出上述努力外，信息输出者在接受反馈意见时，也应当做到三个方面：一是以谦虚、宽容的态度倾听他人的反馈意见。无论反馈意见是否中听入耳，都不应当采取直接或肢体语言等方式现场打断对方的反馈，否则会中断双方的沟通。二是避免过度自卫。如果一旦听到对自己不利、不好的反馈意见，就迫不及待地进行辩解，沟通过程很可能马上中断；三是明确自己对反馈意见的看法。信息接收者提出反馈意见后，信息输出者无论理解、赞成、同意、支持与否，或保留自己的意见，都应当表明自己的态度，以免信息接收者对自己的反馈意见产生疑惑，或费尽心思琢磨信息输出者的想法，影响沟通的效果。

总之，高效沟通必须是信息输出者与信息接收者之间的协调互动，上述三个环节中任意一个环节受阻，都会在一定程度上降低沟通效果，甚至使沟通完全失去意义。因此，构造信息输出者与信息接收者之间有机协调、及时传递信息、认真倾听与积极反馈的良性循环，是实现高效沟通的基础和保证。

6.4 强化信息与沟通的措施

综上所述，内部控制体系中信息与沟通的实质就是要求企业及时准确地收集、整理、加工和传递与内部控制相关的各种信息，确保内部控制信息在企业各层级、各部门之间以及企业与外部利益相关者之间得到及时、有效的沟通。它主要强调五个方面的内容：

一是信息质量。信息具有共享性、扩展性、时间性和经济性等特征，这些特征从不同角度反映了信息质量要求。企业通过各种途径获取的信息，只有经过合理的筛选、核对、整合、加工、集成后，才能满足质量要求，保证和提高信息的使用价值。可以说，信息质量在信息与沟通工作中处于重要的基础地位，影响甚至决定沟通的效率和效果，不符合质量要求的信息不仅无用，而且有害，沟通范围越大，沟通速度越快，带来的负面影响就越大。

二是沟通制度。信息特征决定了信息的功能只有通过有效沟通才能充分发挥出来。因此，企业应当根据自己的实际情况，建立健全沟通制度，实现信息沟通的制度化、常态化和规范化。沟通制度应当确保内部控制的相关信息在企业内部各管理层级、各责任部门和各业务环节之间，以及企业与投资人、债权人、政府监管部门、供应商、客户、中介机构等利益相关者之间进行有效的沟通和反馈。

三是信息系统。信息与沟通能否充分发挥作用，除信息质量和沟通制度外，还受制于信息系统自身的功能，信息系统的好坏直接影响企业内部控制的效率和效果。信息系统有传统的手工信息系统和利用现代信息技术的信息系统，企业应当在发挥手工信息系统优势的同时，积极利用现代通信技术开发和完善信息系统，并将二者有机地结合起来，全面提升信息化建设水平，着力加强信息系统的维护和升级、访问与变更、数据输入与输出、文件存储与保管、网络安全等方面的控制，保证信息系统安全稳定运行，加快信息获取、集成和传递速度，提高沟通效率。

四是反舞弊机制。健全完善的反舞弊工作机制，能够明确有关部门和人员在反舞弊工作中的职责权限，规范舞弊案件的举报、投诉、调查、处理、报告以及补救的程序和要求，增强员工的信息与沟通意识，获取常规安排下难以实现的信息传递和资源共享，促进企业信息与沟通的有效性。

五是举报投诉制度。举报和投诉作为自下而上沟通信息的重要手段，对管理层及时发现经营活动以及内部控制实施过程中的问题和缺陷、有效防范舞弊行为、不断完善内部控制体系具有重要的作用。

围绕上述五个方面的内容，强化信息与沟通应当采取以下措施：

6.4.1 高度重视信息与沟通的功能

如前所述，信息与沟通在内部控制体系以及企业的整个经营管理工作中具有不可替代的作用，但受传统经营管理陋习的影响，相当一部分管理者对信息与沟通的功能认识不足。他们习惯于通过设置组织机构、配备工作人员、制定有关制度对企业的人、财、物力进行管理，而忽视通过建立信息平台、开放沟通渠道、加强双向或多向交流提升管理效果。即使开通了双向沟通渠道，也大多表现为两种情况：一是自上而下的信息传递大多采用行政命令方式，带有明显的强制性、压迫性和灌输性。由于信息接受者完全处于被动地位，很容易造成信息传递速度缓慢、信息内容被误解和扭曲等现象；二是自下而上的信息传递大多采用定期报告方式，带有一定的交差了事、完成任务即摆脱责任的倾向。管理者对定期报告之外的信息反馈缺乏强烈的倾听愿望，不能给予高度的重视和及时的反馈，导致自下而上的信息交流缺乏源动力，使沟通流于形式。

因此，必须从企业管理当局做起，强化全体员工的信息与沟通意识，重新认识和定位信息与沟通在内部控制体系以及企业管理中的作用，全面加强信息的收集、加工、整理、传递、报告以及内外部沟通机制的建设工作，打造全覆盖、立体化、动态式的信息共享平台，最大限度地发挥信息与沟通的功能。具体要求包括：

（1）改进企业高层管理人员在信息与沟通中的工作作风。无论作为信息输出者向下级传递信息，还是作为信息接收者从下级获取信息，都不应当采取居高临下的姿态。特别是从基层员工当中获取真实的信息时，更需要保持平等待人、虚怀若谷的态度。因为一般情况下，基层员工只有在确信上级领导诚心诚意接纳自己的意见和建议时，才乐意提供所掌握的全部信息。因此，自下而上的沟通不仅需要开放的渠道，而且需要优良的工作作风。要坚决克服官僚主义和衙门作风，与下级建立良好的合作和沟通关系；要努力创造宽松、和谐的环境，鼓励下属畅所欲言，表达和倾诉不同意见甚至是反对意见；要敢于、勇于、善于倾听来自企业内部和外部的各种信息，并根据管理和决策的需要认真筛选和处理；要明确支持和奖励关心企业、为企业发展出谋划策、为企业传递有用信息的员工。

（2）明确内部控制委员会或工作小组在信息收集与沟通过程中的权限与职责。要求他们做好信息生成方式的设计与规划、信息传递路径的疏通与维护、关键信息及其影响的评估等工作。确保内部控制信息传递畅通无阻，沟通效果达到最优。

（3）明确内部控制项目负责人的信息采集与报告责任。通过建立和规范信息报告制度，促进相关人员尽职尽责、认真完成信息的收集与报告工作，确保信息在组织内部能够有效获得和及时传递。

（4）利用企业网站开辟内部控制"视窗"，专门发布与企业内部控制相关的信息。在缩短信息与沟通的时间和距离、提高内部控制信息透明度和实时性的同时，节约内部控制的运行成本。

（5）尽量克服信息沟通中的从众心理。参与沟通的人员应当以实事求是的态度面对现实问题，本着解决问题的思路发表看法，不受个人情绪和偏好的影响。要善于独立思考，不能人云亦云。要认真倾听别人的观点，从中汲取营养。同时要敢于挑战权威，陈述自己的见解。

6.4.2　有效避免信息不对称现象

信息与沟通的失效或无效，是信息不对称现象形成的主要原因。理论界对信息不对称的一般解释是市场交易中参与交易的一方比另一方拥有更多的信息，处于信息优势地位的一方，很可能为牟取自身更大的利益而使另一方的利益受到损害。由于信息不对称使信息优势方拥有操纵信息的机会，所以极易出现逆向选择与道德风险问题。从内部控制的角度看，要想有效避免信息不对称现象，必须解决好以下两个方面的问题：

（1）疏通信息与沟通渠道。对信息与沟通的忽视，可以说是导致信息不对称的直接原因。任何一个企业，如果对信息与沟通工作缺乏足够的重视，管理者只注重给下属安排任务而不考虑下属的反馈意见和建议，执行者只关注如何完成任务而不考虑执行任务过程中可能存在的问题，即使发现问题也不愿意向领导反映，提出自己的意见和建议，信息不对称现象必然产生。

（2）精简信息与沟通层级。层级过多的企业管理体系，无疑会加重信息不对称现象。就一个企业来讲，如果组织机构重叠、管理层级太多，很容易导致两种情况，加大信息不对称现象：一是最高决策层输出的信息下达到基层单位或基层单位收集的信息上传到最高决策层时，由于传递路线过长、沟通环节过多，影响信息的时效性；二是各个层级之间沟通时，每一个信息接收者都需要对接收的信息进行甄别和整理加工，不可避免地会掺杂主观认识和个人偏好，相关信息很可能在这一过程中被延误、曲解甚至扭曲，从而影响信息的真实性和可靠性。换句话说，信息处理的层次越多，信息失真的可能性就越大，信息的效用就越低。因此，应当通过精简机构、压缩管理层级、保证信息传递的快捷和充分、实现沟通过程的短距离甚至零距离，进而减少信息的不对称性。

6.4.3 大力提升企业信息化水平

随着市场竞争的不断加剧、企业规模的不断扩大，经济业务日趋复杂、控制难度日益加大，信息与沟通在企业内部控制体系中日趋重要。管理者只有及时准确地掌握企业各方面的信息，才能审时度势，做出正确的经营决策，也才能举重若轻，有效地实施内部控制。然而，从我国企业目前的总体情况看，信息化水平很难适应这一要求。具体地讲，一是网络技术应用尚未普及。有关资料显示，截至目前，只有不到50%的企业建有内部网络，28%的企业只是开设了个体网页，其余企业既无内部网络也无个体网页。二是管理信息系统落后。只有一半企业实现了会计信息系统自动化，而其他企业的信息处理仍然采用手工方式，会计信息与其他信息难以有效对接，还有近20%的企业几乎没有形成任何信息系统。三是二次开发能力明显不足。投入大量资金建立的ERP系统，由于在实施过程中缺少二次开发，难以与企业的自身需求无缝对接，往往被分割成碎片化的业务管理系统使用，致使每一个管理系统都难以避免“信息孤岛”的尴尬局面。由此造成的后果是：

（1）企业管理决策层与执行层之间的纵向沟通不畅。由于缺乏开放的信息集成平台和畅通的信息反馈渠道，企业管理决策层很难快捷地获取生产经营活动的全面、真实的第一手资料，并从中了解、识别、排除可能存在的风险，做出正确的决策。而处于执行层面的工作人员向管理决策人员反馈信息时，也会因为沟通渠道不畅而采取应付差事的态度，被动地完成任务，使纵向沟通流于形式。

（2）企业相关职能部门及人员之间的横向沟通不畅。各职能部门作为企业的组成部分，既需要合作又要保持竞争，明确的职责分工很容易阻碍它们之间的信息传递与沟通。如果企业供、产、销各个环节，人、财、物各个方面所拥有的内部信息缺乏有效的集成、交换平台，相关职能部门和人员之间的信息与沟通就很难做到全面、实时、准确。相反，其往往会在工作中产生互相猜疑、扯皮推诿以及重复劳动等现象，既不利于保证内部控制工作质量，又会降低内部控制工作效率。

（3）企业与外部利益相关者之间的沟通不畅。相当一部分企业与投资人、债权人、供应商、客户、注册会计师、法律顾问、监管机构等，长期缺乏必要的信息沟通和情况交流，既不能及时获取企业经营管理所需要的外部信息，也不能获得相关部门和人员对企业的理解和支持，致使企业的许多工作开展起来比较困难。

如前所述，企业的生产经营活动和内部控制都离不开信息这一重要资源的支持，只有及时获取信息、正确处理信息和高效利用信息，才能保证生产经营活动的正常运行，实现内部控制的目标，而达到这一要求必须依靠信息技术。因此，企业特别是大中型企业必须加大信息化建设力度，全面提升信息化水平。基于内部控制的信息种类丰富、来源渠道较多、识别难度较大、初始信息从传递到决策再到反馈的时间较长，在建立内部控制信息系统时，必须根据企业的生产经营活动特点和内部控制目标，加强信息技术在内部控制信息识别、判断、汇总、报告和沟通中的运用，充分发挥手工信息系统与计算机信息系统的综合效应。同时，要做好信息系统的开发与维护、访问与变更、数据输入与输出、文件储存与保管、网络安全等方面的控制工作，在保证信息系统安全、稳定运行的基础上促进信息的集成与共享。

需要指出，由于财会工作在内部控制体系中具有特殊的地位和作用，企业在建立内部控制信息系统时，应当以会计信息系统为核心全面营造ERP信息系统的集成和共享环境。要合理解决会计信息系统与其他管理信息系统的融合问题，实现会计信息与其他管理信息的有效对接；要高度重视并做好ERP系统的二次开发工作，夯实ERP的实施基础，最大限度地实现ERP系统的功能；要注意培养ERP系统方面的专业人才，及时、正确地处理ERP实施过程中可能出现的各种问题，有效维护系统的安全；要充分发挥会计信息系统在ERP系统中的核心作用，利用会计信息系统的数据处理、分析功能，快速、有效地收集、传递和整合各种信息，及时发现、报告和解决内部控制运行中的问题，避免或减少内部控制固有缺陷所导致的风险，提高内部控制的运行效率。

6.4.4　全面防范信息系统的风险

内部控制信息系统是企业利用计算机和通信技术，对相关信息进行集成、转化和提升，形成由人员、硬件、软件、信息、运行规程等组成的管理平台。信息技术的固有缺陷以及具体应用过程中的不合理现象，会使信息系统出现以下几方面的风险：一是信息系统建设缺乏整体规划或规划不当，导致重复建设、浪费企业的资源，或造成信息孤岛，影响信息的收集和传递；二是信息系统开发不符合内部控制的要求，导致企业无法利用信息系统实施有效的内部控制；三是授权管理不规范，导致非法操作和舞弊现象，使企业蒙受经济损失；四是信息系统安全维护措施不当，导致系统无法正常运行、重要信息泄漏或毁损。

因此，企业必须对信息系统的开发与维护、访问与变更、数据输入与输出、文件储存与保管、网络安全等加强控制，全面防范信息系统开发、运行与维护等一系列活动中可能存在的风险。总体上讲，应当根据内部控制的要求，结合企业组织架构、业务范围、地域分布、技术能力等因素，制定信息系统整体规划，并指定专门机构负责信息系统建设工作，明确建设目的、人员配备、职责分工、经费保障和进度安排等事宜，牢牢掌控信息系统开发、运行与维护中的主要风险，采取有效措施加以控制，保证信息系统的有序、稳定运行，为信息与沟通提供安全便捷的途径。具体地讲，可从以下三个方面考虑：

（一）信息系统的开发

（1）指定专门机构对信息系统的开发实施管理。信息系统管理部门应当根据信息系统建设整体规划，提出信息系统项目建设的具体方案，按规定的权限和程序审批后实施。不具备设置专门机构的基层单位，可以委托专业服务机构从事信息系统的开发及运行、维护等工作。

（2）明确信息系统开发过程中可能存在的风险及应对措施，并与开发单位充分沟通，在信息系统内设置操作日志功能，自报异常行为和违规操作行为，确保所开发的信息系统满足企业的管理需求和风险容量。信息系统管理部门应当对信息系统开发的全过程进行跟踪管理，并设置相应的处理机制。

（3）组织专业机构和人员对开发完成的信息系统进行验收和测试，验收测试与系统开发应当相互分离，确保信息系统的机理、功能、控制要求以及安全措施等方面都能够满足企业要求。

（4）验收通过的信息系统，应当按照规定的权限和程序审批后上线实施。企业应当做好信息系统上线前的各项准备工作，培训业务操作和系统管理人员，制订科学的上线计划和新旧系统转换方案，并做好应急预案，确保新旧系统顺利转换和平稳衔接。

（二）信息系统的运行与维护

（1）建立服务器等关键信息设备专人负责制度，严格操作流程，未经授权批准，任何人不得接触关键信息设备。获得授权的系统操作员不得擅自进行软件系统的删除、修改等操作；不得擅自升级、改变系统软件版本；不得擅自改变软件系统环境设置。

（2）建立系统数据定期备份制度，明确备份范围、备份频度、备份方法、备份责任人、备份存放地点、备份有效性检查等内容。

（3）建立信息系统安全保密责任追究制度。企业应当根据业务性质、重要性程度、涉密情况等确定信息系统的安全等级，制定保密制度并采用相应的技术手段，确保信息系统安全、稳定、高效运行。对泄密人员应当针对具体情况严格追究责任。

（4）建立用户管理制度，对重要业务系统的访问权限加强控制，定期检查系统账号，避免授权不当或非授权账号，禁止不相容职务账号的交叉操作。

（5）综合利用防火墙、路由器等网络设备和漏洞扫描、入侵检测等软件技术以及远程访问安全策略等手段加强网络安全管理，防范来自黑客的攻击和非法入侵。对于通过网络传输的涉密数据或关键数据，应当采取加密传输等措施，确保信息传递的保密性、准确性和完整性。

（6）建立输入数据的检查、校对以及相应的后台操作制度，明确规定操作流程，并对操作情况进行监控或审计。

（三）信息系统的评估与披露

（1）企业应当建立利用信息系统实施内部控制的评估制度，成立由企业领导、内部审计部门和信息系统使用部门组成的评估机构，对信息系统开发、运行与维护的全过程进行评估，发现异常情况，及时报告和处理。必要时，也可以委托资质较好的外部专门机构进行评估。

（2）企业应当定期披露利用信息系统实施内部控制的情况，包括取得的效果、存在的风险、风险产生的原因、应对风险的措施等。

6.4.5 建立健全反舞弊机制和举报制度

（一）反舞弊机制

由于内部控制自身难以避免内部人控制、管理人员滥用职权、蓄意徇私舞弊、内部不相容职务的人员串通作弊等影响内部控制实施效果的事件发生，因此，为了规范企业管理层及所有员工的行为，严格遵守相关法律法规、职业道德及企业规章制度，防止损害企业利益和投资者权益的舞弊现象发生，必须建立反舞弊机制和投诉制度。

舞弊一般指企业内、外部人员采用违法违规手段，谋取个人不正当利益而损害企业正当利益的行为，或谋取不正当企业利益的同时为个人带来非正当利益的行为。舞弊行为主要包括：收受贿赂或回扣；为达到不正当目的支付贿赂或回扣；将能够使企业合法获利的交易事项转移给他人；非法侵占、挪用企业资产；为虚假的交易事项支付款项；伪造、变造会计记录，故意隐瞒、错报交易事项，提供虚假财务报告，牟取不当利益；泄露企业的商业或技术秘密，获取个人利益；偷逃税款；高管人员滥用职权谋取个人利益；等等。

企业应当坚持防惩并举、重在预防的原则，建立健全反舞弊工作机制，做好以下方面的工作：

（1）倡导诚信正直的企业文化，营造风清气正的企业文化环境，动员全体员工积极参与反舞弊工作。

（2）设置反舞弊工作常设机构，明确有关人员在反舞弊工作中的职责权限，并从经费投入、人员配置、工作条件等方面给予充分保障。反舞弊工作机构应当将反舞弊工作的重点领域和关键环节放在以下方面：一是采取不法方式侵占、挪用企业资产，牟取不当利益的行为；二是信息披露方面存在的虚假记载、误导性陈述或重大遗漏行为；三是董事、监事、经理等高级管理人员滥用职权的行为；四是相关机构或人员串通舞弊的行为等。反舞弊工作中一旦发现问题，必须严肃处理。

（3）建立舞弊风险评估体系，完善评估手段和方法，规范舞弊案件的举报、投诉、调查、处理、报告以及补救的程序和要求，定期进行自我评估。

（4）企业管理当局应当把反舞弊工作作为日常管理工作的一部分，定期（每年至少一次）向董事会、监事会汇报反舞弊工作情况，并鼓励和支持反舞弊工作常设机构向董事会、监事会、审计委员会直接汇报。

（5）董事会、监事会、审计委员会应当对管理层及反舞弊工作常设机构的工作进行监督和指导。包括：督促管理层营造企业范围内的反舞弊文化环境；审核管理层制定的反舞弊措施和舞弊风险评估报告；听取内部审计部门对企业管理层反舞弊工作的汇报；审核针对舞弊风险的内部审计计划；了解员工举报机制并监督其有效运行；指派相关人员参与企业重大舞弊事件的调查并取得舞弊事件的调查报告和处理意见；与外部审计师沟通企业反舞弊工作情况；了解管理层对内部审计师和外部审计师提出的关于加强反舞弊工作建议的反馈情况等。

（6）发生舞弊案件后，企业应当及时采取补救措施，对受影响的业务单位的内部控制进行评估并改进。对证实有舞弊行为的员工，应当按照有关规定予以相应的行政纪律处分，行为触犯刑法的，应当移送司法机关处理。

（二）举报制度

举报制度作为自下而上沟通信息的重要手段，对管理层及时发现经营活动以及内部控制实施过程中的问题和缺陷、有效防范舞弊行为、不断完善内部控制体系具有重要的作用。举报制度包括举报投诉制度和举报人保护制度。其中，举报投诉制度是企业内部建立的、旨在鼓励员工对企业内部涉及内部控制方面的违法行为或不当行为以匿名或明示的方式进行举报、投诉，并由专门机构对举报内容进行调查处理的一系列政策、程序和方法。举报投诉制度具有预防、制止和揭露企业经济活动中的违法违规行为，保证企业经营活动的合法合规性，强化内部控制的功能。因此，为保证内部控制制度的有效实施，企业应当建立健全举报投诉制度，规范举报投诉程序和要求，并指定专门机构（如内部审计部门或纪委、监察部门）负责管理举报投诉工作，通过设置举报电话、信箱、电子邮箱等方式，及时收集来自企业内部和外部的有关举报信息，并对接收的举报材料及时立卷归档、妥善保管，作为日后查证的依据。

收集的举报信息应当明确规定处理时限和要求。对涉及普通员工及中层管理人员的实名举报，有关机构应当在接到举报后的两个工作日内向企业负责人汇报；对涉及普通员工及中层管理人员的匿名举报，有关机构应当会同企业纪检部门进行初步评估并决定是否报告企业负责人；对牵涉公司高层管理人员的举报，有关部门应当在接到举报后的两个工作日内向上级管理部门汇报，由上级管理部门决定进一步调查事项。上级管理部门在进行有关调查时，根据需要可聘请外部审计师或其他机构协助。

举报人保护制度是为了调动举报人的工作积极性、保护举报人的正当利益而建立的制度。它是反舞弊工作机制得以有序、有效运行的重要保障。基本要求包括：

（1）接受举报投诉或参与舞弊调查的工作人员不得擅自向任何部门及个人提供举报人的相关资料及举报内容。确因工作需要查阅举报资料的，查阅人员必须在举报管理机构登记查阅的内容、时间以及查阅人员的自身情况。

（2）禁止任何非法歧视或报复行为，或对参与调查的人员采取敌对态度。

（3）对违规泄露举报人信息或对举报人采取打击报复的人员，应当按照有关规定严肃处理，触犯法律的，应当移送司法机关依法处理。

（4）举报管理机构应当将举报事件的调查处理结果及时向举报人通报。

【关键词】

信息　信息系统　沟通　沟通策略　反舞弊机制　投诉制度

【小结】

本章从信息与沟通在内部控制体系中的作用入手，详细介绍了内部控制体系中信息的内涵与种类，沟通的组成要素、基本类型及主要障碍，并讨论了高效沟通的策略。在此基础上，提出了强化信息与沟通的主要措施：一是高度重视信息与沟通的功能；二是有效避免信息不对称现象；三是大力提升企业的信息化水平；四是全面防范信息系统可能发生的风险；五是建立健全反舞弊机制和投诉制度。

【复习思考题】

1.为什么说信息与沟通在内部控制体系中具有纽带作用？
2.内部信息与外部信息的获取途径有何不同？
3.企业的财务信息主要包括哪些内容？它与业务信息的主要区别是什么？
4.沟通的组成要素包括哪些？阐述它们之间的关系。
5.阐述内部沟通和外部沟通的主要对象、沟通内容和沟通方式。
6.如何有效避免沟通中存在的各种障碍？
7.提升我国企业的信息化水平需要做好哪些工作？
8.信息系统可能存在哪些风险？如何防范？
9.如何通过主观努力减少客观存在的信息不对称现象？
10.分析反舞弊机制和投诉制度对强化内部控制的作用。

第 7 章

内部控制的保障——监督

【学习目标】

通过本章学习，充分认识监督工作在内部控制体系中的保障功能；深刻了解内部控制的固有缺陷以及各种缺陷的形成原因，明确内部控制缺陷的发现机制；熟悉监督工作的组织模式、职责分工以及开展日常监督和专项监督的主要内容与监督方法；准确把握监督工作的基本流程以及事前监督、事中监督、事后监督的相互关系，加固内部控制的最后一道防线。

美国COSO委员会的《内部控制——整合框架》、《企业风险管理——整合框架》和我国的《企业内部控制基本规范》中，都将监督作为内部控制的一个基本要素。尽管COSO委员会使用的是“监控”概念，我国使用的是“内部监督”概念，但其实质是完全相同的，都是对内部控制在一定时期内的运行过程和结果进行检查、审验和评估的过程，都强调这一要素对内部控制的有效运行和不断完善的保障作用。

● 7.1 内部控制的缺陷

COSO委员会认为，内部控制缺陷是企业内部控制和风险管理中值得关注的一种情况或状态，它反映为一个潜在的或实际存在的缺点。无论潜在的还是已经存在的内部控制缺陷，都可能给企业的内部控制运行带来隐患，特别是多种缺陷同时存在时，很容易导致企业内部控制的完全失败。因此，必须针对内部控制缺陷的形成原因及类型，强化内部控制的保障手段——监督工作。

7.1.1 内部控制缺陷的形成原因

无论我们如何设计和制定内部控制制度，都不可能完全避免其自身存在的局限。健全完善的内部控制制度可以合理保证会计信息的质量、财产物资的安全、企业经营目标的实现，但不可能解决企业的所有问题。不能将“合理保证”等同于绝对保证，内部控制固有的局限使其不可能成为包治百病的“灵丹妙药”。诸如人为判断失误、经办人员串通舞弊、管理者滥用职权、成本效益原则限制、偶发性事项等，都可能在一定程度上削弱内部控制的功能。具体分析如下：

（1）人为判断。内部控制的设计者难免因知识结构、实践经验以及基础资料所限而使内部控制制度达不到应有的高度和深度，甚至留有空白点，降低内部控制的效力；内部控制的执行者也难免因不熟悉内部控制制度、误解上级的指令、注意力分散以及工作疲劳、情绪波动等降低内部控制的功能，甚至使内部控制完全失效。此外，一些基于人为判断的决策，需要通过事后的验证和反思才能发现是否正确有效，事先设计内部控制制度时往往考虑不到或考虑不周，也会造成内部控制的"盲点"。

（2）串通舞弊。内部控制目的的实现前提是经济业务的所有经办人员都能够严格执行制度规定，始终保持他们之间的相互联系、相互制约和相互监督关系。如果他们放弃了相互制约和相互监督，只保留相互联系而又存在不良动机，就会逐步产生串通舞弊行为。任何两个或多个人的串通都可能使内部控制失效，例如会计与出纳合伙挪用资金、审批人和采购员与供应商共谋销售回扣、发包人与承包人串通提高工程造价等。总之，通过集体行动规避和掩盖舞弊行为，内部控制制度将显得无能为力。

（3）滥用职权。管理者滥用职权的原因是管理者具有凌驾于内部控制制度之上的权力。国外的实践证明，即使是在具有较高诚信水平和较强内部控制意识的经济主体中，管理层凌驾于内部控制之上的现象也不可能完全避免。"管理层凌驾"（Management Override）是指出于个人利益或虚夸主体的财务状况或合规情况等不法企图，而拒绝执行既定的政策和程序。[①]内部控制无论如何健全完善，都不能全面发现和彻底防范管理者特别是企业最高管理者滥用职权的现象。这种现象在我国企业里，由于法人治理结构的缺陷、所有者的缺位和经营者的功利主义而表现得尤为突出。因为我国的企业管理者多由主管部门任命，且注重政治表现而非综合素质，对经营失败者多采取"挪位"而不是"撤位"的办法，这客观上助长了企业管理者的"家长制"作风，使其逾越控制、滥用职权，将自己游离于内部控制系统之外或凌驾于内部控制系统之上，客观上造成企业内部控制的疲软。

（4）成本效益。任何经济主体在制定和实施一项内部控制制度时，既要考虑该项制度可能产生的效率和效益，也必须考虑该项制度可能发生的成本和失效的风险。在对内部控制制度进行利弊权衡和得失比较时，以下结果往往难以避免：一是当控制环节增加而提高控制成本时，制度设计者有可能简化控制程序；二是当增加控制环节不只是提高控制成本，还会降低工作效率时，制度设计者则可能完全放弃控制。因为控制成本是实实在在的支出，可以比较精确地计量，而控制效益则相对抽象，难以精确量化。所以在实践工作中，大多数经济主体是以显性控制效益为标准投入控制成本的，而较少将看不到的隐性控制效益和潜在的控制风险考虑在内。

---

① COSO委员会．内部控制——整合框架［M］．方红星，等，译．大连：东北财经大学出版社，2008.

这种思维下设计的内部控制制度，不可避免地存在缺陷，实施效果自然难以保证。

此外，偶发性事项的发生会因为制度空白而得不到应有的控制，因为内部控制制度的设计一般针对经常性事项，对偶发性事项未予充分估计或压根估计不到。外部环境的变化会使内部控制制度部分削弱或完全失效，因为内部控制制度的设计建立在一定的外部环境基础之上，当环境因素发生变化时，原有的内部控制制度有可能过时并失去效力。

7.1.2 内部控制缺陷的种类

（一）按照缺陷发生环节，内部控制缺陷可以分为设计性缺陷和运行性缺陷

（1）设计性缺陷。设计性缺陷是指企业制定的内部控制不能促进内部控制目标的实现而表现出来的缺陷。内部控制制度一般针对经常发生的业务事项设计，而且具有相对的稳定性，但在设计内部控制制度时，很可能因为认识的局限性或在内部控制运行过程中有关条件发生变化，导致内部控制内容陈旧、手段和方法滞后、作用不能充分发挥，无法满足实际工作的需要。设计性缺陷反映了企业内部控制设计缺乏科学合理性，内部控制功能存在先天不足，对实现内部控制目标起不到有力的推动作用，而且很可能遏制内部控制目标的实现。

（2）运行性缺陷。运行性缺陷是指内部控制运行过程不符合设计意图，或执行人员缺乏胜任能力、误解指令、粗心大意，或不相容职务人员串通作弊而产生的缺陷。现实工作中，设计再完美的内部控制制度，也可能因各种原因在运行过程中出现偏差和失误，所以运行性缺陷很难完全避免。

（二）按照对控制目标的影响程度，内部控制缺陷可以分为一般缺陷、重要缺陷和重大缺陷

重大缺陷是指一个或多个一般缺陷的组合，可能对内部控制整体效果产生极坏影响，导致企业行为严重偏离内部控制目标，企业必须高度重视。重要缺陷是指一个或多个一般缺陷的组合，其严重程度虽然低于重大缺陷，但仍会导致企业行为偏离内部控制目标，需要引起管理层注意。除重大和重要缺陷以外的其他缺陷，即为一般缺陷。重大缺陷和重要缺陷在内部控制的设计和运行环节都可能存在，而一般缺陷体现得更多。

在实际工作中，判断重大缺陷、重要缺陷和一般缺陷的标准，会因为企业所处的环境和自身经营管理现状而不同。一般情况下，企业组织架构、人力资源政策、风险评估、不相容职务分离、授权审批、控制程序、信息系统、信息与沟通机制、内部监督机制、反舞弊机制、奖惩机制等单一方面产生的缺陷，都可视为一般或重要缺陷。如果上述几个方面同时存在缺陷而且相互之间产生负面影响，则为重大缺陷。企业应当根据缺陷产生的具体环节以及与其他环节缺陷的关联性加以确定。现择几例加以说明。

（1）如果企业组织架构形同虚设、内部机构设置不科学、权责分配不合理，导致内部人控制现象严重、职能交叉或缺失，影响企业经营效率和战略目标的实现，就属于设计上的重大缺陷。

（2）如果企业未按照内部控制的要求分离不相容职务，属于设计中的重大缺陷；如果设置了不相容职务，而在执行中不相容职务人员串通作弊，导致控制活动无效，则属于运行中的重大缺陷。

（3）企业实行了不相容职务分离，但由于某一个控制点上的员工因自身问题（如不胜任、责任心不强等）未能严格履行岗位职责，而其他相关岗位的业务人员严格履行了自己的职责，就属于运行中的一般缺陷；如果多个岗位上的业务人员都不能严格履行职责，则属于运行中的重要缺陷。

（4）企业没有建立适当的信息系统，导致信息沟通不畅、不真实或不及时，属于设计中的重大缺陷；如果建立了适当的信息系统，而执行人故意编制虚假信息，导致内部控制失效，则属于运行中的重大缺陷。

（5）企业未建立完善的内部监督机制，导致内部控制无效，属于重大设计缺陷；如果企业已经建立了完善的内部监督机制，但由于管理层凌驾，滥用职权而得不到持续有效的监督，或由于内部监督部门没有客观评价内部控制的缺陷，则属于重大运行缺陷。

7.1.3 内部控制缺陷的发现机制

如前所述，内部控制设计者和执行者能力有限，或者受利益驱使以及所处的客观环境发生变化，往往会造成内部控制各个环节方面的缺陷，导致内部控制目标难以实现。在这种情况下，只有借助“监督”这一手段，对内部控制的规划、设计、实施、考核等环节进行全方位、全过程的审核、检查和验证，才能发现并纠正内部控制的缺陷。所以，开展监督工作的目的就是及时发现、合理修正、有效防范内部控制的缺陷，保证内部控制体系的持续、有效运行。

内部控制缺陷的发现一般依赖两种机制：一是由企业监事会、内部审计委员会、常设内部审计机构等部门和人员共同组成的内部监督机制；二是与企业密切相关的审计、财政、税务、证监会等政府机构和会计师事务所等中介机构形成的外部监督机制。

内部监督机制是指企业内部相关部门或人员，对企业内部控制在一定时期的运行质量进行检查和评估所形成的制度安排和工作机理。它要求相关部门或人员定期不定期地检查、评估企业内部控制的设计和运行状况，出具监督报告并据此提出相应的处理意见。因此，企业应当明确规定监督部门和监督人员的职责权限，详细制定内部控制缺陷的认定标准，以便他们扎实有效地开展监督工作。

外部监督机制是指对企业拥有监督职权的外部机构或人员，对企业内部控制的实施情况进行检查和评估所形成的制度安排和工作机理。基于监督主体不同，又可分为政府监督和社会监督。其中，政府监督是指审计、财政、证监会等政府机关依据相关法律法规，对企业内部控制的建立、执行和信息披露等情况实施的检查；社会监督是指具有相应资质的会计师事务所等受托机构对企业内部控制的建立、执行和信息披露等情况进行的审计。

由于内部控制的有效性关系到所有与企业存在利益关系的内外部群体，所以，在完善内部监督机制的同时需要健全外部监督机制。二者必须相互配合，有机协调，都应当针对监督中发现的问题提出改进意见和建议，帮助企业消除控制缺陷，完善制度安排，规范运行过程，提高控制效果。

需要说明，这里所指的内部监督机制与外部监督机制，尽管都是以企业的内部控制为监督对象，以发现内部控制缺陷可能导致的风险为监督重点，以内部控制设计和运行的有效性为监督目的，而且前者作为后者的基础，为后者提供实施监督所需要的资料，但它们之间存在明显的区别。具体表现为：

（1）监督主体不同。内部监督机制的主体是企业内部相关责任部门，其中又以内部审计机构为主；而外部监督机制的主体是政府有关部门或具有相应资格的会计师事务所等中介机构。

（2）监督时间不同。内部监督机制通常贯穿于企业经营管理活动的各个环节，涉及事前、事中和事后，属于持续性监督；而外部监督机制一般在会计年度结束后进行，大多属于事后定期监督。

（3）监督方法不同。内部监督机制一般采用召开例行会议、走访当事人、查阅文件记录等形式，而外部监督机制较多采用询问有关人员、观察经营活动、检查相关文件、进行穿行测试和重新执行等方法。

（4）内部控制缺陷的界定依据不同。内部监督机制一般将内部控制缺陷分为设计性缺陷和运行性缺陷；而外部监督机制则将内部控制缺陷分为财务报告内部控制缺陷和非财务报告内部控制缺陷两种。

（5）内部控制缺陷的处理方式不同。内部监督工作结束后，内部监督责任部门应当根据监督中发现的缺陷上报企业管理当局，并提出整改建议。一个会计年度结束后，企业管理当局应当根据当年内部控制运行中发现的缺陷、采取的整改措施、整改后的效果对本企业内部控制的有效性进行自我评价，出具自我评价报告并按照国家相关规定对外披露。而外部监督（一般指会计师事务所）则是在监督工作结束后，根据监督过程中发现的缺陷，将企业内部控制区别为财务报告内部控制和非财务报告内部控制，出具审计报告，发表审计意见。具体地讲：

对于财务报告内部控制缺陷，如果属于只需要提醒内部控制审计报告使用者注意的一般缺陷，应当在内部控制审计报告中增加强调事项段予以特别说明；如果属于重大缺陷，审计范围未受到限制时应当发表否定意见内部控制审计报告，审计范围受到限制时应当解除业务约定，或出具无法表示意见的内部控制审计报告，并就审计范围受到限制的情况，与企业管理部门进行沟通。

对于非财务报告内部控制缺陷，区别以下几种情况分别进行处理：如果属于一般缺陷，应当与企业管理部门沟通，提醒企业加以改进，无须在内部控制审计报告中说明；如果属于重要缺陷，应当以书面形式与企业管理部门沟通，提醒企业加以改进，无须在内部控制审计报告中说明；如果属于重大缺陷，应当以书面形式与企业管理部门沟通，提醒企业高度重视，尽快改进，同时在内部控制审计报告中增加非财务报告内部控制重大缺陷描述内容，提示内部控制审计报告使用者注意相关风险。

● 7.2　监督工作的组织

7.2.1　组织模式

（一）董事会模式

董事会是由股东代表和其他专业人士组成的、决定企业经营发展战略和重大财务活动的决策机构。内部控制的监督工作由董事会组织领导，有利于在决策层面科学合理地进行制度安排，保证内部控制体系的健全性和有效性，并利用自己的权力和号召力督促所属部门认真开展监督工作，大胆揭示内部控制存在的问题，并针对原因提出切实可行的解决办法。但由于董事会不直接参与企业的日常经营管理工作，很难及时了解和掌握企业生产经营活动中的内部控制运行情况，特别是在公司治理结构欠完善，存在“经营者强，所有者弱”的情况下，董事会组织领导的监督工作更是难以正常进行。因此，这种模式的实施基础必须是两权完全分离，委托代理关系清晰，董事会具有绝对权威。

（二）监事会模式

按照《中华人民共和国公司法》的规定，监事会是公司的最高监督机构，拥有依据法律法规和公司章程对董事会和总经理的一切活动进行监督的权力。从理论上讲，由监事会组织领导监督工作，有利于强化内部监督的独立性，促使监督过程和结果客观公正，保障内部控制的运行质量。但从实践情况看，由于监督工作涉及企业经营管理活动的每一个环节，需要对内部控制的设计和运行进行全方位、全过程、实时性的监控，及时发现内部控制设计和运行中的缺陷，并提出改进建议，而监事会的权力运作方式很难满足这种要求。可以说，这种监督模式在我国的企业中难以收到理想的效果。

（三）总经理模式

总经理是公司经营决策的具体组织者和执行者，按照公司章程和董事会的授权，全面负责公司的日常经营管理活动。基于总经理的特殊地位和权力运作方式，监督工作由总经理组织领导，有利于全面掌握内部控制设计和运行过程中的相关信息，责成内部审计机构有效开展日常监督工作，及时发现内部控制缺陷，提出解决办法并立即付诸实施，尽快改善内部控制状况。换句话讲，如果总经理能够依法行使职权，认真履行受托责任，这种监督模式可以收到良好的效果。但不足之处是难以有效监督总经理的“逆向选择”和道德风险行为。如果出现“管理层凌驾”现象，内部控制的监督更难有效运行。

（四）审计委员会模式

审计委员会作为董事会下属的一个专门工作委员会，主要由管理当局以外的独立董事构成。基于审计委员会组成人员具有专业性、超脱性等特点，由其组织领导监督工作，有利于其独立行使监督职权，从事监督活动，客观评价内部控制的设计和运行效果，出具真实、公允的鉴定结论，并站在旁观者角度提出真知灼见，推动内部控制体系的不断完善。但也正是因为审计委员会成员的身份和权力运作方式受到限制，才致使他们不能完全深入或者根本不可能深入到企业的具体生产经营活动之中，及时了解和掌握内部控制的设计和运行情况，及时发现存在的问题并提出切实可行的解决措施。换句话讲，尽管审计委员会监督模式具有多方面的优点，甚至在国外被证明是“多方参与的监督机制中最为重要的机制”，但至少在我国现阶段还不完全具备实施条件。

综上所述，笔者认为，我国现阶段对企业内部控制的监督，股份制企业适宜选择董事会模式，非股份制企业最好选用总经理模式。

7.2.2 职责分工

在监督工作中，无论采用哪种模式，都需要明确划分组织管理层面与执行层面的职责，以便他们认真履行职责，合理行使权力。

（一）组织管理层面

董事会（股份制企业）或总经理（非股份制企业）作为监督工作的最高管理层，对内部控制体系的设计和运行状况全面负责，需要做好以下监督工作：

（1）广泛收集内部控制及其执行方面的信息。企业管理当局既是内部控制的制定主体，也是内部控制是否有效的评价主体，因此，应当不断完善建议机制，通过各种渠道及时了解内部控制及其运行情况。包括：审计委员会接收、保留及处理各种投诉及举报的情况；业务管理部门特别是内部审计机构进行专项调查发现的问题及提出的整改建议；企业员工以各种方式对内部控制设计和执行情况提出的建议和意见；等等。

（2）定期审核财会、销售、生产、采购、人力资源等关键控制领域管理人员的责任履行情况，针对内部控制中存在的薄弱环节提出改进意见，督促他们强化日常监督工作。

（3）明确规定内部审计机构的职责权限，合理配置内部审计人员，科学制定内部审计规范，保证内部审计工作的相对独立性。要尽量让审计部门参加企业经营决策方面的会议，为他们有效开展监督工作创造良好条件。

（4）积极采纳审计机构的建议。无论内部审计还是外部审计，在监督内部控制运行情况时，都会把关键风险和对应的控制活动作为重点，并提出合理化建议。企业管理当局应当积极采纳这些建议，根据具体情况采取应对措施，提出整改方案并监督执行。

（5）受理监督责任部门提交的尽职报告，对尽职报告中所涉及的内部控制重大缺陷和执行中发现的重大问题，组织有关部门和人员认真分析，查明原因，追究相关单位或人员的责任。

（二）执行层面

内部审计机构是监督工作的主要执行部门，围绕内部控制的设计和运行状况，应当做好以下监督工作：

（1）定期组织内部控制的有效性评价，综合考核内部控制的运行效果。发现内部控制缺陷时，按照有关要求及时修改和补充，使之不断完善，有效维护内部控制体系。

（2）及时获取内部控制的执行证据。内部控制执行证据是企业员工在生产经营活动过程中取得的证明内部控制系统功能发挥程度的依据，对内部审计机构实施监督工作至关重要。因此，必须关注内部控制执行证据的及时性和完整性。

（3）加强内部信息印证。内部信息印证是指对内部控制执行证据借助其他途径进行的检验和证实，如借助客户方面的信息证明企业销售业务内部控制流程有无问题；借助税务机关方面的信息证明企业纳税业务内部控制有无问题；等等。做好内部信息印证工作，有助于审计机构利用相关信息开展监督工作。

（4）督促企业有关部门和业务系统认真领会内部控制方面的相关制度，并通过编制内部控制测试规范，对已经建立并实施的内部控制制度体系和内部控制评价体系进行检测，总结有关部门在内部控制执行过程中的经验和教训。

（5）定期不定期地核对会计记录与实物资产，查证账实是否相符，一旦发现问题，按照有关规定提出处理意见，督促有关部门尽快解决。

（6）落实外部审计的合理化建议。对外部审计机构提出的问题，应当认真分析并根据问题性质及发生原因采取不同的处理方式，对外部审计机构的合理化建议，应当积极予以采纳和落实。

（7）受理来自企业内、外部对违规行为的举报并认真组织调查，根据调查结果提出处理意见，上报企业管理当局。

（8）妥善保管内部控制资料。记录和保存内部控制的设计和执行资料，既有利于识别和确认内部控制的缺陷，进行内部控制自我评价，保证内部控制的有效实施，又能为进一步完善内部控制体系提供基础资料。因此，企业应当以书面或其他方式，对内部控制的设计和运行情况予以完整、系统的记录，并妥善保存记录资料。

● 7.3　监督工作的实施

按照监督的范围、内容和频率不同，监督工作的实施可以分为日常监督和专项监督两种方式。实际工作中，一般通过两种监督方式的独立运作或二者的有机结合，保证内部控制的有效运行。

7.3.1　日常监督

日常监督是指企业对内部控制制度的设计和运行情况进行的常规性、连续性、全面性和动态性监督。日常监督一般融合于企业的经营活动过程之中，与日常经营活动保持紧密的联系，能够对环境变化做出较快的动态反应，及时识别和发现问题，向有关方面报告并提出解决办法。因此，日常监督工作越是到位，企业所需要的专项监督就越少，监督效果就越好。

日常监督工作一般在企业管理当局的组织领导之下，由内部审计机构根据各种经济业务的开展情况具体进行。由于经济业务的办理过程包括业务办理前的准备工作、业务办理和业务办理后的总结评价工作，所以日常监督可以分为事前监督、事中监督和事后监督三个环节。关于三个环节的监督内容和发生等，我们将在“7.4 监督工作的流程”中结合相关的经济业务具体讨论。

7.3.2 专项监督

专项监督是指在企业发展战略、组织架构、经营活动范围、业务处理流程、关键岗位员工发生较大调整或变化等情况下，对内部控制的某一方面或者某些方面进行的随机性、针对性、专门性检查。专项监督是对日常监督的必要补充，也是对日常监督进行的再监督。

在实际工作中，专项监督一般针对重大风险或重要经济业务内部控制的设计和运行情况进行。专项监督既可以针对某项业务的内部控制整体流程，也可以针对某项业务中的决策岗位，还可以针对某项业务中的某一重要执行岗位。因此，实施专项监督的部门应当定期拟订内部控制专项监督计划，确定开展专项监督的范围、内容和频率。

由于不同业务的风险程度及其对企业经营管理目标的影响不同，企业确定的专项监督计划也会存在差异。一般情况下，企业应当根据风险评估结果以及日常监督的有效程度等因素确定专项监督计划，并保证其范围、内容、频率、深度满足企业内部控制的需要。对于风险评估结果已经确认为具有重大风险的内部控制，以及重要业务、重大事项的内部控制，应当优先进行专项监督。对于以往发生过设计缺陷的内部控制制度，以及出现过管理层凌驾、串通舞弊、员工失职等运行缺陷的业务或岗位，也应当列为专项监督的重点，并增加监督频率。

专项监督既可以针对重要经济业务事项开展，也可以针对重要会计科目开展。就一般企业而言，需要开展专项监督的经济业务事项至少应当包括资金筹集业务、对外投资业务、工程建造业务、物资采购业务、产品销售业务等。开展专项监督的会计科目至少应当包括库存现金、银行存款、长期股权投资、物资采购、在建工程、主营业务收入等。

专项监督的开展应当按照以下程序进行：

（1）合理确定专项监督的范围、内容和频率。

（2）择优选择监督方法。常用的监督方法包括核对清单、问卷调查、审计测试等，其中审计测试效果较好。企业也可以将风险管理作为标杆，采用比较分析方法，重点考察风险管理的构成要素。

（3）规范开展监督活动。从事专项监督的人员必须详细了解内部控制制度的组成要素，分析内部控制制度的实际运行情况与设计要求有何不同，发生的变更是否适当，进而揭示内部控制设计与执行之间的差距，确定控制制度对实现内部控制目标的保证程度。

需要指出，如果在专项监督中采用审计测试方法，应当做到：

①组织测试人员开展测试前的培训工作，详细了解内部控制体系的构成要素，熟练掌握测试程序和方法，为保证测试工作顺畅、有效进行奠定基础。

②测试人员应当通过现场调查及符合性测试等方法，规范评估企业内部控制体系的运行情况。

③测试人员必须详细记录测试过程和结果，准确编制测试结果报告及内部控制缺陷报告。

④实施专项监督的部门应当妥善保管测试结果报告、内部控制缺陷报告等书面资料，以便后续工作使用。

（4）及时报告监督结果。对于专项监督中发现的内部控制问题，应当以书面或其他适当的方式及时向企业有关部门报告，并提出完善内部控制的意见和建议，督促有关部门尽快改进。

● 7.4　监督工作的流程

完整的监督工作流程分为事前监督、事中监督和事后监督。如果说，事前监督的主要功能是预警，事中监督的主要功能是规范，事后监督的主要功能则是验证。三者紧密联系，互为支撑，缺一不可，共同组成内部控制的监督体系。缺少事前监督，基础不会牢靠，必然加大事中监督和事后监督的工作量和工作难度；缺少事中监督，很难避免监督工作发生脱节现象，把事前监督和事后监督隔离开来；缺少事后监督，结果得不到检验，监督工作的连续性难以保证。总之，只要缺少其中之一，都会降低监督效果。

事前监督、事中监督和事后监督的终极目的虽然一致，都是为了保证内部控制的完善性和有效性，但分别处于监督“链条”的不同环节，因此，监督的具体对象、开展工作的时间、采用的工作方式以及完成的具体目标并不完全相同。

7.4.1　事前监督

事前监督有广义和狭义之分。广义的内部控制事前监督，是以企业内部控制设计为监督对象，在经济业务事项办理之前，由监督部门对企业是否按照国家有关规定设计了有效的内部控制制度所实施的审查。目的是通过审查，督促企业建立健全内部控制体系，为合理保证经营活动的合法合规性、财产物资的安全完整性、财务信息的真实可靠性，提高企业的经营效率和效果创造良好的基础。狭义的内部控制事前监督，是以某一经济业务事项为监督对象，在事项办理之前，由监督部门对企业是否针对经济业务建立了相应的内部控制流程所实施的审查。目的是通过审查该事项的可行性论证情况、授权审批过程、不相容职务分离情况、业务人员专业胜任能力、信息沟通机制以及反舞弊机制和考核奖惩机制等，保证经济业务事项在符合内部控制要求的前提下再行办理。

可以说，事前监督工作的侧重点是通过强化预警机制，防患于未然，保证内部控制设计的科学合理性。下面以企业组织架构、企业发展战略、产品销售业务和工程项目为例，说明如何开展事前监督。

（一）企业组织架构的事前监督

组织架构是企业开展风险评估、进行控制活动、促进信息沟通、强化内部监督的基础和平台。结构合理、分工明确、制衡有效的组织架构，可以促进各有关部门人员尽职尽责，保证内部控制信息在各部门、各层级以及企业与外部利益相关者之间及时、准确的传递，使有关人员有效识别和应对风险，提高内部控制效果。企业组织架构包括治理结构和内部机构两个层面，对其实施事前监督应当从两方面进行。

（1）治理结构层面。治理结构层面可能存在的问题主要是：机构形同虚设，权责关系不清，制衡手段乏力，决策缺乏民主，管理层凌驾现象严重等。因此，开展事前监督应当重点关注以下内容：

①企业董事会与经理层是否完全独立；董事长与总经理的职责权限划分是否清楚；董事会能否科学制定企业的发展战略并定期检查、评价其执行情况；对经理层的权力是否存在必要的监督和约束机制；总经理能否按照董事会的决议认真履行自己的职责。

②董事会及其审计委员会中是否配备了足够的独立董事；独立董事能否有效发挥作用；董事是否明确自身的权力和责任；有无足够的知识、经验和时间履行自己的职责。

③企业在人、财、物的管理方面是否拥有自主权；控股股东能否保证企业应有的独立性。

④企业是否采取了保护中小股东权益的必要措施；能否保证中小股东参加股东大会并行使相应的权力，获得与大股东一致的信息。

⑤董事会能否保证企业建立并有效实施内部控制；能否督促经理层对内部控制的有效性进行监督和评价。

⑥监事会能否独立行使自己的职权；监事会成员是否具备开展监督检查工作的能力。

（2）内部机构层面。内部机构层面可能存在的问题主要是：内部机构设置不健全，权责分配不合理，职能交叉或缺失，推诿扯皮现象时有发生，工作效率低下。因此，开展事前监督应当重点关注以下方面：

①内部组织机构的设置是否符合企业治理结构的要求，各职能部门的职责权限是否明确，是否存在职能缺位或交叉重叠的现象。

②设置的内部组织机构能否有力地支持企业发展战略的实施，配备的相关人员有无足够的胜任能力。

③组织机构的内部分工是否符合不相容职务分离的原则，能否做到相互制约、相互监督。

④授权审批制度是否规范，特别是对董事、监事、高管人员的权限有无明确规定，授权情况是否留有正式的记录。

⑤岗位责任制度是否健全，对不同岗位的职责有无恰当的描述和说明。特别是

关键岗位的员工是否清楚自己的权力和责任，是否建立了关键岗位员工轮换制度和强制休假制度。

⑥内部组织机构的设置能否满足信息沟通的要求，是否有利于信息的上传下达并在各职能机构之间及时传递，能否为相关部门和人员履行职责提供所需要的信息。

（二）企业发展战略的事前监督

企业发展战略是企业在综合分析现实状况、科学预测未来趋势的基础上，制定的中长期发展目标与战略规划。企业发展战略为企业的内部控制设定了最高目标，是企业内部控制设计和运行的指南。企业发展战略一般分为发展目标和战略规划两个层次，因此，对其实施事前监督应当从两方面进行。

（1）发展目标层面。发展目标层面的事前监督内容主要包括：

①发展目标是否符合国家的行业发展规划和产业政策，能否适应市场发展趋势和国家经济结构调整方向。

②发展目标与企业的主营业务是否吻合，能否支持企业的持续、稳定发展。如果进行重大的结构调整，依据是否充分，有无切实可行的方案。

③发展目标是否先进合理，是否存在盲目冒进或过于保守的现象，通过企业的努力是否能够实现目标。

（2）战略规划层面。战略规划层面的事前监督内容主要包括：

①战略规划与企业的发展目标是否保持一致，能否推动发展目标的实现，并显著提升企业的核心竞争力。

②战略规划方案是否全面、客观地对企业的优势和劣势以及未来商机和可能面临的风险进行了分析预测，方案实施过程中的可操作性如何。

③战略规划方案是否经过董事会讨论、审议并报经股东大会批准。

④战略规划方案的实施是否具有相应的人力、财力、物力和信息资源等作为保障。

（三）产品销售业务的事前监督

产品销售业务是企业的主营业务，也是企业取得收入的主要途径。对产品销售业务实施事前监督，有利于督促销售部门和人员认真履行职责，防范销售过程中发生暗箱操作、商业贿赂等现象，保证产品销售业务的合法合理性。监督内容主要包括：

（1）销售管理部门和人员的职责权限是否明确，不相容职务是否完全分离，授权审批制度是否健全。

（2）销售管理部门是否按照企业发展战略的要求编制了产品销售收入预算。产品销售收入预算是否经过财务部门和其他有关部门的审核，销售部门对有关部门提出的建议是否采纳，对存在的异议有无明确解释。

（3）产品销售收入预算是否得到企业总会计师或其他分管领导的同意，并经过最高管理层（如总经理办公会议）的审核和批准。

（4）产品销售收入预算是否针对预算责任单位和部门进行了合理分解，分解指标是否依照审批程序进行了审批。

（5）预算责任单位和部门对分解指标有无异议，是否制定了完成所承担预算指标的可行措施。

（6）销售管理部门是否与预算责任部门签订了销售业绩责任书，并报企业财务部门备案。

（四）工程项目的事前监督

工程项目具有投资大、时间长、环节多等特点，为了保证企业工程项目的立项依据充分可靠、概算预算科学合理、信息沟通及时准确，应当着重从以下方面开展事前监督：

（1）工程项目是否符合国家的产业政策，与企业的发展规划是否吻合，对增强企业的核心竞争能力、实现企业的持续稳定发展能否起到推动作用。

（2）项目前期工作是否扎实有效，基础资料的收集是否完整齐备，相关的报批手续是否履行并得到政府有关部门的批准。

（3）可行性研究工作是否规范，研究报告是否全面客观，重大项目是否聘请了专家和中介机构进行分析和评价并提供相关报告。

（4）对项目的潜在风险是否经过风险评估委员会的充分评估，风险程度是否在企业的风险容忍度之内，有无应对风险的得力措施。

（5）工程项目概算和预算的编制程序是否合理，依据是否充分，内容是否齐全，数据是否可靠，有无人为扩大概预算指标，造成工程造价信息不对称进而导致投资失控的现象。

（6）项目决策程序是否严格执行有关规定，应当提交董事会和股东大会讨论的议题是否及时提交并取得一致意见，对不同意见有无合理的解释并保留相关的文件资料。

7.4.2 事中监督

事中监督是指企业内部控制的监督部门针对具体经济业务事项的办理过程进行的审查。目的是通过对经济业务的发生背景、承办部门和人员的履职行为、经济业务流程等的审核和检验，及时发现内部控制的设计缺陷和运行缺陷，并针对原因提出相应的修改建议和完善措施，督促有关部门及时纠正。最大限度地保证经济业务事项的办理按照内部控制的要求有效进行。

可以说，事中监督工作的侧重点是通过跟踪业务处理流程，实时发现内部控制运行中存在的问题，保证内部控制运行的规范有效性。下面以资金筹集业务、对外投资业务、产品销售业务和工程项目为例，说明如何开展事中监督。

（一）资金筹集业务的事中监督

资金筹集业务是企业资金运动的起点，目的是为企业开展日常生产经营活动和对外投资活动储备所需要的资金。对筹资业务进行事中监督，应当重点关注以下方面的内容：

（1）筹资活动是否严格执行企业的筹资计划，如果与筹资计划不相符，是否具有充分、恰当的理由并按照规定程序进行了论证分析。

（2）财务部门是否与出资方签订了筹资协议并按照规定履行了审批手续，明确规定了双方的权利和义务。

（3）相关部门是否按照不相容职务分离原则和授权审批制度开展筹资活动，相关人员能否在授权范围内认真履行自己的职责。

（4）会计部门能否按照国家统一会计准则的规定对筹资业务进行会计确认、计量、记录和报告。

（5）所筹资金能否按照事先确定的用途合理使用，如果改作他用，有无充分、恰当的理由并按照规定履行审批手续，是否充分考虑改变用途可能引发的风险并采取适当的防范措施。

（6）对筹资活动中可能出现的出资金额不足、出资时间延误等非正常现象，有无防范手段，发生时采取的应对措施是否得力。

（二）对外投资业务的事中监督

对投资业务进行事中监督，目的是保证投资活动的运行过程合法合理，投资项目的质量和进度符合有关要求，投资效果能够达到预期目标。监督工作中，应当重点关注以下方面的内容：

（1）投资活动是否严格执行企业的投资计划，能否按照事先安排的进度如期投放资金，并合理把握资金投放数量和方式。

（2）投资管理部门是否与被投资单位签订了投资协议并按照规定履行审批手续，明确规定双方的权利和义务。

（3）相关部门是否按照不相容职务分离原则和授权审批制度开展投资活动，相关人员能否在授权范围内认真履行自己的职责。

（4）会计部门能否按照国家统一会计准则的规定对投资业务进行会计确认、计量、记录和报告。

（5）投资管理部门能否做好跟踪评价工作，及时分析、客观评价投资进展情况，并将分析评价结果反馈给决策机构，为及时调整投资策略或采取投资退出措施提供详细具体的依据。

（6）投资资产的处置是否经过企业决策管理部门的审批。需要评价投资价值时是否通过专业中介机构，选择的评估方法是否科学合理，评估价值是否客观准确，资产的处置程序是否规范，有无弄虚作假、徇私舞弊现象。

（7）对投资活动中可能出现的资金数额暂时不足、时间需要拖延、投资风险加大以及被投资单位资金需求变化等非正常现象，有无可行的防范手段，发生时采取的应对措施是否得力。

（三）产品销售业务的事中监督

产品销售业务的事中监督，应当以产品销售业务的事前监督为基础，重点关注以下方面的内容：

（1）办理销售业务的人员是否获得有关部门的授权，业务审批人和经办人能否在授权批准的范围内开展销售工作。

（2）对客户的经营状况和财务情况是否有比较深入的了解，能否根据客户关系及其信用水平合理选择销售方式，商定产品销售价格。

（3）大宗或重要的销售业务是否按照有关规定与客户签订了协议，协议是否明确规定了交易双方的权利和责任，必要的条款规定是否完整齐备。协议的起草、审批与正式签订是否相互分离。

（4）开票、发货、运输、结算等环节的工作人员，能否做到各司其职，各负其责，在明确分工的基础上密切合作，相互制约的同时不影响工作效率。

（5）赊销方式的应用是否恰当，应收账款是否建立了台账，管理措施是否健全，催收手段是否有效。

（6）会计部门能否按照国家统一会计准则的规定对产品销售业务进行会计确认、计量、记录和报告。有无收入不进账，私设“账外账”、“小金库”以及坐支收入等现象。

（7）销售管理部门能否根据产品销售收入的实际完成情况，与产品销售收入预算进行对比，客观分析二者之间的差异及其形成原因，并提出相应的预算调整措施和方案。

（8）预算调整方案付诸实施之前，是否按照规定程序由相关部门会签、财务部门负责人审核、总会计师审批以及总经理审定。

（9）对产品销售业务中可能发生的销货退回、故意拖欠货款甚至欺诈等非正常现象有无防范手段，发生时采取的应对措施是否得力。

（四）工程项目的事中监督

对工程项目进行事中监督，目的是保证工程物资的采购、工程项目的施工、工程监理、工程价款结算等过程符合内部控制的有关要求，有效防范工程建造活动中的不轨行为。监督工作中，应当重点关注以下方面的内容：

（1）项目施工单位、工程监理机构是否通过公开招标，有无暗箱操作和商业贿赂行为。施工单位和监理机构是否具有相应资质，施工人员和监理人员是否合格，能否保证工程质量。

（2）工程物资的采购是否严格执行采购计划，物资需求与采购计划不相符时，是否按照有关规定履行了申请、审批手续。

（3）物资请购、供应商选择、采购价格确定、采购合同订立等环节是否严格执行规定程序，验收物资、支付货款、接收退货、领用物资、会计记录等环节是否得到有效控制。

（4）工程监理部门是否客观公正地执行监理任务，对项目使用的工程物资能否严格把关。对监理过程中发现的施工质量问题是否及时要求施工单位改正，对发现的设计问题是否按照规定及时报告企业有关部门。有关部门能否要求设计单位及时纠正。

（5）财务部门是否根据工程进度和合同约定，按照规定的审批权限和程序办理工程价款结算，有无故意拖欠工程价款的现象。

（6）工程项目变更时是否按照规定程序办理审批手续，重大项目发生变更时，能否按照项目决策和概预算控制的有关要求重新履行审批手续。

（7）因项目变更造成价款支付方式和金额发生变化时，是否具备完整的说明材料，对工程变更价款的支付是否进行了严格审核。

7.4.3 事后监督

事后监督是指经济业务事项办理完毕后，由监督部门根据内部控制设计要求，对该事项的办理结果进行的审查。目的是通过对经济业务事项产生的结果、相应的考评体系、奖励处罚措施等的审核和检验，证实内部控制的设计和运行是否达到预期效果，是否存在差距以及产生差距的原因，并针对原因提出整改建议和措施，督促有关部门加以改进，推动内部控制体系不断趋于完善。

可见，对内部控制运行结果的关注是事后监督工作的重点。下面以对外投资业务、产品销售业务和工程项目为例，说明如何开展事后监督。

（一）对外投资业务的事后监督

企业开展对外投资业务事后监督，应当在事前监督和事中监督的基础上，重点关注以下方面的内容：

（1）投资收益是否达到了预期，如果存在较大差距，原因分析是否客观准确。对人为原因造成的不良后果是否采取了必要的问责措施。

（2）会计部门能否按照国家统一会计准则的规定对投资收益和长期投资减值准备进行会计确认、计量、记录和报告。

（3）投资业务各个环节所涉及的相关资料是否收集齐全，并整理归档。

（4）企业如果对被投资企业拥有了实质上的控制权，是否按照有关规定将其纳入合并范围，并编制合并报表。

（5）对拥有控制权的被投资企业能否在人事安排、经营决策、重大财务活动中有效行使自己的权力，并承担应有的责任。

（6）投资管理部门对投资项目的经济效益和社会效益能否做出客观公正的评价，总结成功经验，吸取教训，不断改进工作，提高投资管理的水平。

（7）产业政策调整、市场萎缩、竞争对手增加等客观因素造成的投资损失，是否在企业可容忍的范围之内，能否尽快采取措施加以解决。

（二）产品销售业务的事后监督

对产品销售收入开展事后监督，应当在事前监督和事中监督的基础上，重点关注以下方面的内容：

（1）产品销售业务是否按照规定的内部控制流程进行，业务处理的各个环节有无不相容职务混岗、越权或弃权、违规审批等现象。

（2）与产品销售业务有关的票据购买、使用、保管、销毁等手续是否完备，运行过程中是否存在漏洞。

（3）产品销售收入是否全部入账，能否按照配比性原则对销售成本、销售税金、销售费用进行确认、计量和记录，产品销售利润的计算是否准确，结转是否及时。

（4）产品销售管理部门能否规范开展销售业务核算，及时汇总编制产品销售收入考核表，并与财会部门的会计核算结果核对相符。如果存在下属销售机构，能否监督其及时、完整地上报本部门取得的收入，有效防范隐瞒收入的行为。

（5）产品销售收入的实际完成情况与预算指标是否存在差异，如果存在差异，原因分析是否客观，责任划分是否清楚，整改措施是否现实可行。

（6）产品销售收入的考核评价体系是否健全有效，能否客观反映销售部门的工作业绩。考核评价过程是否公正透明，考核评价方法是否科学合理。相应的奖惩措施能否落实到位，获得奖励和受到惩罚的部门和人员对考核评价体系的认可度如何。

（7）能否针对产品销售业务科学开展内部控制评价工作，发现其中的问题并采取切实可行的改进措施。

（三）工程项目的事后监督

工程项目的事后监督，应当以事前监督和事中监督为基础，在工程项目完工后进行。监督的主要内容包括：

（1）对事中监督中发现的问题是否采取了有效措施并得到解决，对相关人员的责任是否进行了追究。

（2）工程项目完工进度是否符合合同约定，如果出现延迟现象，具体原因是什么，对人为原因造成的延误现象是否采取了必要的问责措施。

（3）验收工程时，是否具备了施工单位编制的工程竣工报告、企业编制的工程竣工决算报告、企业审计部门出具的工程竣工决算审计报告以及工程竣工验收单和财产交付使用清单等相关资料。

（4）竣工清理工作是否彻底完成，工程决算的编制依据是否充分，编制程序是否合理，相关数据是否准确。

（5）工程决算与工程概预算之间是否存在差异，发生差异的原因分析是否客观准确。如果属于人为原因造成，责任划分是否清楚，追究措施是否得力。

（6）工程项目从申请立项到竣工验收所涉及的相关资料是否收集齐全，并整理归档。

（7）企业对工程项目预期目标的实现情况和项目投资效益是否进行了评估，评估结果能否作为企业绩效考核和责任追究的依据。

【关键词】

监督　内部控制缺陷　监督模式　日常监督　专项监督　监督流程

【小结】

本章从内部控制的设计性缺陷与运行性缺陷的形成原因入手，探讨了内部控制缺陷的发现机制，介绍了监督工作的组织模式及职责分工，阐述了日常监督与专项监督的主要内容和实施办法。在此基础上，结合具体的经济业务，就事前监督、事中监督和事后监督的监督目的、监督内容和监督方法进行了详细讨论，阐明了事前监督、事中监督和事后监督三者之间的依存和互补关系。

【复习思考题】

1.为什么说监督在内部控制体系中具有保障作用?
2.阐述内部监督与外部监督之间的关系。
3.如何区分内部控制的一般缺陷、重要缺陷和重大缺陷？请举例说明。
4.运用所学知识，进一步探讨发现内部控制缺陷的路径和方法。
5.阐述日常监督和专项监督需要重点关注的事项。
6.分别说明材料采购业务事前监督、事中监督和事后监督的具体内容。
7.分别说明关联方交易业务事前监督、事中监督和事后监督的具体内容。
8.分别说明合同协议签订业务事前监督、事中监督和事后监督的具体内容。
9.你认为在我国上市公司中，开展内部监督适宜采用哪种模式。
10.在民营企业中要想保证内部监督的效果，需要解决哪些问题?

第 8 章

内部控制评价

【学习目标】

通过本章学习，充分认识开展内部控制评价工作对保证和提高内部控制质量的作用，明确开展内部控制评价的基本要求；了解内部控制评价的总体思路和具体内容；从确定评价机构、制定评价标准、界定评价范围、认定控制缺陷、编写评价报告、通报评价结果和记录评价过程等七个方面熟悉内部控制评价的工作程序；熟练掌握内部控制初评阶段和测试阶段所使用的具体方法。

● 8.1 内部控制评价的意义与要求

内部控制评价，是指企业董事会或类似权力机构对企业内部控制制度设计的完善性、执行过程的规范性和执行结果的有效性进行全面评价、形成评价结论、出具评价报告的过程。内部控制评价的对象是内部控制的有效性，但因评价主体不同而有广义和狭义之分。广义的内部控制评价包括企业的自我评价和企业委托的会计中介机构的外部鉴证，狭义的内部控制评价主要指企业的自我评价。

8.1.1 内部控制评价的意义

开展内部控制评价的目的在于通过全面评估企业内部控制的设计与运行情况，客观分析内部控制的优劣和得失，解决其中存在的问题，推动企业不断完善内部控制体系。评价意义表现在以下四个方面：

（一）检验内部控制的实施效果

在内部控制运行过程中，受企业组织结构、年度经营计划、经济业务范围以及人事制度安排等环境因素变化的影响，内部控制在不同时期可能产生不同的运行效果。孰优孰劣？患得患失？必须通过内部控制评价寻找答案，重新认识和系统梳理内部控制设计和运行中的经验教训。因此，内部控制评价是检验内部控制实施效果的必要手段。通过开展内部控制评价，一是可以详细了解内部控制各构成要素的具体实施情况；二是可以掌握制度安排对实现内部控制目标的保证程度，考察关键控制点的选择是否符合企业经营业务的实际状况；三是可以通过与理想控制模式的比较，明确企业现行控制模式与理想控制模式之间的差距，发现产生差距的原因及可能造成的后果。

从一定意义上讲，内部控制评价作为一种反馈机制，通过对内部控制体系的健全性、有效性及经济性进行评价，可以达到"再控制"的效果。有效的内部控制评价机制，实际上是对企业机体中内部控制系统的一次"体检"。通过"体检"，可以充分了解内部控制系统自身的健康状况，及时发现内部控制系统中现实的或潜在的"疾病"，并根据"疾病"产生的原因"对症下药"。进而总结经验，吸取教训，有的放矢地修正和改进内部控制系统，推动下一阶段的内部控制制度的建立和运行，确保企业内部控制的效率和效果。

（二）考核相关部门的工作业绩

科学完善的内部控制制度，为企业生产经营和财务活动的规范运行奠定了良好基础。但制度能否落到实处？能否保证内部控制目标的实现？这必须依靠企业相关部门和人员的行动。内部控制评价的重要作用之一就是促使内部控制与企业的治理结构、岗位责任紧密结合，形成有效的内部制衡机制，督促并保证企业各有关部门和人员自觉贯彻执行内部控制制度。因此，内部控制评价是对企业相关部门和人员执行内部控制制度的情况进行的全面考察和检验。通过评价，及时了解和掌握相关部门和人员对待内部控制的态度、实施内部控制的效果以及存在的问题，进而对他们的工作业绩做出客观准确的考评，推动下一时期的内部控制运行工作。

（三）提高内部审计的效率效果

抽样审计作为现代审计的重要方式，必须以完备的内部控制制度为基础，并进行审计测试。在审计测试中，无论采用符合性测试还是实质性测试方式，都会存在一定的抽样误差。如果被审计单位的内部控制制度健全，所抽样本的代表性就强，得出的审计结论就比较客观，面临的审计风险就小；反之，所抽样本的代表性就差，审计结论的准确性就差，审计风险就比较大。如前所述，内部审计实质上是对内部控制的再控制，而内部控制评价也是对内部控制系统的再控制，因此，内部控制评价和内部审计的功能不仅重叠，而且相互依赖、相互促进。借助内部控制的评价结果，内部审计可以更准确地了解内部控制系统存在的薄弱环节和高风险领域，界定内部审计的范围，明确内部审计的重点，选择合理的审计方法，减少抽样误差，缩小实质性测试的范围，提高内部审计的效率和效果。

（四）推动内部控制制度的不断完善

众所周知，内部控制的建立以企业面临的现实环境为基础，在环境因素特别是外部环境因素千变万化的情况下，企业常常会遇到影响内部控制的新情况、新问题，加之内部控制固有的局限性，往往会使现有的内部控制制度无法适应和满足企业的实际需要。这就要求企业必须针对出现的新情况、新问题，不断改进和完善内部控制制度，而有效的内部控制评价则是实现内部控制自我完善的重要途径。由于内部控制评价是一个循环往复的、对内部控制设计与运行情况进行全面评估的过程，所以通过定期或不定期地内部控制评价，可以及时发现内部控制的缺陷以及产生原因，提醒内部控制设计部门采取有效措施加以修订、补充和改进，不断完善内部控制制度。

基于内部控制评价的作用，国内外对内部控制评价工作都非常重视。如：美国在有关法律中要求对政府机构的内部控制制度定期进行评价，行政领导每年必须就内部控制制度的执行状况提出报告。智利审计署认为内部控制的质量直接影响企业目标的实现，因此必须对内部控制的有效性进行全面评估。我国财政部颁布的《企业内部控制评价指引》中，也明确要求企业结合自己的实际情况，制定内部控制评价实施办法，明确规定内部控制评价的原则、范围、程序和方法以及内部控制报告形式等相关内容，对内部控制设计与运行的有效性进行综合评估，确保内部控制评价工作落到实处。同时，强调企业主要负责人对内部控制评价结论的真实性负责。

8.1.2 内部控制评价的要求

（一）评价机构力求独立

为了保证评价结果的客观公正性，内部控制评价机构应当具有一定的独立性。从事评价工作的机构至少应当独立于内部控制设计机构，并保证评价人员与被评价单位的主要负责人之间没有血缘关系。如果存在血缘关系，应当自觉回避。必要时，可以聘请外部专门机构与企业内部评价机构合作从事评价工作。但必须把握一点，参与内部控制评价的外部机构不得同时为被评价单位提供内部控制审计服务。

（二）评价标准力求统一

为了保证评价结果的可比性和一致性，企业应当统一制定内部控制评价标准。特别是集团性质的企业，无论总公司，还是子、分公司，都应当执行统一的评价标准。评价标准既要为内部控制相关责任单位的沟通和交流提供统一路径，又要为企业开展自我评价、改进内部控制提供依据，还能够作为外部评价机构发表评价意见的参考。

（三）评价内容力求全面

内部控制评价应当遵循全面性原则，确保评价内容涵盖企业及其所属单位的各种经济活动事项，凡纳入内部控制评价体系的内容，应当同时具备制度设计上的完整性和运作程序上的完整性。具体地讲，通过评价内部控制的设计情况，保证企业应当予以控制的业务或事项均制定了完整的内部控制制度；通过评价内部控制的运行状况，保证企业应当予以控制的流程及关键控制点均采取了切实可行的控制方法和措施。

（四）评价重点力求突出

内部控制评价应当按照重要性原则，在全面评价的基础上特别关注重要事项或高风险领域。对于经常发生、手续复杂、资金动用量较大、风险较高的业务或事项，评价工作必须从严从细，对于偶然发生、手续简单、资金动用量较小、风险较低的业务或事项，为了降低评价成本，在不影响评价质量的前提下则可以适当简化。合理确定内部控制评价重点，既有利于保证评价成本不超过由此获得的收益，更有助于抓住主要矛盾，达到纲举目张的效果。

一般地讲，企业内部控制评价应当以生产经营活动为中心，重点关注：资金的筹集、投放和运营过程是否存在决策程序不科学、职责划分不清楚导致资金链断裂的现象；资产的使用、管理和处置过程是否存在滥用职权、违规操作导致资产效能低下或流失的现象；采购、销售、工程建造等环节是否存在流程不合理、手续不严密导致暗箱交易、商业贿赂的现象等。

（五）评价时间力求实时

内部控制评价的目的是通过检查和分析内部控制的设计和运行情况，揭示其中存在的问题，查明原因，分清责任，提出改进建议，保证和提高内部控制体系的健全性、有效性及经济性。要想达到这一目的，必须强调内部控制评价工作的实时性。滞后的评价无助于及时发现问题，也就不可能采取有效措施弥补和修正内部控制的不足，结果往往是事倍功半。因此，企业应当合理确定评价周期，每年至少应当评价一次。

（六）评价结论力求客观

内部控制评价应当以有关法律法规和企业内部控制评价标准为依据，尊重客观事实，公正透明，实事求是，尽量减少人为因素，保证评价结论有较为充分的证据作支撑。因此，内部控制评价应当交给思想素质高、专业技能强、工作作风硬、职业素养好的人员完成。同时，对整个评价过程应当编制工作底稿，并指定专人严格复核。

● 8.2　内部控制评价的内容

关于企业内部控制的评价内容，理论界人士从不同研究视角出发，形成以下主要观点：

一是站在评价范围的视角，认为内部控制评价应当区分为全面评价和局部评价两种。其中，全面评价是对企业整个内部控制系统进行的评价，一般情况下每年进行一次，评价信息主要反馈给企业管理当局；局部评价是对某个部门或某个业务流程的控制状况进行的评价，根据实际需要确定评价时间，评价信息主要反馈给某些职能管理部门和人员。

二是站在评价标准的视角，认为内部控制评价应当划分为内部控制的健全性、恰当性和有效性评价。其中，健全性主要强调内部控制制度是否完善，能否涵盖企业所有的交易或事项；恰当性主要强调内部控制制度是否与企业的实际情况相吻合，满足企业的各种需求；有效性主要强调内部控制的设计和运行效果是否优良，能否达到预期的控制目标。

三是站在控制要素的视角，认为内部控制的评价内容应当包括控制环境、风险评估、控制活动、信息与沟通、内部监督五个要素，或者针对内部环境、目标设定、事件识别、风险评估、风险应对、控制活动、信息与沟通、监控等八个要素，就各个要素的具体内容进行评价。

四是站在管理层面的视角，认为内部控制的评价内容应当分为整体层面控制评价和业务层面控制评价。其中，整体层面控制评价主要用来确定企业是否构建了一个保证业务层面控制能够有效运行的总体环境；业务层面控制评价主要用来确定企业具体经济业务控制是否有效运行。整体层面控制评价是业务层面控制评价的基础，业务层面控制评价是内部控制评价的核心内容。

五是站在信息系统的视角，认为内部控制评价内容可以分为一般控制评价和应用控制评价。其中，一般控制评价应当重点关注与信息系统开发有关的控制目标、控制程序、系统运行等能否满足企业的内部控制要求，并据此评价信息系统的安全性和可靠性；应用控制评价应当重点关注信息系统中与业务流程相关的控制点，并据此评价业务流程的合理性和规范性。

综上所述，笔者认为，内部控制体系既然由控制环境、风险评估、控制活动、信息与沟通、监督五个要素所组成，开展内部控制评价也应当从五个要素方面进行，就控制环境是否优良、风险评估是否精准、控制活动是否规范、信息与沟通是否流畅、监督工作是否有效等进行综合认定和评判。在此基础上，再针对企业的经济业务和事项进行具体评价，最后形成完整的评价报告。

8.2.1 总体评价内容

（一）控制环境评价

对控制环境进行评价，应当以《企业内部控制基本规范》和《企业内部控制应用指引》中有关组织架构、发展战略、人力资源、企业文化、社会责任的规定为依据，以影响内部控制的环境要素为切入点。由于环境要素较多，评价过程中很难面面俱到，因此，应当重点把握以下内容：

（1）企业组织机构的设置是否科学合理，权责分配是否明晰，配合是否默契，运行是否规范，工作是否高效。

（2）企业发展战略目标定位是否准确，能否做到统筹规划，手段措施是否到位，能否根据有关情况变化予以实时调整。

（3）人力资源政策是否切实可行，人力资源结构是否合理，人才引进、开发机制是否有效，激励、约束机制是否健全等。

（4）企业文化有无特色，建设工作是否扎实有效，文化体系是否形成并充分发挥其功能。

（5）企业社会责任履行情况如何，能否安全生产、保护环境、节约资源、促进就业、维护员工合法权益等。

（6）企业管理当局是否高度重视内部控制建设，直接分管人事、财务、内部审计等工作。能否认真接受有关部门对内部控制的评价意见和整改建议，对内部控制评价报告及时作出批示。

（7）职业道德建设是否卓有成效，企业员工能否严格遵守职业道德，职业道德判断和决策能力能否适应市场经济发展需要。

（二）风险评估评价

对风险评估进行评价，应当按照《企业内部控制基本规范》中有关风险评估的要求和企业制定的内部控制制度，做好以下工作：

（1）企业管理人员特别是最高管理层的风险意识是否强烈，能否根据企业实际情况建立风险文化和相应的风险预警机制。

（2）企业能否针对各种经济业务事项定期召开风险分析会议，明确设定风险管理目标，并以此为导向开展风险管理工作。

（3）企业能否及时准确地识别生产经营过程中的潜在风险，特别是对重要领域或重大经营活动中的风险是否具有较强的敏感度。

（4）企业能否利用科学合理的手段和方法，深入细致地开展风险分析，快速查明风险发生的根源，合理判断风险发生的可能性大小及影响程度，准确界定风险等级。

（5）针对不同等级的风险，能否采取切实有效的应对策略，将风险控制在企业的容忍度之内，最大限度地减少风险损失。

（6）年度内的主要风险管理目标是否圆满完成，是否发生重大或突发性风险事故，如果发生，企业的风险预警机制是否发挥了应有的作用，处理效果是否令人满意。

（三）控制活动评价

对控制活动进行评价，应当按照《企业内部控制基本规范》和《企业内部控制应用指引》中对各种经济业务规定的控制措施，结合本企业的内部控制制度，做好以下方面的工作：

（1）经办各种经济业务的不相容职务是否完全分离，相关部门和人员的职责划分是否清楚，经办人员是否具备相应的资质和能力。

（2）与经济业务办理相关的授权制度、审批制度、岗位轮换制度和回避制度等是否建立健全，能否切实有效地贯彻落实。

（3）各种经济业务的办理，能否按照事先设计的业务处理流程规范运作。有无随意简化手续、自作主张、越权和弃权等不合处理流程的现象。

（4）业务管理部门能否根据经济业务的发生情况进行业务核算和分析，及时发现问题，采取改进措施，做好业务管理工作。

（5）财务管理部门能否及时反映经济业务发生引起的资金运动情况，并按照国家统一会计准则的规定进行相应的会计确认、计量和记录。

（6）资产管理部门能否及时反映经济业务发生引起的资产变化情况，做好各种实物资产的管理工作。

（7）对经济业务实施控制活动的具体目标是否达到，没有达到目标的原因分析是否客观，有关的责任能否分清。

（四）信息与沟通评价

对信息与沟通进行评价，应当按照《企业内部控制基本规范》和《企业内部控制应用指引》中有关内部信息传递、财务报告、信息系统等的规定，结合本企业的内部控制制度，做好以下方面的工作：

（1）企业的信息收集、处理和传递机制是否健全，能否及时有效地做到上情下达和下情上报，相关部门和人员的知情权能否得到保障。

（2）企业的各项规章制度、经济业务处理流程、财务预算和决算、招投标、绩效考核和奖惩等信息是否向全体员工公开。

（3）企业的反舞弊机制是否健全有效，相关部门对得到的舞弊案件线索能否及时查处，提出的惩戒意见是否合法合理。

（4）财务报告能否客观、真实、及时、全面地反映企业的经营状况和财务情况，满足不同信息使用者的需求。

（5）企业信息系统的安全性有无得力的保护措施，相关部门和人员能否尽职尽责，是否发生过泄漏商业秘密的情形。

（6）企业与投资人、债权人、客户、供应商等利益相关者及政府监管机构、会计中介机构等是否保持经常性的沟通，能否倾听他们的合理化建议，满足他们的正当需求。

（五）监督工作评价

对监督工作进行评价，应当按照《企业内部控制基本规范》和《企业内部控制应用指引》中有关内部监督的规定，结合本企业的内部控制制度，做好以下方面的工作：

（1）企业建立的内部控制监督机制与本企业的组织架构是否吻合，能否保证监督工作的有效开展，最大限度地发挥监督作用。

（2）企业监事会、审计委员会等机构的管理人员能否站在相对独立、超脱的角度行使自己的监督权力，履行自己的监督职责，充分发挥监督作用。

（3）内部审计机构有无独立性和权威性，审计人员能否客观公正地实施内部监督并实行回避制度，内部审计工作能否得到企业全体员工的重视，审计意见能否被企业管理当局充分采纳。

（4）企业发生重大或突发事件时，能否有效开展专项监督，并充分揭示日常监督存在的问题，能否针对原因提出改进措施，不断完善监督体系。

（5）对监督工作中发现的内部控制设计和运行缺陷，有关部门能否及时采取措施纠正，对违反内部控制规定并给企业造成经济或信誉损失的现象，能否按照责任追究制度严格追查有关人员的责任，做出严肃处理。

（6）监督工作能否推动企业目标责任考评制度的健全和完善，为企业准确考核所属部门的工作绩效、有效实施奖惩办法提供依据。

8.2.2 具体评价内容

内部控制评价内容不能局限于对五个基本要素的总体评价，而必须对企业的财务、业务以及管理等控制状况进行具体评价。内部控制的具体评价一般借助内部控制评价指标体系。企业应当根据自己的经营范围调整情况、内外环境变化情况、业务发展状态和实际风险水平等情况，对内部控制的基本要素进一步细化，设计各个要素的核心评价指标和辅助评价指标，确定内部控制的具体评价内容，绝不能固定化和模式化。在实施评价工作时，可以采用编制“工作底稿”的方式，详细记录核心评价指标和辅助评价指标的具体内容，包括评价依据、评价标准、评价方法、主要风险点、已采取的控制措施、有关证据资料及评价结论等。

下面以预算管理、财务支出、工程项目、实物资产管理等为例，说明内部控制的具体评价内容。

（一）预算管理评价

预算管理评价是针对企业预算管理制度设计的科学性和执行的有效性进行的专门评价。一般考虑以下内容：

（1）预算申请书列示的内容是否属于企业预算管理的范畴，申请理由是否充分，申请数额是否合理。

（2）预算审批程序是否符合规定，有无越权审批现象，预算批复与预算申请之间是否存在差异，产生差异的主要原因是什么。

（3）预算分解是否符合预算管理委员会确定的分解原则，各种预算指标能否分解落实到相关的预算责任主体，机动性预算指标所占比重是否合理。

（4）预算调整的理由是否充分，调整范围和内容是否合理，时机把握是否妥当，能否按照规定程序经过预算管理委员会审批。

（5）预算执行是否扎实有效，改变预算资金用途和动用机动性预算指标是否经过预算管理委员会审批。

（6）能否对预算执行情况做出客观、公正的考核和评价，并针对差异及时查明原因，提出改进措施，充分发挥预算考核的作用。

（7）有无与预算管理相配套的奖惩机制，能否做到奖惩分明。

（8）其他有关的内容。

（二）财务支出评价

财务支出评价是针对企业各项财务支出的合法性和合理性进行的专门评价。一般考虑以下内容：

（1）财会机构和财会人员的职责权限是否明确，内部分工是否合理，工作交接是否合规，能否定期轮换岗位。财务部门负责人是否具备伦理独立、职责超脱、专业过硬、品行端正等条件。

（2）企业的财务支出授权审批制度是否健全，一般授权与特别授权的范围界定是否合理，审批人员能否依规行使职权，履行责任。

（3）财务支出的范围和内容是否符合预算规定，支出程序是否合理，相关手续是否完备，有无大手大脚、乱支乱用甚至弄虚作假的现象。

（4）财务支出的会计确认和计量是否遵循权责发生制和收支配比原则，能否保证各个会计期间损益计算的准确性。

（5）反映财务支出的原始凭证是否合法合理，审核工作是否到位，各种票据的保管和使用是否符合有关规定，能否及时、规范地填制和审核记账凭证。

（6）记录财务支出的会计账簿体系是否完整齐备，账簿登记及错账更正是否正确、规范，不同账簿上的相关数据是否保持一致。

（7）企业是否设有专职或兼职稽核人员，财务支出稽核工作是否全面、及时，能否定期核对账目并保证账实相符。

（8）财务印章的保管和使用是否规范，现金、银行存款等货币资金的保管是否安全，财务支出档案的管理是否严密。

（9）其他有关的内容。

（三）工程项目评价

工程项目评价是针对企业工程项目的立项、施工、监理、决算、完工交付使用等程序和手续的合法性和合理性进行的专门评价。一般考虑以下内容：

（1）立项手续是否严密，有无可行性研究和论证过程。围绕工程项目的不相容职务是否完全分离，上级批复的项目与企业实际执行的项目是否一致。

（2）工程项目设计方案和概预算是否合理，企业是否组织有关部门对设计方案和概预算进行了会审，有无总工程师、总会计师等分管领导的批准。

（3）与工程项目有关的招、投标制度是否健全，能否严格按照招投标制度开展招投标工作，并根据中标标书签订有关合同。

（4）施工部门能否按照合同中的有关规定保证工程项目的施工质量和施工进度，能否如期完成任务。

（5）工程质量控制文件是否齐备，监理工作能否达到预期效果，相关记录是否完整可靠，工程量发生变动有无客观依据并履行规定手续。

（6）工程项目竣工时，是否由资产运行管理部门组织竣工验收。竣工验收中如果发现质量问题，能否及时查明原因，明确责任并采取得力措施加以解决。

（7）已完工工程是否及时办理竣工决算，能否按照有关规定开展专门的竣工决算审计，并根据审计结果办理资产入账手续。

（8）批准决算和工程价款支付的主体和依据是否恰当，企业能否及时结算和支付工程价款，有无故意拖欠价款的现象。

（9）其他有关的内容。

（四）实物资产管理评价

实物资产管理评价是主要针对企业的固定资产、存货等有形资产的安全性和效益性进行的专门评价。一般考虑以下内容：

（1）实物资产的购置是否符合预算规定并获得有关部门的批准，有无健全的招投标制度并严格执行。

（2）实物资产采购部门能否根据使用部门提出的品种、规格、数量、质量和时间等要求组织采购活动，购置的实物资产是否按照规定验收入库并记入账簿记录系统。

（3）实物资产管理部门是否设置了专门的账卡，能否详细登记各种实物资产的增减变化和结余情况，有无人为原因导致资产受损的情形。

（4）实物资产的领用是否履行严格的审批手续，有无领用不当浪费资产的现象。

（5）废旧物资的处置能否按照规定程序进行，处置收入是否及时足额入账，有无资产运行效能低下、资产流失等现象的存在。

（6）财会部门是否按照实物资产的品种、规格或项目设置数量金额式明细账，并按照永续盘存制度的要求进行登记。固定资产折旧及减值核算、存货收发计价、资产盘盈盘亏等的账务处理是否符合会计准则的规定。

（7）财会部门是否每年组织一次实物资产的全面清查，保证各种实物资产账实相符。

（8）其他有关的内容。

8.3　内部控制评价的程序

内部控制评价一般经过四个阶段：一是调查了解和描述被评价单位的内部控制状况，对内部控制进行初步评价；二是对内部控制进行测试，从深层次上认识和掌握被评价单位的内部控制状况；三是对内部控制设计的健全性和执行的有效性做出系统、全面的评价；四是通过提交内部控制评价报告，与被评价单位沟通，得出评价结论。具体程序如下：

8.3.1　确定评价机构

内部控制评价是一种专业性很强的工作，要求评价人员具备扎实的会计、审计及经营管理方面的理论知识和实践经验，特别是对内部控制的理论和实务具有比较系统深入的研究。所以，企业应当根据自己的评价要求和专业人才力量，合理确定内部控制评价机构。一般地讲，初期的内部控制评价，最好借助外部中介机构的力量进行，并在这个过程中逐步完善内部控制评价体系和机制，着力培养自己的内部控制评价队伍。

（一）外部鉴证机构

我国的外部鉴证机构，目前主要是规模较大的注册会计师事务所。它们提供的服务主要有两种：一是按照相关法律法规和监管部门的要求，对企业的内部控制自我评价报告进行审核和鉴证，发表审核意见。此类服务属于注册会计师的鉴证业务，出具的报告具有鉴证作用。二是受企业委托，协助企业审计部门完成内部控制评价工作。主要任务是帮助企业全面梳理经济业务流程，设计业务控制流程图，识别并针对业务流程中的风险点采取关键控制措施，对企业内部控制设计和运行的效果进行测试和分析等。此类业务实质上是内部审计的外部委托方式，属于注册会计师的咨询服务范畴，出具的报告不具备鉴证作用，只供企业管理层改善内部控制时作为参考。

（二）内部评价机构

内部评价机构可以根据企业的经营规模、隶属关系、经营性质、职能机构、制度安排以及管理要求等设置。就集团公司来讲，应该设立专门的内部控制评价机构（如内部控制委员会），负责组织和实施内部控制评价工作，对集团公司的内部控制设计和运行状况定期进行评价，并将工作重点放在对所属单位内部控制建设方案的审批和监督执行方面，根据集团公司的风险评估结果对所属单位开展专项评价。集团公司下属的子、分公司一般不需要设立专门的内部控制评价机构，可以将内部控制评价职能赋予内部审计部门。但无论企业怎样设置内部评价机构，都应当满足以下方面的要求：

（1）对企业内部控制系统的建立与运行具有独立监督的权力。

（2）具备监督和评价内部控制系统的权威性和胜任能力。

（3）能够得到企业负责人的支持，并采取有效的组织和领导措施，保证内部控制评价工作的开展。

（4）在内部控制评价工作中，能够与企业其他职能部门协调一致，相互配合、相互制约、相互促进。

（5）具有较高的工作效率，能够满足企业对内部控制系统进行监督和评价的要求。

8.3.2 制定评价标准

为了保证企业内部控制评价结果的可比性和一致性，必须制定一套既能为企业自我评估和改进内部控制提供依据，又能为外部评价机构发表评价意见提供参考的评价标准。这套标准可以分为一般标准和具体标准两部分。具体标准是一般标准的基础，一般标准是具体标准的升华，二者相辅相成、缺一不可，共同构成完整的内部控制评价标准体系。

（一）内部控制评价的一般标准

内部控制评价的一般标准是指适用于评价内部控制总体情况的标准，也是内部控制设计和运行应当满足的总体要求和应达到的目标。由于内部控制评价的目的是保证企业内部控制制度的科学设计和有效运行，所以，我们可以将内部控制评价的一般标准确定为：内部控制的完整性、内部控制的合理性和内部控制的有效性。分述如下：

（1）内部控制的完整性。完整性是内部控制评价的基础标准，没有完整性，内部控制的合理性和有效性将无从谈起。因此，内部控制评价必须首先考察内部控制的完整性。一般情况下，企业经营规模的大小、经济业务的复杂程度、经营管理要求的高低，与内部控制的完整性要求成正比。完整性标准要求企业结合自己的经营规模、业务复杂程度、经营管理特点、经济技术条件、员工综合素质以及成本效益原则，将内部控制渗透到企业所有经济业务的各个操作环节，覆盖企业所有的职能部门和工作岗位，不留任何死角。任何一个方面的疏漏，都可能使部分业务或事项、部分机构或岗位游离于内部控制系统之外，不仅影响内部控制的运行效果，而且会使内部控制评价结论失之偏颇。

（2）内部控制的合理性。合理性标准基于完整性标准，是对内部控制提出的更深层次的要求。评价人员应当在全面了解企业内部控制体系的基础上，根据内部控制能否防止和发现财务报表有关认定的重大错报，评价内部控制设计的合理性。一般来讲，内部控制的合理性包括两层含义：一是指公司的内部控制政策和措施与国家有关的法律法规相适应，不存在抵触或背离现象；二是指内部控制的设计与运行具备适用性和经济性。其中适用性强调的是内部控制制度必须符合企业的实际情况，满足企业的管理需要；经济性强调的是内部控制制度必须有利于企业减少各种耗费和损失，提高经济效益。因此，内部控制制度的设计和运行要遵循成本效益原则。既保证内部控制制度设计和运行的重点，又保证内部控制所付出的代价低于由此而获得的收益。具体地讲，内部控制合理性的评价，应当考虑以下因素：

① 内部控制制度是否与企业的实际情况和管理需求相吻合。

② 内部控制相关部门之间的职能划分是否清楚、权责关系是否明确。

③ 相关人员之间的分工是否恰当、牵制是否严密、配合是否默契。

④ 相关业务和事项的控制程序和手续是否完善。

⑤ 关键控制点的选择是否正确，有无过分繁琐、不讲成本效益的现象。

需要强调，在评价内部控制设计的合理性时，评价人员绝不能孤立地关注某一特定的内部控制内容是否具备、采取的措施和方法等是否完善，而应当从整体上考察这些措施和方法对实现内部控制目标可能产生的影响。否则，很难得出客观公正的评价。

（3）内部控制的有效性。有效性标准建立在完整性和合理性基础之上，是对内部控制提出的最高层次的要求，也是判断企业内部控制设计和运行成败的标志。缺乏有效性的内部控制是没有生命力的。具体来讲，内部控制有效性的评价，应当考虑以下因素：

① 能否防范各种经营风险和财务风险，最大限度地减少风险损失。

② 能否保证企业各项财产物资的安全完整，及时发现并纠正生产经营过程中的错误和弊端。

③ 能否保证财务会计信息及其他经济信息的准确可靠，满足信息使用者的不同需求。

④ 能否推动企业决策、执行和监督机制的科学化、规范化和现代化，提高企业的经营效率和效果。

⑤ 能否保证国家有关法律法规的贯彻执行，充分发挥“卫士”作用。

需要指出，内部控制有效性的评价，除重点关注内部控制设计和运行的总体效果外，还需要明确各项具体制度的目的并充分发挥其效应。

上述内部控制三个评价标准中，完整性是基础，合理性是提高，有效性是目的。失去了完整性和合理性，内部控制的有效性将无从谈起。而失去了有效性，内部控制的完整性和合理性将缺乏实际意义。如何做到三者之间的有机统一，既是内部控制设计者应当解决的问题，也是内部控制评价者必须掌握的标准。

（二）内部控制评价的具体标准

一般来讲，评价企业的内部控制应当先从操作性较强的具体标准入手，在此基础上，对企业内部控制的设计与运行有了直观认识后，才能对企业内部控制的完整性、合理性和有效性做出总体上的正确判断。

内部控制评价的具体标准可以分为三个层次：第一层次是内部控制要素评价标准，可以作为开展内部控制评价的一级指标；第二层次是内部控制要素类别评价标准，可以作为内部控制评价的二级指标；第三层次是内部控制具体细节评价标准，可以作为内部控制评价的三级指标或观测点。具体标准确定后，企业可以按照以下步骤开展评价工作：

（1）客观评价企业的控制环境。

（2）对影响企业目标实现的各种风险的可能性和影响程度进行分析，并审核企业管理层为确保风险对策有效执行和落实所采取的措施和程序。

（3）审查和评价企业的内部信息和外部信息的管理政策，确保各种信息能够在相关部门和人员之间及时准确传递。

（4）审查和评价企业对内部控制的检查监督办法是否健全。

8.3.3 界定评价范围

内部控制评价范围是指内部控制评价的实施对象，主要解决在什么范围内、对什么内容进行评价的问题。由于实施内部控制的基本目标是保证财产物资的安全性、财务报告的可靠性和经营活动的合法合规性，而这些目标的实现与企业内部控制环境的优化程度、内部控制流程的完善程度、风险应对能力的高低等直接相关，并涉及企业与员工、股东、客户、供应商、债权人、债务人、政府等各个方面的关系，因此，企业的内部控制评价范围应当针对企业生产经营活动的整个过程，包括计划、组织、营销、财务、供应、人力资源等各个方面。

为了保证评价结论的客观准确性，企业应当尽量拓宽内部控制的评价范围和内容，力求避免评价范围的狭隘性和评价内容的片面性。但在具体界定评价范围时，应当处理好以下几个方面的关系：

一是企业规模大小与控制要求高低的关系。一般情况下，企业规模越大，对内部控制的要求越高，内部控制评价的范围越大、内容越多。正确处理二者之间的关系，有利于准确把握内部控制评价的范围和内容，减少无效劳动，提高内部控制评价的效率和效果。

二是内部控制设计层面与执行层面的关系。如果设计层面存在问题，需要重新修改和完善内部控制制度；如果执行层面存在问题，则只需强化监督。正确处理二者之间的关系，有利于明确区分内部控制的责任，实现各部门之间的有效沟通，提高内部控制评价的公正性和权威性。

三是一般业务与重点业务的关系。内部控制评价应当针对企业所有的经济业务，但由于重点业务的潜在风险较大，对实现企业经营目标的影响程度也大，所以内部控制评价者必须做出重要性水平的判断和决定，明确哪些属于重点业务，哪些属于一般业务，并分别采取评价办法。正确处理二者之间的关系，有利于评价者提纲挈领，把握内部控制评价的重点内容，达到事半功倍的效果。

四是关键控制点与非关键控制点的关系。一般来讲，关键控制点是整个业务控制流程的核心，也是决定某些业务内部控制成败的关键，所以必须予以高度重视。而对于非关键控制点的评价则可以适当简化。正确处理二者之间的关系，有利于评价者抓住内部控制的要害，有效解决"瓶颈"问题。

五是客观控制环境与主观控制意识的关系。客观环境发生变化必然对内部控制造成影响，如果企业在内部控制的运行中没有针对环境变化及时修正原有的内部控制制度，不仅影响内部控制的实施效果，也会使内部控制评价产生偏差。因此，评价者应当合理区分客观环境与主观意识对内部控制的影响，以保证评价结论的客观性。并针对不同原因提出建议，凡属主观原因造成的，应当强化设计者和执行者的内部控制意识；凡属客观原因造成的，应当积极采取应对措施，进一步完善制度。

8.3.4 认定控制缺陷

评价人员应当根据评价标准和确定的评价范围，合理认定内部控制缺陷，解决好两个问题。一是按照发生环节不同正确区分内部控制设计缺陷和内部控制运行缺陷；二是按照内部控制缺陷对控制目标的影响程度不同，科学界定内部控制一般缺陷、内部控制重要缺陷和内部控制重大缺陷。内部控制缺陷的认定应当按照以下步骤进行：

（1）综合考虑企业内部控制的所有组成要素、所有管理层面和所有业务领域，对内部控制设计或运行的有效性进行系统分析。

（2）准确判定内部控制缺陷的性质及严重程度，客观评价控制缺陷对控制目标的潜在影响。

（3）补偿性措施虽然会在一定程度上限制内部控制缺陷的潜在影响，但并不能完全消除内部控制缺陷的存在，因此，评价人员如果认为企业已针对内部控制缺陷采取了补偿性措施，应当予以考虑并加以证实。

（4）在充分考虑补偿性措施固有作用的情况下，确定内部控制缺陷是否属于重要缺陷或重大缺陷。一般情况下，企业最高管理层面的控制、会计政策的选择和应用、反舞弊程序和相关政策、非常规或非系统性交易、财务报告编制及信息披露流程等方面存在的缺陷，应当认定为重要缺陷。发生以下情形时，则至少应当认定为重要缺陷，并且存在将出现重大缺陷的迹象：

① 企业自己发现以前的财务报告存在重大错报。

② 注册会计师发现企业当期财务报告存在重大错报，但该错报现象并没有被企业设计的财务报告内部控制发现。

③ 董事会下属的审计委员会和内部审计机构的监督职能失效。

④ 涉及高级管理层的任何程度的舞弊行为。

⑤ 存在的缺陷已向管理层汇报，但管理层在合理期限过后，仍然没有采取措施纠正。

⑥ 控制环境失效。

（5）由于重要缺陷很可能是一般缺陷的组合，而重大缺陷又可能是重要缺陷的组合，因此，评价人员应当对所有的缺陷进行汇总后再得出评价结论。例如，企业存在三个不符合销售收入内部控制要求的缺陷，单一衡量其影响均不属于重要缺陷，但对它们进行综合分析后，则可能构成重要缺陷。

内部控制缺陷的认定步骤如图8-1所示。

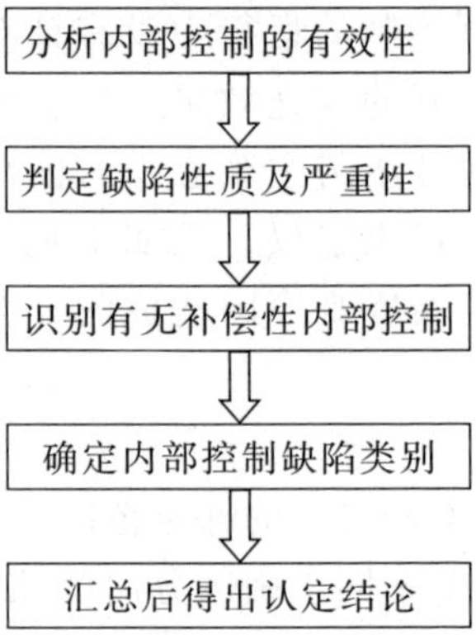

图8-1　内部控制缺陷认定步骤

8.3.5 编写评价报告

评价人员在准确认定内部控制缺陷的基础上，应当根据认定结论编写评价报告。评价报告应当说明企业内部控制的设计是否符合国家有关法律法规的要求，是否符合企业经营管理的方针和政策，是否满足企业经营管理的实际需要，是否有利于企业经营管理目标的实现；内部控制的运行是否规范，有无控制漏洞或缺陷；采取的改进措施是否有效；计划和进度安排是否合理等。

按照财政部等部门颁布的《企业内部控制基本规范》和《企业内部控制评价指引》的规定，编写内部控制评价报告时，至少应当涵盖以下内容：

（1）组织实施内部控制评价的总体情况。

（2）内部控制评价的目的和责任主体。

（3）内部控制评价的范围和具体内容。

（4）内部控制评价的基本依据和标准。

（5）内部控制评价的程序和采用的主要方法。

（6）内部控制存在的缺陷及其认定情况。

（7）造成重要、重大缺陷的原因及相关责任追究情况。

（8）内部控制重大缺陷的整改措施。

（9）针对所有控制缺陷采取的补救措施及其实施计划。

（10）对内部控制设计和运行的有效性作出的最终结论。

需要指出，评价过程中如果发现企业存在一个或多个内部控制重大缺陷，应当对该企业作出内部控制无效的结论。

8.3.6　通报评价结果

评价工作完成后，评价人员应当通过书面或口头等方式将评价结论通报给被评价单位并得到其认同，促使被评价单位全面了解、正确认识其内部控制设计和运行的效果，对存在的问题进行整改，不断完善内部控制制度。

（1）书面沟通。书面沟通是指将内部控制评价结论以书面报告形式提交被评价单位。报告中应详细说明被评价单位在内部控制设计和运行方面的问题及其形成原因，并提出改进意见和建议。相对于口头沟通方式而言，书面沟通比较正式，内容也较规范，便于存档保管和日后查阅。

（2）口头沟通。口头沟通是指通过座谈会等形式与被评价单位就评价结论，包括评价中发现的问题及其原因、评价人员提出的整改意见和建议等进行面对面的沟通。相对于书面沟通方式而言，口头沟通更为灵活机动，可以通过直接对话达成共识，减少不必要的误会，尽快解决问题。

实际工作中，企业最好将两种方式有机地结合起来，先通过口头沟通达成基本一致的看法，再提交正式的书面报告，沟通效果将会更好。

如果企业为上市公司，评价人员（注册会计师）必须对其内部控制进行鉴证并向社会公众发表意见。因此，评价人员除将评价结论通报公司有关领导（总会计师等）及相关部门（审计委员会、内部审计机构等）外，还需要向政府监管部门（证监局）和社会公众报告内部控制的评价情况。

8.3.7　记录评价过程

详细记录内部控制的评价过程，对认识内部控制存在的问题、分析原因、不断完善内部控制制度具有促进作用。

（一）记录内容

内部控制评价记录的主要内容包括：

（1）评价人员确定的记录范围。

（2）企业的主要业务流程及评价人员重点关注的风险。

（3）对内部控制设计的完善程度进行评价的情况。

（4）对内部控制运行的有效程度进行测试的情况。

（5）对内部控制系统有效性进行综合评价的结论。

（二）记录步骤

内部控制评价记录一般包括确定记录范围、建立流程记录、完善内部控制记录以及健全测试记录四个步骤。实际工作中，评价人员可以根据需要同步进行，而不一定依次执行。

（1）确定记录范围。首先，记录范围的确定应当关注企业的重要经营场所和业务单位，包括下属的子、分公司及相关职能部门。其次，应当考虑三种情况：① 本身并不重要，但由于其可能带来某些特殊风险而变得比较重要的经营场所和业务单位；② 本身并不重要，但与其他经营场所和业务单位汇总而变得比较重要的经营场所和业务单位；③ 对那些本身不重要，汇总后仍不重要的经营场所和业务单位的内部控制评价，可以保持最低限度的记录。

（2）建立流程记录。对重要经济业务或交易事项的评价，应当具备完整的流程记录，包括：业务或交易事项的初始授权、业务处理程序、信息披露、审查监督等情况，以保证企业和评价人员能够详细了解企业重要经济业务或交易事项的内部控制情况。例如，对产品销售业务内部控制评价的记录，应当包括产品销售业务的授权、货物的发出、收入的取得、税金的计算与上缴、应收账款的发生和清算等过程。实际工作中，记录的详细程度可以根据企业规模和业务复杂程度具体确定。

流程记录可以根据不同情况分别采用流程图、政策手册、会计手册、叙述性备忘录、程序描述以及完成的问卷等不同形式。具体工作中，流程图配合文字描述是最为直观、也比较有效的流程记录形式。

（3）完善内部控制记录。主要内容包括：相关业务的内部控制设计情况、与财务报告相关的披露事项认定、执行内部控制的人员和相关的职责分工、防范舞弊的机制和检测情况等。内部控制记录可以让评价人员明确内部控制的评价范围，针对性地做好评价工作。

（4）健全测试记录。测试记录一般通过编制测试表的方式，反映对内部控制设计和运行的有效性进行测试的情况。包括测试项目的时间、执行测试的人员、选择样本量的依据、测试结果的认定等内容。充分详细的测试记录，可以帮助其他测试人员了解并重新执行测试，验证测试结论的正确性。

（三）评价记录的保留

由于评价记录既可以为企业不断完善内部控制提供支持，又可以为外部注册会计师和证监会、国资委等监管机构审核和监督企业的内部控制提供依据，因此，企业应当责成专门的机构或人员，妥善保存内部控制的评价记录。特别是上市公司更应当加强这方面的工作。美国的上市公司会计监管委员会要求将评价记录保留七年，我国目前对此虽然没有明文规定，但基于内部控制评价记录的特殊作用，建议做到：

（1）由专门人员保管评价记录，明确保管责任。

（2）保留时间不少于五年。

（3）参照会计档案管理办法的有关规定，对评价记录的入档、保存、借阅、销毁等做出具体规定。

综上所述，内部控制评价的完整程序如图8-2所示。

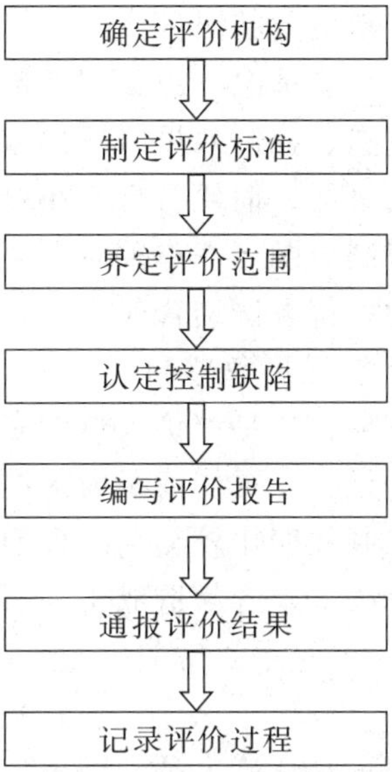

图 8-2　内部控制评价程序

● 8.4　内部控制评价的方法

内部控制评价方法是指为实现内部控制评价目的，对被评价单位内部控制体系进行分析和评价所采取的技术和手段。

如前所述，内部控制评价大致经过初步评价、测试、综合评价、提交评价报告四个阶段。由于综合评价建立在初步评价和测试的基础之上，而评价报告又是综合评价结果的反映，所以，内部控制的评价主要体现在前两个阶段。

8.4.1　初评阶段的方法

这一阶段的主要任务是调查了解被评价单位的内部控制组成要素，收集和记录相关的信息，对其内部控制设计和运行情况做出初步评价，并确定下一阶段的内部控制测试方案。常用的方法主要有文字说明法、调查表法和流程图法。

（一）文字说明法

文字说明法又称书面说明法，是评价人员在询问被评价单位有关人员或查阅被评价单位有关资料时，针对所了解的被评价单位的业务授权、批准、执行、记录、保管等程序，采用叙述性文字描述其内部控制的健全程度和运行情况的一种方法。该方法可用于任何类型、任何规模的单位，但特别适用于经济业务比较单一、内部控制程序比较简单和容易采用文字描述的中小型企业。运用这种方法时，评价人员无须做很多的事前准备，但需要按照不同的经济业务分别说明各项业务工作的负责人、经办人以及他们编写和记录的文件资料等。采用文字说明法，需要描述的内容主要有：

（1）基本情况。包括：与评价项目有关的某项内部控制系统管理职能部门的组织分工、人员结构、职务分离等情况；有关管理制度的内容和组织措施以及实际执行情况；有关经济业务及其经济效益状况等。

（2）相关经济业务的内部控制情况。包括与评价项目有关的经济业务的处理程序和方法、管理方式、控制重点、控制效果以及评价人员的初步判断。

文字说明法的优点是运用灵活，简便易行，在对被评价单位内部控制的各个环节进行具体描述时不受任何限制。既可以单独对企业内部控制各个环节的具体情况进行详细描述，也可以与其他评价方法结合使用，各取所长。

文字说明法的缺点：一是缺乏形象感和层次感，不利于评价资料的对比分析，为内部控制评价提供直观的依据；二是评价人员大多依靠自己的经验，很难避免评价的主观随意性，如果经验不足，还可能遗漏内部控制评价中的重要环节，影响评价的准确性；三是对于内部控制程序比较复杂的大型企业，评价人员很难用简明易懂的语言描述内部控制的各个细节，容易造成文字表述的冗长繁杂，不利于全面系统地做出评价。

（二）调查表法

调查表法又称问卷调查法，是评价人员利用事先设计好的调查表反映被评价单位内部控制状况的方法。具体做法是：评价人员根据被评价单位的具体情况，将内部控制的必要事项特别是与保证会计记录的真实可靠性、财产物资的安全完整性密切相关的事项作为调查内容，事先设计出具有针对性且标准化的调查表，交由被评价单位有关人员，要求他们在调查表规定的栏目里如实表达自己的判断。之后，由评价人员汇总调查结果，据以评价企业内部控制的健全性和有效性。调查表属于一种测评工作底稿，设计时，除包括工作底稿所要求的测评人员、复核人员、测评日期、复核日期等基本要素外，还应当重点关注以下内容：

（1）调查项目。被评价单位的内部控制系统可以按照构成要素分为不同的项目，例如，按照控制活动要素可以分为销售与收款业务、采购与付款业务、成本费用业务、工资与薪酬业务、筹资业务、投资业务等。评价人员在设计调查表时，必须根据内部控制的构成要素确定调查项目。

（2）调查内容。在确定调查项目的基础上，应当按照各个项目的特点分别设计具有针对性的调查问题。设计调查问题时，需要首先确定调查项目的关键控制点，再根据关键控制点需要采取的控制措施设计调查问题条款。一般情况下，控制环境、风险评估、监督等控制要素的调查问题可一并考虑，而控制活动要素应当区分不同的经济业务分别设计。但无论如何设计，都应当保证所调查的内容能够通过提出的调查问题条款予以体现。

（3）调查表的格式。调查表格式有封闭式和开放式两种，一般应当包括调查单位、调查项目、调查时间、调查问题、调查答案以及被调查人、评价负责人和评价调查人等内容。

调查表法是目前国内外比较流行的内部控制评价方法，它具有四个方面的优点：一是调查表中的问题是根据理想的内部控制模式事先设计的，能够在实际工作中起到提示作用，避免评价人员因欠缺经验而遗漏重要事项，导致初步评价失误；

二是把了解和评价企业内部控制有机地结合起来，向被调查对象提供较为完整的说明，有利于评价人员获取明确的调查答案，对内部控制情况做出客观、系统的分析评价；三是由经验丰富的评价人员编制调查表，具有较强的可操作性，可以帮助缺乏经验的评价人员调查和评价内部控制；四是调查表的编制省时省力，可以在评价初期较快完成，提高工作效率。

调查表法的缺点：一是在内部控制健全性评价中，由于各控制点的重要性不同，对实现内部控制目标的作用也不相同，而调查表没有区分这种情况，可能在一定程度上影响内部控制评价的准确性；二是回答栏中对问题的回答大多采用“是”“否”等绝对性语言，不利于被调查者充分表达自己的看法；三是标准化、模版化的调查表往往不能充分考虑被评价单位的实际情况，适用范围受到一定限制。

下面以产品销售业务内部控制评价为例，说明调查表法的具体应用，见表8-1。

表8-1　**销售业务内部控制调查表（部分）**

客户	编制日期	索引号
项目	复核日期	页次
会计期间		

目标与问题	回答			取得方式	备注
	是	否	不适用		
A 已入账的销售业务确实有真实顾客					
1 已入账的销售业务是否有经授权的发货单和经批准的顾客订货单为依据	√				张某检查所附凭证
2 对顾客的赊销是否经负责人批准	√				由总经理批准
3 产品出库是否要求预先连续编号的书面发货单	√				
B 发生的销售业务均已入账					
1 是否保留发货记录	√				预先连续编号但未有说明。需要增加实质性测试
2 控制发货单的方式是否能够保证所有发货都已开票	√				
3 发货单是否预先编号并做出说明		√			
4 发票是否事先连续编号并已做说明	√				
C 已入账的销售金额与发货金额一致，并已正确开票和记录					
1 发货单与销售发票上的数量是否经过独立核对	√				由刘某核对
2 是否采用经授权的价目表	√				由李某控制
3 是否按月向顾客发送对账单	√				
D 已入账的销售业务经过恰当分类					
1 已入账的销售与科目表是否经过独立核对		√			所有销售业务均为赊销，且只有一个销售账户
E 销售业务记录日期是否正确					
1 发货日期与入账日期是否经过独立核对		√			制度中存在薄弱环节，需要增加实质性测试
F 销售业务的明细记录与总账相符					
1 明细账是否经过加总复核，是否与总账核对相符		√			制度中存在薄弱环节，需要增加实质性测试

（三）流程图法

流程图法是指采用特定的语言符号或图形，将被评价单位的组织结构、职责分工、权限范围、会计记录、业务处理流程等内部控制情况，以图解的形式直观、形象地加以描述的一种方法。流程图的绘制应当把握以下要点：

（1）确定流程图符号。流程图的符号是流程图的语言，它由一系列几何图形符号组成，绘制流程图必须首先确定统一的流程图符号。目前较多采用的是VISIO流程图软件符号语言。

（2）寻找流程图主线。绘制内部控制流程图，必须按照经济业务流程找出内部控制的主线，并围绕控制主线绘制相关的控制流程，清晰反映经济业务的控制状况。

（3）把握流程图重点。应当把经济业务的关键控制点作为流程图的重点，在流程图上反映出关键控制点及采取的控制措施。

流程图的绘制方式通常有纵式和横式两种。纵式流程图是按照经济业务发生的先后顺序确定控制主线，垂直反映企业相关业务的处理过程，体现被评价单位的内部控制情况。横式流程图则是以被评价单位各职能部门之间的联系以及各自的控制范围为基础，横向反映企业相关业务的处理过程，体现被评价单位的内部控制情况。

流程图法的优点是便于表达内部控制的特征，有利于评价人员通过图表直观地说明被评价单位的内部控制情况，清晰地看出内部控制运行程序和关键控制点，有效识别内部控制的缺陷。同时，评价人员可以直接利用被评价单位在建立内部控制时设计的流程图进行评价，判断被评价单位内部控制设计的健全性和运行的有效性，提高工作效率。

流程图法的不足之处：一是流程图的绘制难度较大，绘制工作复杂，需要娴熟的绘制技术，经验缺乏者不易掌握和运用；二是受流程图主线及符号的限制，控制流程之外的一些控制措施和存在的弱点很难在流程图中全面反映；三是采用纵向流程图忽略了单项业务职能部门之间的配合，而采用横向流程图又不能清晰表明单项业务的处理过程。

所以，在实际工作中，最好将上述三种方法有机地结合起来，这样既不会造成工作遗漏，又可节省调查时间，提高工作效率；既可以全面描述被评价单位内部控制的情况，又可以流程图方式突出显示关键控制点。例如，调查表法和流程图法的结合使用，既可以通过流程图反映内部控制的总体情况，又可以通过调查表了解内部控制的具体情况。

8.4.2 测试阶段的方法

这一阶段的主要任务是根据初步评价结果，采取各种测试方法对被评价单位内部控制的执行情况进行测评，为内部控制综合评价奠定基础。常用的方法主要有穿行测试法和符合性测试法。

（一）穿行测试法

穿行测试法是在内部控制流程中任意选取一笔交易或事项作为样本，通过对该流程从起点到终点的全部过程进行追踪，了解内部控制设计和执行的有效性，并识别关键控制点。例如，针对产品销售业务，按照“核实客户信用情况——选择销售方式——填写订单并准备发货——编制货运单据——开具销售发票——寄送运单和发票——核对相关票据并填制记账凭证——登记销售明细账、应收账款明细账和总分类账——账实核对”的流程追踪测试，确定相关控制制度是否健全、执行是否有效。

（二）符合性测试法

符合性测试又称遵循性测试，是指选取具有代表性的若干交易或事项作为样本，通过对选定的关键控制点进行测试，检验其是否按照规定的控制措施执行的方法。使用这一方法时，需要满足三个条件：一是样本库中应当包含符合性测试的所有样本，能够涵盖企业的所有交易或事项；二是选取的样本数量具有充分的代表性，能够保证符合性测试目标的实现；三是获取的证据应当与所测试控制点的设计和运行有关，能够可靠地反映内部控制的实际运行情况。与穿行测试法相比，符合性测试法更有助于发现被评价单位内部控制执行方面的缺陷和漏洞。

需要指出，无论是穿行测试，还是符合性测试，在实际应用时，都需要结合询问、检查、实地观察和重新执行等具体方法。其中：

询问是指测评人员在进行测试时，为了详细了解被评价单位各项业务操作是否按照控制措施执行，而以个别访谈等方式询问有关人员的方法。测评人员在询问前应当根据内部控制评价需求形成询问提纲，询问时应当记录询问内容。为了保证询问结果的可靠性，应当尽量询问不同部门和不同岗位的人员。询问的主要作用是评价内部控制执行人员是否熟悉内部控制的设置情况，能否按照控制要求予以执行。在此基础上收集到文字记录以外的信息。但询问结果很可能带有主观意愿，不应作为内部控制是否有效运行的最充分或最可靠证据。

检查是指测评人员抽取一定数量的书面控制文档，核实被评价单位是否严格执行控制措施的方法。使用检查方法的基础是被评价单位在执行控制措施后会形成一定的书面文档，这些书面文档在很大程度上反映了单位执行控制措施的结果。检查的范围除个别特殊情况外，应当包括所有的关键控制点。企业为核对账实是否相符，保证资产安全完整所进行的定期和临时财产清查，也属于检查程序的范畴。

实地观察是指测评人员亲临被评价单位的工作现场，观察有关人员执行控制措施的情况，确定其是否符合规定的方法。就测试内部控制执行的有效性来看，实地观察比询问能够提供更加可靠的依据，主要适用于那些不留控制痕迹或不形成控制文档的控制点的测试，适用范围虽然受到一定限制，但它可以对上述检查方法起到补充和辅助效果。

重新执行是指测评人员抽取一定数量的书面控制文档，按照内部控制制度中规定的程序或要求企业相关人员重复执行一次，以验证企业当事人是否严格执行控制措施的方法。从一定意义上讲，重新执行是测试内部控制是否有效执行的最好方法，对正确判断内部控制的运行效果具有较强的保证作用。

各种测试方法对内部控制执行有效性的保证程度及适用范围见表8-2。

表8-2 **测试方法对比表**

方 法	保证程度	主要适用范围
询问	弱	人工控制、系统控制
实地观察	较弱	系统控制
检查	较强	人工控制、系统控制
重新执行	强	人工控制

此外，具体工作中还可能采用比较分析、专题讨论等方法。其中，比较分析法的作用主要是通过对评价期数据与历史数据、行业标准数据或行业最优数据等的比较分析，识别并确定评价关注点。专题讨论法的作用主要是通过召开专题会议，征求和收集有关专业人员对内部控制执行情况的建议和意见，研究确定内部控制缺陷的整改方案。

实际测评时，上述各种方法应当结合起来使用。特别是对某些关键控制点的测评，必须根据关键控制点的控制措施设定测评程序，并在测评程序框架下进行测评工作。在此基础上，根据测评结果对关键控制点的执行效果形成测评结论。这就需要综合运用上述各种具体方法，才能取得良好的测评效果，客观正确地评价内部控制执行的有效性。一般来讲，经济业务和交易事项越重要，所涉及的部门和岗位人员就越多，包含的风险也就越大，越需要综合运用多种技术方法进行测试，以便获得可靠的评价证据。

【关键词】

内部控制评价　评价要求　评价机构　评价标准　评价程序　评价方法

【小结】

本章以内部控制评价的现实意义为切入点，从评价机构、标准、内容、重点、时间和结论等六个方面界定了内部控制评价的基本要求。在此基础上，详细讨论了内部控制评价的总体思路和具体内容，系统阐述了内部控制评价的工作程序，即确定评价机构、制定评价标准、界定评价范围、认定控制缺陷、编写评价报告、通报评价结果和记录评价过程，并就内部控制初评阶段和测试阶段所使用的具体方法分别进行了研究。

【复习思考题】

1.为什么要开展内部控制评价工作？
2.实施内部控制评价需要符合哪些要求？
3.如何评价内部控制的完整性和有效性？请举例说明。
4.开展内部控制总体评价时，如何对企业的控制环境进行评价？
5.开展内部控制总体评价时，如何对企业的信息与沟通进行评价？
6.开展内部控制评价一般经过哪些步骤？各个步骤之间有何联系？
7.如何编写内部控制评价报告？
8.内部控制初评阶段和测试阶段所使用的方法有何不同？为什么？
9.在内部控制初评阶段，如何合理使用调查表法？
10.在内部控制测试阶段，如何使用符合性测试法？
11.针对内部控制评价中发现的问题，企业应当采取哪些措施？
12.你认为在我国上市公司中，如何培养自己的内部控制评价队伍。

附录

内部控制自我评价报告模板

为了加强公司内部控制，促进公司规范运作和健康发展，防范公司面临的各种风险，保护股东的合法权益，××公司按照《公司法》、《证券法》、《会计法》、《企业内部控制基本规范》、《上市公司治理准则》以及上海（深圳）证券交易所创业板股票上市规则、上海（深圳）证券交易所创业板上市公司规范运作指引等法律法规的有关要求，对本公司××年度内部控制情况进行了检查。在仔细查阅公司各项管理制度，并进行穿行测试和符合性测试，充分了解公司及其子公司有关部门内部控制实施工作的基础上，对公司的内部控制状况进行了评价。

一、重要声明

1.按照《企业内部控制基本规范》的要求，建立健全并有效实施内部控制，如实披露内部控制评价报告是公司董事会的责任。监事会对董事会建立和实施内部控制的情况进行监督，经理层具体负责企业内部控制的日常运行。

2.公司董事会、监事会及董事、监事、高级管理人员保证本报告内容不存在任何虚假记载、误导性陈述或重大遗漏，并对报告内容的真实性、准确性和完整性承担个别及连带法律责任。

3.公司内部控制的目标是合理保证经营管理活动的合法性、财产物资的安全性、财务报告及相关信息的真实性，提高经营效率和效果，促进公司发展战略的实现。因受内部控制固有局限的影响，公司的内部控制仅能为实现上述目标提供合理保证。

4.有关情况的变化可能导致现行内部控制失当，降低内部控制的安排和运行效果，因此，根据内部控制评价结果推测未来内部控制的有效性具有一定风险。

二、公司基本情况

概括说明公司详细名称、所在地点、注册资本、企业法人执照号码、首次公开发行股票及交易所上市时间、上市板块、股票代码、所属行业、经营范围等。

三、公司内部控制目标与原则

（一）制定内部控制的主要目的

1.建立符合现代企业制度要求的公司治理结构及内部组织结构，形成科学的决策机制、执行机制和监督机制，保证公司经营管理目标的实现。

2.建立科学的风险预警系统，强化风险管理，有效防范各种风险，保证公司各项经营活动的正常有序运行。

3.优化公司的内部经营环境，防止并及时发现、修正错误和舞弊行为，保证公司财产的安全完整，维护投资者的合法权益。

4.规范各种经济业务和交易事项的处理程序和手续，保证公司财务报告及相关信息的真实可靠。

（二）制定内部控制的基本原则

1.全面性原则。将内部控制贯穿于公司的决策、执行和监督各个环节，覆盖公司及所属单位的各种经济业务和交易事项。

2.重要性原则。在实施全面控制的基础上，特别关注重要业务和高风险领域。

3.制衡性原则。坚持不相容职务完全分离，在公司组织机构设置及权责分配、业务流程等方面形成相互制约、相互监督的格局。

4.适应性原则。内部控制的安排与运行适应企业的经营规模、组织结构、业务范围、竞争状况和风险容忍度，并根据有关情况的变化及时进行调整。

5.成本效益原则。在内部控制安排和运行过程中正确处理实施成本与实施效益的关系，在保证控制效果的基础上尽量降低实施成本。

四、公司内部控制组成要素

公司在内部控制安排和运行过程中充分考虑了《企业内部控制基本规范》（以下简称《规范》）的要求，并根据《规范》要求将内部控制要素分为控制环境、风险评估、控制活动、信息与沟通、内部监督等五个方面，分别采取了控制措施。分述如下：

（一）控制环境

具体说明对本公司内部控制的安排和运行具有影响作用的各种环境因素及其现实状况，包括：

1.法人治理结构。

2.内部组织机构。

3.管理层的理念和经营风格。

4.人力资源政策。

5.员工胜任能力。

6.内部审计制度。

7.其他。

（二）风险评估

具体说明本公司的风险管理目标、风险预警机制、风险评估程序与方法、关键风险领域、应对风险的手段及其实施效果。

（三）控制活动

具体说明本公司针对经济活动或交易事项所采取的控制程序、控制手段和方法及其控制效果。主要包括：

1.筹资活动控制。

2.采购与付款活动控制。

3.资产（固定资产、存货等）控制。

4.生产活动与成本费用控制。

5.产品质量控制。

6.销售与收款活动控制。

7.对外投资活动控制。

8.工程建造活动控制。

9.关联交易活动控制。

10.对外担保活动控制。

11.子公司经营活动控制。

12.合同协议签订与执行控制。

13.预算活动控制。

14.信息披露活动控制。

15.其他。

（四）信息与沟通

具体说明本公司的信息与沟通体系、反舞弊机制、投诉举报制度、内部信息和外部信息沟通方式、保障措施及实际运行效果。

（五）内部监督

具体说明本公司的内部监督组织结构、职责权限分配、主要监督事项、监督手段与方法及其运行效果。

五、公司内部控制存在的主要问题

针对上述五个要素的分析评价，说明本公司内部控制制度安排和运行当中存在哪些问题，包括：

1.控制环境中有无不适应内部控制要求的因素，何种原因造成。

2.风险评估中的目标设定是否准确，预警机制能否充分发挥作用，评估程序和方法是否科学，关键风险点的把握是否正确，应对风险的措施是否有效等。

3.控制活动中的各种业务流程是否规范，有无漏洞或盲点，不相容岗位是否做到完全分离，审批工作是否到位，控制手段和方法是否有效等。

4.信息与沟通中的信息收集是否全面，信息加工是否准确，信息传递和反馈是否及时，有无沟通不畅的现象，何种原因造成等。

5.内部监督中的组织机构是否健全，权责关系是否明确，有无监督盲点及何种原因造成，监督手段与方法是否有效等。

六、公司内部控制整改措施

针对上述内部控制存在的问题提出本公司具体的整改措施，并说明通过整改产生的预期效果。

七、公司内部控制自我评价结论

综上所述，得出本公司内部控制自我评价结论。

主要参考文献

［1］李端生．会计理论研究［M］．北京：中国财政经济出版社，2007．

［2］李端生．关联方交易会计研究［M］．北京：中国财政经济出版社，2007．

［3］李端生，王玉兰．会计制度设计［M］．5版．大连：东北财经大学出版社，2014．

［4］俞蒙，师永，李端生．铁路运输企业内部控制体系［M］．北京：中国财政经济出版社，2011．

［5］Treadway委员会发起组织委员会（COSO）．内部控制——整合框架［M］．方红星，等，译．大连：东北财经大学出版社，2008．

［6］彼得斯T，沃特曼R．追求卓越［M］．胡玮珊，译．北京：中信出版社，2009．

［7］财政部会计司．企业内部控制规范讲解2010［M］．北京：经济科学出版社，2010．

［8］中华人民共和国财政部．企业会计准则［M］．北京：经济科学出版社，2014．

［9］国有企业内部控制课题组．国有企业内部控制框架［M］．北京：机械工业出版社，2009．

［10］财政部会计司．小企业会计准则释义［M］．北京：中国财政经济出版社，2011．

［11］李端生，续慧泓．论信息需求与会计信息系统的发展［J］．会计研究，2005（6）．

［12］李端生．独立董事制度与内部会计控制［J］．山西财经大学学报，2003（1）．

［13］李端生．积极推动企业内部控制建设［N］．经济日报，2011-03-28．

［14］李端生．影响企业内部控制水平的环境要素分析［J］．财会月刊，2013（3）．